Rappels

Mémoires d'un manager

FRANÇOIS RAVARD

avec Philippe Manœuvre

Rappels

Mémoires d'un manager

Harper
Collins

HARPERCOLLINS FRANCE
83-85, boulevard Vincent-Auriol, 75646 PARIS CEDEX 13
Tél. : 01 42 16 63 63

www.harpercollins.fr

ISBN 979-1-0339-0298-0

Préface

Faisons simple, faisons court.

Le livre qui suit méritera dans quelques pages toute votre attention et je voudrais le préfacer au plus sec en racontant juste une anecdote du bon vieux temps, je parle ici de l'explosion 1977 du rock français.

Un moment béni, une époque où Téléphone, Lili Drop, Starshooter, Bijou, Little Bob Story, Diesel, Dogs donnaient l'impression de faire reculer la vieille malédiction des rockers français, jusque-là condamnés le plus souvent au mode comique, de crainte de ne pas être au niveau anglo-saxon.

Créée (on ne le dira jamais assez) par Pierre Lescure, l'émission *Les Enfants du Rock* prenait alors son altitude de croisière. Les Téléphone furent de nos tournages déjantés et de toutes nos fêtes qui ne l'étaient pas moins.

Backstage, je découvre que les quatre fabuleux (Corine, Jean-Louis, Louis et Richard, faut-il le rappeler) ont un succès aussi énorme que mérité, mais aussi un truc plus incroyable encore dans notre petit monde : un manager, le dénommé François Ravard, le cinquième Téléphone.

Sanglé dans son Perfecto, François est déjà un garçon fascinant, plus jeune que les musiciens pour qui il se démène. Dans l'ombre, Ravard fait le job, un œil sur le modèle british, un autre sur le groupe.

Nous sommes vite devenus assez copains pour que François m'invite à suivre la tournée japonaise de Téléphone en 1984. Mais,

Ravard étant un as du management, il m'invite avec un triple rôle : reporter pour *Libération*, organisateur de séances photos pour *Paris Match* et accessoirement roadie pour le groupe, qui jouait tout de même à Budokan (en première partie de The Alarm).

François était un magicien.

Le groupe était toute sa vie, et la fin de Téléphone aurait pu être la sienne.

Se relevant courageusement, François s'est réinventé en producteur de films (occasion de pages inoubliables sur Mocky et Gainsbourg) mais voici le point fort de tous ces vieux souvenirs en vrac qui m'assaillent le cortex : Ravard et moi ne nous sommes jamais perdus de vue.

Et plus d'une fois, c'en était devenu un gag récurrent lors de nos déjeuners amicaux, Ravard ressortait sa vieille blague des années Téléphone : « *De toute façon, un jour, tu écriras ma biographie.* » Dès cette époque, l'idée me semble plausible.

J'ai continué à suivre François d'un peu plus loin, ses aventures avec la grande Marianne Faithfull ayant fait de lui ce que nos amis anglais appellent un international jet setter. Mais les passages de Marianne à Paris étaient l'occasion de retrouvailles enjouées.

Cut sur un soir de mai 2015. Par un hasard total, je rencontre Jean-Louis Aubert dans une fête au Trocadéro (quartier où Téléphone avait démarré !).

Le chanteur m'explique que François, notre pote, vient de survivre à une greffe du foie. Personne n'est au courant.

Je suis, si j'ose écrire, estomaqué.

Je revois au plus vite un Ravard revenu chez les vivants qui me confirme que la biographie sera bientôt à l'ordre du jour, sauf qu'il a un ultime petit truc à régler.

Suivra l'incroyable aventure des Insus, deux ans de triomphe dans toutes les salles et tous les festivals, avec les copains de Téléphone à nouveau en action, jusqu'au double triomphe du Stade de France.

Là, notre éditeur en a convenu, ça finissait par faire une vraie histoire.

La voici, dans deux pages.

Juste avant de vous quitter et de vous laisser face au texte, qu'on nous autorise ce dernier mot : ce livre est l'aboutissement d'un rêve de jeunesse, d'une prémonition à la con. Mais on vient de réaliser tous les deux ce dont François avait eu l'idée, tout là-bas en 1984.

Bien des choses ont changé, pas nous…

PHILIPPE MANŒUVRE
26 septembre 2020

À Lola
À Hector

« Il n'y a que deux conduites dans la vie :
ou on la rêve, ou on l'accomplit. »

René Char

Première Partie

TÉLÉPHONE

Chapitre 1

La route

« Lecteur, si tu es avec moi, ferme ce livre et pars sur la route » écrit Henry Miller dans *Le Colosse de Maroussi*. Et c'est exactement ce que j'ai fait. À quinze ans et des poussières, je pars en auto-stop, d'abord pour un tour de France, puis à Amsterdam et au Maroc. Plus question de mettre un pied à l'école. Je ne supporte plus aucune forme d'autorité. J'ai lu Kerouac, Rimbaud, Baudelaire et surtout André Breton[1], mais il est temps de refermer les bouquins et de partir à l'aventure.

J'ai des rêves, à moi l'expérience.

Mes parents me permettent cette envie d'aventure. Ils veulent me donner un viatique, mais je ne veux rien leur devoir. Je me démerde en faisant des petits boulots, en piquant des trucs à droite et à gauche.

Être sur la route, c'est chaque jour une nouvelle aventure. On ne se préoccupe que de l'essentiel : où est-ce qu'on va dormir ? Qu'est-ce qu'on va manger ? On doit réussir à être clairvoyant sur les personnes dont on s'entoure, en un mot, il faut apprendre la démerde.

Première étape à l'étranger : Amsterdam. Au début, je dors dans un parc. Je suis avec un pote français que je viens de rencontrer.

1. *Anthologie de l'humour noir, Manifeste du surréalisme, Arcane 17.*

Quand tu fais la route, tu peux arriver n'importe où, tu finis toujours par tomber sur des gens comme toi : les routards, les hippies, les fumeurs de shit. Avec nos cheveux longs et nos pierres de Goulimine, on se reconnaît.

Comme il fait de plus en plus froid dans ce parc et qu'on dort très mal, on cherche un endroit où passer une nuit au chaud. On migre dans un squat. Alors que je dors à poings fermés, je suis réveillé vers 5 heures du matin par la lumière d'une lampe torche qu'on me colle en pleine gueule. Je ne sais pas si ce sont des voyous en train de me braquer, une chose est sûre, ça ne parle que le batave et je ne comprends rien. Au bout d'un moment, je réalise que ce sont des flics. Ils me hurlent dessus, me menottent, me bousculent assez violemment et m'embarquent au commissariat. Ils me mettent en cellule, où j'attends pendant des heures. Je n'ai aucune idée de ce qui m'est reproché. L'anxiété et les scénarios catastrophe qui se dessinent dans ma tête rendent le temps interminable. Je n'ai pas encore seize ans, c'est la première fois que je me retrouve en taule, ça ne sera pas la dernière. Au poste, l'interrogatoire commence, j'ai un interprète. On me demande si je suis en possession d'un couteau, d'un rasoir, je réalise que je suis soupçonné d'assassinat. Un des types du squat a été tué à coups de couteau. Les flics me renvoient en cellule et finissent par me libérer quelques heures plus tard.

La route, c'est la meilleure des écoles. Tu apprends à maîtriser ta peur, à exercer ton regard sur le monde. Des enseignements dont je tirerai profit dans mon métier et tout au long de mon existence. Je découvre la substantifique moelle de la vie (après tout, je suis prénommé François en hommage à Rabelais).

Grâce à mon expérience de la route, j'ai la confirmation que ce que je veux, c'est errer. Être un clochard céleste. Je suis contre la surconsommation, contre le travail qui esclavagise, contre le capitalisme dit « sauvage ». Contre. Je veux continuer à mener cette vie.

Problème : je suis toujours mineur. Avec mes parents, on arrive à un compromis. Ils veulent bien me laisser vivre ma vie, mais exigent que j'en retire quelque chose. On trouve une solution : Londres. Ils m'y ont déniché une école de langue et une petite chambre. « Au moins, tu apprendras l'anglais. » Ce n'est pas la route, mais je peux quand même être libre, indépendant. J'accepte.

La piaule est minuscule, il y fait extrêmement froid et pour faire fonctionner le radiateur, il faut y glisser une pièce de monnaie.

Pour moi, Londres est aussi dépaysante que le Maroc. L'esprit de tolérance qui règne est frappant. À Paris, c'est très courant de se faire traiter de pédé, de drogué, de se faire agresser à cause de sa manière d'être, de son apparence : cheveux longs, bijoux, fringues ethniques et colorées, sexualité assumée. Prendre le métro, entrer dans un café ou acheter le journal nous exposent automatiquement à des remarques agressives. Cet esprit franchouillard, à Londres, on n'y a jamais droit. Personne ne fait chier personne. *Old friendly London.*

Je fais un tour à l'école les premiers jours et, au bout de deux semaines tout au plus, comme le cadre, le quartier et les autres élèves ne me plaisent pas du tout, je renonce à y aller.

En cherchant du shit, je tombe sur un type, Hüseyin, turc francophone. Il a bourlingué partout, il doit avoir cinq ans de plus que moi. Je suis complètement séduit. Il me présente sa copine Brigitte qui est française, belle, gentille et maligne. Ils arrivent tous les deux de Strasbourg. On se voit tous les jours, je rencontre leurs copains proches, c'est toute une communauté internationale. Eux aussi sont à la recherche d'un endroit où vivre, on décide alors de s'installer ensemble.

Passant de squat en squat, on atterrit finalement à Elgin Avenue. Un côté de l'avenue a été baptisé « *sunny side of the street* ». C'est une rangée de maisons victoriennes dont les façades ont été colorées, uniquement des squats, qui nous paraissent être le comble du luxe : salle de bains, eau courante. C'est l'idéal. Évidemment, il n'y a pas de clé, on est entre *freaks* dans ce segment de rue. J'ai l'impression de vivre ce que j'ai vu et lu sur les années 1960 hippies, j'y suis arrivé.

J'entends du bon rock dans le jardin du squat d'à côté. J'apprendrai plus tard, de sa bouche, que c'est Joe Strummer[1] qui habitait là et qui répétait avec son groupe, les 101'ers.

À Elgin Avenue, la musique fait partie du quotidien, on a un tourne-disque et plein de vinyles : Humble Pie, Faces, Cat Stevens et Creedence Clearwater Revival. On va à quelques concerts, on arrive même à avoir des tickets pour aller voir les Who avec Lou Reed en première partie. C'est ma première grosse claque rock.

Hüseyin et Brigitte deviennent mes meilleurs amis et le resteront. Pour bouffer, on attend la fin du marché de Portobello Road, où les commerçants nous donnent les invendus, sinon on chaparde ce qu'on peut.

De temps en temps, il faut quand même dénicher un peu d'argent. Je découvre alors le monde du travail : je suis embauché chez Kentucky Fried Chicken. Je démissionne après une demi-journée. Les morceaux de poulet dégueulasses frits dans une huile noire de crasse et les réflexions du patron, très peu pour moi. Je réponds à une petite annonce en proposant mes services comme homme de ménage. J'arrive dans les quartiers huppés

1. Futur chanteur des Clash, que je fréquenterai beaucoup plus tard.

où les maîtresses de maison s'en vont et me laissent travailler. Je trouve que les maisons sont très propres, alors pendant les trois ou quatre heures où je suis seul, je fume des joints et je lis des bouquins. Ça continue comme ça jusqu'à ce que, un jour, une des maîtresses de maison reste pour me regarder travailler. Ça se termine assez vite. Mon pressentiment se confirme : le monde du travail n'est pas fait pour moi.

Chapitre 2

Le mec qui va changer ma vie

Au bout d'un an de cette vie hédoniste, Hüseyin et Brigitte pensent à repartir. Ils comptent sillonner l'Afrique, bourlinguer… Peut-être l'Afghanistan. De mon côté, je ne suis pas sûr de vouloir poursuivre cette vie-là.

Tout ce que j'aime, c'est aller au cinéma et bouquiner. Point. Et flâner aussi. Je passe une partie de l'été avec mes parents et, au fil de nos discussions, ils me disent : « Écoute, si tu veux travailler dans le cinéma, on connaît des gens, on va t'en faire rencontrer. » Ils me présentent Anne Rozier, la femme de Jacques Rozier[1], qui est scripte. Elle me promet les plateaux de cinéma. Mais, pour en arriver là, il faut faire l'IDHEC, l'ancêtre de la Fémis. Et pour intégrer cette école, il faut décrocher son bac.

Alors je m'inscris dans une boîte à bac, une école privée qui accepte de me prendre alors que je n'ai pas fait de seconde ni de première. J'obtiens le bac de français avec succès et je suis admis en terminale.

En septembre 1975, je rentre au cours Edgar Allan Poe. Naturellement, j'ai choisi cette école à cause du nom. C'est là que je découvre un nouveau plaisir, la philosophie. Notre prof,

1. Réalisateur du film *Adieu Philippine*, que j'avais vu et adoré.

Jean-Jacques Lubrina, qui est resté un ami, nous amène assister au cours de Vladimir Jankélévitch à la Sorbonne. C'est un *performer* extraordinaire qui parle plus vite que son ombre. Sa pensée, sa morale ne me quitteront jamais. Ah, *Le Je-ne-sais-quoi et le Presque-rien* ! Pas mieux pour une initiation à la philo !

Le jour de la rentrée, je débarque avec un look très Grand Duduche. Comme le héros de Cabu, je porte Clarks, jeans retroussés, cheveux longs, collier de Goulimine et duffel-coat. Installé au fond de la classe, j'attends que le temps passe. Je suis asocial, ma timidité est maladive, je rentre en moi tel un escargot.

Le troisième ou quatrième jour après la rentrée, en fin de matinée, alors qu'on commence les cours à 8 heures, la porte de la classe s'ouvre sur un métis. Difficile de reconnaître le métissage, il me semble mi-européen mi-américain, je vois un Amérindien. Un Apache. Grande classe et beauté hypnotique, il porte une guitare acoustique bleue.

— Bonjour, je suis en retard, excusez-moi.

— Ah bah oui, mais c'est quatre jours de retard que vous avez là…, répond le prof.

— Quatre jours ? Ça va vite !

Moi, l'introverti, je veux qu'on me foute la paix, je suis au fond de la classe, lâchez-moi les baskets, *please*. À l'opposé de moi, ce mec parle très fort, il est totalement exhibitionniste et fait rire tout le monde.

Le lendemain, il déboule en cours avec sa guitare. Le prof lui demande :

— Mais vous n'avez pas d'affaires ? Pas de cartable ?

— Bah non, je viens de chez ma gonzesse, on s'est engueulés, elle ne m'a pas laissé prendre mon sac. Et puis je n'ai rien acheté, j'étais en vacances. Où est-ce que je peux mettre ma guitare ? Il n'y a pas de repose-guitare ici ?

Ce même jour, alors que je suis tranquille dans un coin, sous une porte cochère, en train de me rouler un joint, il me saute dessus.

— Ah, putain, chouette ! T'as du shit !

Il s'assoit à côté de moi avec sa guitare, comme si je l'avais invité. Bref, ce mec est sans-gêne, il fait chier le monde entier. Je n'ai pas la moindre envie de le connaître.

Ce mec, c'est Olivier Caudron, dit Olive, l'homme qui va changer ma vie.

Au fil des jours, on devient très potes, on ne se quitte plus. On a le même parcours, lui aussi a beaucoup voyagé et on se raconte notre version de la Route. Comme moi, il est allé aux Pays-Bas, au Maroc, à Londres, mais il a poussé la route beaucoup plus loin, jusqu'au Népal et en Inde. Et surtout, il a traversé les États-Unis en stop et s'est posé en Californie. Il me donne tellement de détails de ce voyage que j'ai l'impression de l'avoir vécu.

Très vite, on passe nos journées, voire nos nuits ensemble parce que j'ai un problème récurrent : le dernier train pour rentrer à Trappes. Cet ultime départ est fixé à 23 h 30, donc en général je reste avec Olive et je dors chez ses parents, qui m'adoptent, ou chez sa copine de l'époque, Véronique. Et je rentre de moins en moins chez moi.

Accroché à ses basques, je rencontre tout un Paris que je ne connaissais pas, le Paris *underground*. Des gens qui vivent sans travailler, survivant de petits recels, qui fument tous, habitent dans des squats, font de la musique, écrivent ou peignent, existent en marge du monde, en dehors de la société. Je vis tout ce que j'ai intellectualisé et intériorisé à travers mes lectures sur le surréalisme, le dadaïsme, les mouvements anti-establishment.

En plus de fumer et de boire, Olive se shoote à l'héro. Il a commencé à s'intéresser aux stupéfiants vers douze ou treize ans. Il est un peu plus vieux que moi et, à vingt ans, il a déjà tout expérimenté.

Au début, quand il me parle d'héroïne, je suis farouchement contre mais, au bout d'un moment, je me dis qu'il faut tout essayer pour savoir de quoi on parle. On se shoote direct, parce qu'Olive dit que c'est fabuleux, que c'est ce qu'il y a de mieux. C'est vrai qu'il y a tout de suite un flash de dingue, c'est bon, ça me plaît beaucoup. Alors, on se shoote en cours. On peut tout faire, du moment qu'on le fait avec classe.

De temps en temps, je rentre chez moi, et mes parents voient bien que je ne suis pas dans mon état normal, mais ils ne disent rien. Il n'y a pas d'affrontement direct.

Côté sentimental, c'est à ce moment-là que je décide de quitter la femme que j'aime.

À mon retour de Londres, j'étais tombé complètement amoureux de Corinne Fontanarosa[1]. Les Fontanarosa sont une famille remarquable. Son oncle Lucien est un peintre mondialement connu. Le grand public le connaît notamment pour les portraits de Berlioz, Pascal, Delacroix et La Tour qu'il a réalisés sur les billets de 50, 100 et 500 francs. Ses enfants formeront le trio de musique classique Fontanarosa.

Par le biais de cette famille, j'ai tout un aperçu de la culture classique, qui me restera toute ma vie. Littérature, théâtre,

1. Corinne Fontanarosa est la fille des meilleurs amis de mes parents. On a été élevés ensemble, les trois fils Ravard et elle, mais c'est seulement à mon retour à Paris que nos sentiments changent brusquement.

musique, peinture. Corinne passait des week-ends chez nous à Trappes et je remontais avec elle à Paris pour aller à des expositions ou au théâtre de l'Odéon, pour lequel nous avions pris un abonnement. C'est à ce moment-là que je pris une de mes plus grosses claques de spectacle, le *1789* d'Ariane Mnouchkine.

Mais, depuis ma rencontre avec Olive et l'*underground*, j'ai une vision radicalement différente. Non seulement de mes parents, mais de Corinne aussi, je suis irrésistiblement attiré par le rock et la contre-culture.

Très peu de temps après, mon père vend l'entreprise qu'il dirigeait et décide d'emmener toute la famille dans le Périgord.

Chapitre 3

Mes parents

Depuis mes cinq, six ans, on habite dans une grande maison à Montigny-le-Bretonneux, près de Trappes, avec une prairie derrière. Mes parents nous élèvent là, mes deux frères et moi, dans cet environnement plus sain que Paris, selon eux.

Avant ma naissance, mes parents mènent une vie de bohème. Mon père est issu d'un milieu prolétaire : son père était contrôleur de train et sa mère faisait des ménages ou des marchés. C'est un self-made-man. Jeune, il s'était voulu poète et écrivain. Il nous parlait souvent des poèmes de Jacques Prévert qu'il tapait à la machine, ronéotypait et distribuait dans toutes les auberges de jeunesse et de ses rencontres avec Jean Cocteau et André Breton. Pour gagner un peu d'argent, il est régisseur et producteur dans des théâtres. C'est comme ça qu'il est devenu très ami avec le metteur en scène Nicolas Bataille. Mon père et Bataille ont découvert et monté plusieurs pièces de Ionesco ensemble, la plus célèbre étant *La Cantatrice chauve* au Théâtre de la Huchette en 1957. C'est la seule pièce au monde qui a été créée dans un théâtre et qui se joue toujours dans ce même lieu plus de 60 ans après sa création.

Mon père, juste après la guerre, est envoyé faire son service militaire à Offenbourg, en Allemagne. C'est là qu'il fait la connaissance de Dominique Fontanarosa, le père de Corinne. Armand, le père de ma mère, très actif dans la Résistance, travaille dans cette ville auprès des Alliés. Ma mère suit sa famille là-bas et rencontre Dominique, qui lui présente son meilleur ami, mon père. Ils tombent très amoureux et, comme mon père a des rapports très difficiles, voire inexistants, avec ses propres parents, il est accueilli comme un fils par ceux de ma mère et il y trouve son compte. Il faut dire que ma grand-mère fait très bien à manger, mon père surnomme même leur maison « la Gueulardière ». La bouffe est un des fils conducteurs de la famille Ravard. J'en suis le garant.

Ma mère a été élevée dans la religion catholique, elle est croyante et, pour elle, le mariage doit se faire à l'église. Mon père, lui, est radicalement anticlérical. Quand on était mômes, dès qu'on croisait un curé ou des bonnes sœurs, il fallait se boucher le nez. Mes parents trouvent finalement un compromis : mon père accepte de se marier à l'église à la condition que ce soit un prêtre-ouvrier qui les marie et, en échange, ma mère accepte de ne pas faire baptiser leurs enfants. Ils choisiront leur religion à leur majorité.

Mes parents veulent avoir beaucoup d'enfants, trois ou quatre. Ma mère consacrera sa vie à s'occuper de nous et de mon père. Elle a travaillé pour nous, les quatre hommes, entre 16 et 18 heures par jour, sept jours sur sept, pendant toute sa vie. Elle cuisinait, dressait la table, nous servait, cousait, repassait, tenait les comptes de la famille, faisait le ménage. Je nous revois tous, mon père, mes frères et moi, assis à frapper la table de nos couverts en scandant : « À bouffer, à bouffer ! »

Ils ont eu un premier fils, François, qu'ils ont perdu cinq jours après sa naissance. Je viens au monde quelques mois plus tard, et ils me nomment également François.

Selon toute la psychiatrie, procéder ainsi est considéré comme une espèce de crime. Je pense que toute ma vie j'ai essayé de me proposer comme une consolation à la disparition de mon frère, en étant le plus parfait possible, en brillant le plus possible pour faire oublier l'enfant qui n'a pas vécu.

Après moi, mes parents ont eu deux autres garçons, Jean et Roland. On se suit tous à deux ans et demi d'intervalle mais, pour mon père, on était « François et les mistons », comme le premier court métrage de François Truffaut. J'avais ma chambre, les mistons Jean et Roland en partageaient une autre.

Quand la famille s'est agrandie, mon père a eu besoin de rentrées d'argent stables. Il décide de devenir rédacteur-concepteur dans le monde de la publicité qui commençait alors à éclore. Il envoie aux entreprises des phrases bien tournées et des poèmes, notamment le fameux slogan « On a toujours besoin d'un petit pois chez soi ». Grâce à cette campagne, qui a eu un retentissement pendant des années et des années, il est engagé chez OPG. Plus tard, il fonde sa propre agence, BRC, pour « Barbuat (qui était son pote), Ravard et Compagnie ». Je me souviens de cendriers à la maison sur lesquels était imprimé ce poème de Blaise Cendrars, « La publicité est la fleur de la vie contemporaine », et qu'il envoyait à ses clients comme cadeau de bonne année.

Moi, j'ai douze ans à l'époque, je lis *Charlie Hebdo* et *Hara-Kiri*, des journaux antipubs, antitout, que j'adore.

« La pub nous prend pour des cons, la pub nous rend cons », décrète le professeur Choron.

Je m'affronte avec mon père, qui essaye de se défendre comme il peut, me ressort Blaise Cendrars le poète, rappelle que la pub peut avoir de bons effets. Elle informe les gens, non ? Premier clash.

J'ai redoublé ma 6e. Puis, à partir de la 5e, vraiment, c'est très très dur pour moi d'aller à l'école. Je fais crise d'asthme sur crise d'asthme sur crise d'angoisse. C'est à ce moment-là que je me bloque de plus en plus, je me renferme sur moi-même, les profs me taxent d'asocial.

Je n'ai que très peu de copains, je reste la plupart du temps dans ma chambre à bouquiner. J'écoute peu de musique, mais lors de grosses crises d'asthme, le *Stabat Mater* de Pergolèse me soulage.

Et il y a aussi Brassens qui, d'une certaine manière, m'a éduqué. Je lui dois sinon tout, beaucoup. Je connais ses textes par cœur, il me fait découvrir des poètes inconnus et, par ses rares interviews, l'anarchisme : le journal *Le Libertaire*, Louis Lecoin et Maurice Joyeux, dont je dévore les livres.

Mes parents sont très inquiets pour moi et c'est à cette période-là qu'ils me laissent partir sur la route.

Bref, alors que je suis rentré à Paris depuis peu, mon père décide de vendre la maison et de déménager dans le Périgord. C'est vrai qu'il travaille énormément, qu'il en a marre de ses clients et qu'il est très souvent absent. J'ai une conversation en tête à tête avec lui.

— Moi, le Périgord, c'est hors de question. Vous faites ce que voulez, moi je fais ce que je veux, et je ne viens sûrement pas avec vous.

Je vais avoir dix-huit ans dans quelques mois.

— Mais qu'est-ce que tu vas faire ?

— Je me démerderai.

Et ils partent. Mon père, ma mère, mes frères. Ils s'en vont. La maison de Montigny-le-Bretonneux est vidée et, avant qu'ils trouvent un acquéreur, c'est une espèce de coquille vide, une maison fantôme, où j'amène les potes… Malgré mon attitude, la générosité de mes parents ne s'arrête pas là, mon père doit continuer de diriger sa société pendant deux ans et a besoin pour cela d'un pied-à-terre à Paris. Il me dit alors : « Je vais prendre un grand appartement et tu pourras y habiter avec tes copains. Moi, je ne viendrai que quatre ou cinq jours par mois. »

Chapitre 4

Jean-Louis

Un jour, j'arrive chez les parents d'Olive, il y a un pense-bête scotché sur la porte qui dit : « François, je suis à la Bonne Bière, rejoins-moi. »

La Bonne Bière, c'est le nom d'un café où nous avons nos habitudes. On passe notre vie aux Buttes-Chaumont. J'arrive à la Bonne Bière, Olive est attablé avec un mec. C'est Jean-Louis Aubert. Tout de suite, je ressens quelque chose quand il me décoche un sourire. Un charisme. Quand on est avec Jean-Louis, c'est Jean-Louis le chef. C'est lui le leader. Je m'aperçois qu'on le suit tous. Il a un truc spécial. Dès la première rencontre, c'est là.

Très souvent, à la récré, Olive me parle de ce fameux Jean-Louis, un de ses meilleurs amis, un musicien comme lui.

Ils se sont connus enfants, Olive habitait à Levallois, Jean-Louis à Neuilly. C'est un très bon guitariste, ils jouent souvent de la guitare ensemble, et c'est avec lui qu'il a fait cette fameuse traversée des États-Unis en auto-stop. Ils vont peut-être monter un groupe ensemble.

Un soir, on va voir Santana. Après le concert, Jean-Louis et Olive, qui se trimbalent toujours avec leurs guitares, passent la nuit à faire le bœuf devant une vingtaine de personnes. Jean-Louis est en pantalon et blouson de cuir, chemise de soie brillante, et il scotche toutes les filles qui se pâment devant lui en l'écoutant.

Il a ce truc inné pour attirer les gens tout de suite et les captiver jusqu'à la fin du morceau.

On devient vraiment potes tous les trois, on parle tout le temps, des heures et des heures de discussion, on se plaît vraiment beaucoup, on se retrouve sur plein de choses.

On compare nos expériences. On a plein d'atomes crochus.

On sort très souvent ensemble. La plupart du temps, on va voir des concerts. On ne paye pas nos places. On entre par les toits, au risque de tomber et de nous fracasser au sol. Une des spécialités d'Olive, entre autres choses, c'est de connaître les toits de Paris comme sa poche. C'est ainsi que nous irons voir Chuck Berry à l'Olympia ou les Stones aux Abattoirs. Paris est à nous, les toits nous donnent accès aux endroits interdits. Si l'ascension est périlleuse, la descente l'est encore plus, il faut qu'Olive repère l'escalier ou la trappe qui nous permet d'arriver dans le public. Quand nous allons voir Patti Smith au Bus Palladium, Olive se trompe, et nous atterrissons dans les loges de la chanteuse. Bouche bée, elle nous voit tomber du ciel. Avant qu'elle et son groupe ne comprennent ce qu'il se passe, nous avons déjà rejoint le public.

Jean-Louis a déjà son bac, il est à la fac ouverte de Vincennes – fac où on veut tous entrer. Elle te donne des papiers qui te permettent de ne pas payer le cinéma et d'avoir la Sécu. Les parents sont contents et, toi, tu n'as pas à y aller.

Jean-Louis est en musicologie et il y a deux, trois trucs qui lui plaisent.

Il vit dans une chambre vraiment merdique au rez-de-chaussée, qui appartient à ses parents. C'est minuscule et ça pue. Ses parents sont aisés, mais Jean-Louis a quelques problèmes avec eux à cette période-là. Comme moi, il apprécie beaucoup les parents d'Olive. Et quand il découvre mes parents, c'est carrément l'amour.

Au début de l'été 1976, Olive et moi avons notre bac, et on s'installe dans l'appartement de mon père avec Jean-Louis.

On se retrouve dans un grand appartement au premier étage, situé avenue Frémiet, une toute petite rue du quartier Bir-Hakeim qui donne sur la Seine. On est vraiment ravis. Mes parents ont été royaux et on leur donne juste un peu d'argent pour le loyer.

Quand on passe les voir dans le Périgord, ils adorent tout de suite Jean-Louis, un peu moins Olive qui fait connerie sur connerie et qui parle à tort et à travers... Provocateur-né, Olive cherche à se distinguer. Un soir, à table, il décrète devant ma mère : « Les femmes aiment bien se faire enculer. C'est connu. Pourquoi les hommes n'aimeraient pas se faire enculer, puisque les femmes aiment bien ça ? »

Olive fait de la musique, il est génial, je connais toutes ses chansons, il a une grande classe et aime à répéter que sa mission est de nous déniaiser, Jean-Louis et moi. Jean-Louis a déjà sorti un 45 tours avec Sémolina. Richard Kolinka, fondateur de ce groupe avec Daniel Roux, avait repéré Jean-Louis et lui avait demandé de les rejoindre. « Quand j'ai vu ce mec débouler, un croisement de Jeff Beck et de Mick Jagger, je me suis dit : "Je ne vais pas le lâcher ". »

Pour envelopper le 45 tours, il y a une pochette avec leurs tronches dessus, mais Jean-Louis n'est pas vraiment fier du morceau car il n'a pas pu faire ce qu'il voulait. Olive et moi, on ne trouve pas ça génial non plus. Mais ce n'est pas grave : Jean-Louis et Olive vont monter d'autres groupes, d'autres projets. Les idées fusent dans tous les sens, ça cavale.

Un soir, on va voir Jean-Louis à la Pizza du Marais, où il accompagne Valérie Lagrange à la guitare. Je sais très bien qui est

Valérie Lagrange[1] parce que je suis un fan de cinéma : je l'avais vue à l'écran, notamment dans *La Vallée* de Barbet Schroeder. C'est la première vedette que je vois de près, je suis un peu bluffé tout de même… Nous allons dîner ensemble après. Le concert est très chouette mais c'est un Jean-Louis très timide qui est sur scène.

Ce qu'on fait beaucoup à Paris pour payer le loyer ou pour acheter du shit ou à bouffer, c'est la manche. Jean-Louis et Olive jouent de la guitare dans la rue et, non content de taper dans un tambourin avec eux, je passe ensuite avec une casquette pour les pièces. On joue à Montparnasse, sur les Grands Boulevards, à chaque fois c'est un carton.

On ramasse de l'argent mais, en plus, les gens applaudissent et semblent heureux. Jean-Louis a vraiment un truc unique. Que ce soit dans l'appartement ou à la terrasse d'un café, dès qu'il se met à chanter et jouer de la guitare, c'est un succès. Jean-Louis chante beaucoup d'Alice Cooper. Sa manière de sourire, sa voix, tout ça plaît. C'est facile d'avoir de l'argent.

Durant l'été, Olive nous dit qu'il a un super plan à Ibiza, que sa sœur Anita y est, que ça ne coûte pas cher. Pour notre voyage, mes parents nous prêtent la petite voiture de ma mère, une Peugeot 104 que Jean-Louis conduit, et on part pour Ibiza.

On retrouve Anita, la sœur d'Olive, que j'ai déjà rencontrée et qui vit avec son mec Jean-Paul, ils viennent d'avoir un petit garçon, Naïché. Anita est belle à tomber. C'est un tableau de Gauguin, dont je tombe secrètement amoureux.

Jean-Paul et Anita connaissent très bien l'île… Ils nous font visiter Es Vedra et notamment une grotte où on s'installe tous les trois.

1. Valérie Lagrange a été essentielle dans la rencontre entre Louis et Jean-Louis, mais tout ça, c'était avant moi.

C'est un endroit sublime, à flanc de falaise. On y descend en rappel avec toutes nos provisions. On se nourrit de riz complet, de citrons, de légumes sur les conseils de Jean-Paul, adepte de la macrobiotique.

C'est toute une aventure, de sortir de la grotte et d'y rentrer. Une fois dans la grotte, on fait un feu, on mange nos provisions, on ne bouge pas pendant trois ou quatre jours.

Souvent Jean-Louis et Olive font des concours de plongeons, ils montent très haut dans les falaises et ils sautent dans l'eau, au milieu des rochers. C'est très dangereux, moi je n'y vais pas. Si Olive est super casse-cou, Jean-Louis est un grand sportif. Il marche sur les mains, fait des sauts périlleux… Ils se mettent au défi, à qui plongera le plus haut. Moi je les regarde, je les écoute, je me la coule douce. Cette grotte sauvage donne une impression de bout du monde.

À Ibiza, il y a des boutiques de fringues très branchées. On fait la manche devant l'une d'entre elles et, comme à Paris, ça marche très fort. Le magasin devant lequel on s'est produits supplie qu'on revienne. Parce que, dès que les garçons grattaient les guitares, plein de gens rentraient dans le magasin. On gagne pas mal d'argent, on peut bien vivre et profiter.

Bref, tout va bien. Ce sont des vacances au paradis. Quand soudain, du jour au lendemain, Jean-Louis décrète :

— Il faut qu'on rentre à Paris. Je le sens, c'est maintenant qu'il faut monter un groupe de rock. Il ne faut pas attendre. La vie c'est une question de timing, c'est maintenant.

— Putain, non, c'est les vacances. On est là, on reste là, faut qu'on profite. On le fera plutôt en septembre ou octobre.

Jean-Louis insiste, il ne veut pas nous entendre, il est en pleine obsession, il veut rentrer le plus vite possible.

On quitte alors notre grotte, on reprend la voiture.

Goodbye Ibiza, direction Paname.

Chapitre 5

Le premier concert

Nous voilà rentrés à Paris, dans l'urgence, en plein été 1976. On avait emménagé tous les trois juste avant le départ en vacances. L'appart est grand, typique haussmannien. On a chacun notre chambre. On vit dans un joyeux bordel. Beaucoup de rires et de grosses fausses bagarres comme font les jeunes chiens. Jean-Louis a la plus grande pièce, il y a installé son matériel, ses guitares et un magnétophone Revox, sur lequel il a commencé à enregistrer des maquettes de titres, « Hygiaphone », « Métro (c'est trop) ». Olive fait les guitares, à la pédale wah-wah.

Dès notre retour, Jean-Louis se remet à son Revox, et nous recevons souvent, si ce n'est quotidiennement, la visite de Richard Kolinka. Traditionnellement, il arrive à l'heure du dîner, accompagné de One, son berger allemand. Richard aime beaucoup manger.

Richard a une idée en tête.

Avant sa dissolution, Sémolina s'était engagé à donner un concert le 12 novembre au Centre américain, boulevard Raspail. Le contrat est signé, pour Richard il n'est pas question de perdre une opportunité de jouer. Il ne cesse d'en parler à Jean-Louis, qui se dit que ce serait l'occasion de présenter ses morceaux.

Richard a une cave chez ses parents, on a donc un lieu pour répéter. Reste une question : qui prend-on dans le groupe ?

Pour le bassiste, le nom de Max, vieux pote de Jean-Louis, avec qui ils avaient formé le groupe Masturbation, revient souvent dans les conversations. On se dit tous aussi qu'Olive doit être dans le projet. Mais il y a toujours des problèmes invraisemblables avec Olive, problèmes liés à la drogue, à sa gonzesse, à ceci ou cela. Il n'est vraiment pas fiable, il n'est jamais à l'heure, il disparaît parfois pendant des jours, c'est un choix risqué.

Le milieu de la musique rock à Paris est petit, tous se connaissent, jouent ensemble, se fréquentent, font le bœuf. Quand c'est possible, ils se produisent dans des rallyes – soirées organisées à l'occasion d'anniversaires ou de mariages –, qui sont des occasions de jouer en étant rémunérés. Olive et Jean-Louis sont les champions des rallyes. Dans ce circuit gravite aussi un certain Louis Bertignac, que Jean-Louis connaît depuis longtemps. Ils ont été présentés par un ami commun comme ça : « Jean-Louis Aubert, meilleur guitariste du lycée Pasteur, voici le meilleur guitariste du lycée Carnot, Louis Bertignac. » La rumeur raconte qu'ils se parlent très peu, mais qu'ils jouent fréquemment ensemble jusqu'à l'aube. Ils remettent ça très souvent. Il existe entre eux une saine rivalité, une admiration mutuelle.

Louis Bertignac a déjà connu son moment de gloire en accompagnant Jacques Higelin, avec le groupe Super Goujats qu'il avait formé avec Simon Boissezon. Dans le petit milieu rock parisien, Louis est déjà une vedette.

Il avait enregistré l'album de Jacques Higelin *Irradié*, puis Louis avait rejoint Shakin' Street, le groupe de Fabienne Shine, qui était au chant et Éric Lévi à la guitare. Il les quittera très vite.

Au moment où on cherche un guitariste pour le fameux concert au Centre américain, le nom de Louis revient très souvent dans la discussion. « Quand même, le meilleur à la gratte, c'est Louis ! »

Un beau soir, Louis finit par débarquer à Frémiet. Nous sommes dans la cuisine rouge de l'appartement, je suis captivé, émerveillé par ce mec qui m'a fait monter les larmes aux yeux en l'entendant jouer de la guitare derrière Higelin. Bien conscients que cette réunion au sommet est décisive, Jean-Louis et Richard exposent la situation à Louis. « Il y a un contrat pour un concert, on a des chansons… »

Louis nous dit qu'il est partant pour faire ce groupe et donner ce concert, voire d'autres. Seulement, s'il rejoint le groupe, c'est accompagné de Corine, sa gonzesse. C'est la condition sine qua non de sa participation au projet. Il lui a appris et continue de lui apprendre à jouer de la basse. « Elle a le sens du rythme comme personne. Elle a déjà son propre son, elle pourra devenir une grande bassiste. Elle était avec moi dans Shakin' Street, vous l'avez vue jouer elle aussi. »

Très vite, on se rend compte d'un truc : s'il y a Louis et Corine, exit Max à la basse et, logiquement, exit Olive.

À ce moment-là, ce n'est pas un drame pour Max, ni pour Olive qui a composé ses propres morceaux. Jean-Louis veut chanter, Olive aussi, quelque chose n'allait pas. L'erreur est initiale. Sur le coup, Olive ne le prend pas trop mal, ce n'est pas agréable mais pas catastrophique non plus, ce n'est pas la fin du monde.

Ce ne sera que beaucoup plus tard, succès aidant, que le ressentiment de cette séparation commencera à s'exprimer.

Notre problème dans la vie à cette période-là, c'est avant tout de trouver un endroit pour poser les amplis, pour répéter. Chez ses parents, Richard a bien cette cave minuscule dans laquelle il peut jouer de telle heure à telle heure, mais c'est tellement petit que je ne sais même pas comment ils font pour tenir dedans, et moi pour m'immiscer.

Les fameux morceaux que Jean-Louis a commencé à composer avant notre départ à Ibiza sont en langue française. Pour Louis, le rock en français, ça n'existe pas. C'est ringard, c'est « de la variété », le français ne swingue pas.

À l'époque, dans les rallyes et dans les bœufs, ils ne faisaient que des reprises. Uniquement des *covers*. Stones, Who, Beatles, Hendrix, Kinks, la liste est longue, et il faut dire que dans cet exercice Louis et Jean-Louis excellent. S'approprier du Led Zeppelin ne leur pose aucun problème.

Jean-Louis ne se laisse pas influencer un instant par les hésitations de Louis, il insiste, tient bon. Louis finit par accepter : « OK, on va essayer ! On va jouer "Connection" des Stones, "Rock and Roll" de Led Zeppelin, etc., plus les fameux morceaux de Jean-Louis en français. Et on verra comment ça marche. »

J'ai assisté à toute la composition des morceaux avant qu'on parte à Ibiza, je connais déjà par cœur ces titres. Ça prend vraiment tournure pendant les répétitions, Jean-Louis est excité comme un fou, et c'est communicatif, on est tous enthousiastes de voir la chose prendre forme : il y a un groupe autour des chansons, ça a beaucoup évolué, ça sonne rock, ça sonne bien. À la maison, à Frémiet, on ne parle que de ça, des répétitions et du concert qui approche.

Il faut promotionner, c'est quand même grand le Centre américain, 400 personnes, comment va-t-on va le remplir ?

Comment faire de la pub sans le moindre budget ?

Si Sémolina avait décroché ce contrat, c'était sous prétexte de fêter l'élection présidentielle américaine du démocrate Jimmy Carter. Richard, en passant des coups de fil à droite et à gauche, arrive à convaincre le journal télévisé de FR3 Paris d'annoncer qu'en célébration de l'élection américaine, un nouveau groupe de rock se produira en concert au Centre américain.

Olive et moi, on se dit qu'on va faire de la promo à notre manière.

On met au jour une géniale idée publicitaire. On va graffiter dans tout Paris.

Concert rock !
Centre américain
le 12 novembre

Olive a repéré que, au BHV de la rue de Rivoli, ils vendent des bombes de peinture obligeamment stockées juste à côté de la sortie du magasin. Je vous laisse imaginer la scène. Maigres comme des chats sauvages, on plante nos mobs juste devant la sortie, on rentre dans le BHV, on prend plein de bombes de peinture, quatre ou cinq chacun, qu'on glisse sous nos blousons, puis on sort en sprintant et on dégage sur nos mobs. On ne se fait jamais rattraper.

On commence à taguer les murs de Paris tous les deux, partout où on peut, on en met vraiment partout, les murs de la ville sont recouverts de nos graffitis.

En dépit de tout cet enthousiasme, le nom du groupe n'est toujours pas trouvé. Et puis le 11 novembre, veille du concert, Louis débarque avenue Frémiet, un peu blême. « On s'est engueulés, Corine est partie. »

Il ne dit pas exactement ce qu'il s'est passé, mais Corine a disparu, il n'a pas de nouvelles. On se met tous à sa recherche, on va chez ses parents, les amis, les cafés, on passe la nuit à la chercher. Pas de Corine, nulle part. C'est l'angoisse absolue.

Finalement, elle réapparaît.

Le lendemain, le 12 novembre, quand on arrive au Centre américain en fin d'après-midi, Jean-Louis, Olive et moi, on a la berlue. Il y a une file interminable de gens qui font la queue devant la salle. Il y a tous nos potes, le bouche-à-oreille et notre campagne de pub ont bien fonctionné.

Le concert est archicomplet.

Et là, il se passe un truc indéfinissable, tous les gens qui sont là le disent et moi aussi je le ressens : quelque chose est vraiment en train de naître. Tel quel, tout de suite, le groupe a un son fabuleux, immédiatement identifiable. Le rapport avec le public est formidable, ce que le groupe dégage crée une adhésion totale dans la salle. Les gens sautent, dansent, c'est joyeux.

Jean-Louis n'est plus du tout le Jean-Louis timide que j'avais vu derrière Valérie Lagrange. C'est désormais un jeune showman en train de déplier ses ailes.

Il porte sa veste en cuir, un genre de blouson aviateur, orné d'une broche représentant un bateau en argent, qui deviendra un de ses gris-gris. Anita aide déjà beaucoup à faire le stylisme du groupe, elle a un petit œil sur le look des musiciens.

Je m'aperçois bien au contact des potes qui forment le public, après le concert, que quelque chose s'est passé. Un truc enthousiasmant qui n'existe simplement pas sur la scène parisienne à cette époque. C'est nouveau, et les morceaux de Jean-Louis en français fonctionnent aussi bien, voire mieux, que les reprises.

Louis est désormais convaincu.

Chapitre 6

Et pourquoi pas Téléphone ?

À la sortie du Centre américain, les quatre membres du groupe sont euphoriques et unanimes : il faut faire un autre concert.

Mais comment en trouver, des concerts, dans la France de l'époque ? Richard a un pote, Vladimir, dit Vlad, qui pourrait s'en occuper.

Quand Richard propose que Vlad devienne le manager du groupe, Corine, appuyée par Louis, suggère : « Et pourquoi pas François ? »

Je suis ravi de pouvoir continuer à aider ; pour moi, tout ce qui compte, c'est le groupe. Et, comme pour la promo du premier concert, je me dis que oui, je veux m'impliquer, et je commence à les aider à trouver des concerts. Je ne connais personne dans ce milieu rock, mais j'ai, en cinéphile averti, l'*Officiel des spectacles* et le *Pariscope*. Muni de mes deux guides, j'appelle tous les directeurs de club en disant, si c'est un club de folk : « J'ai un groupe de folk », si c'est marqué jazz : « J'ai un groupe de jazz », etc. Je passe ma vie à appeler toutes les salles de spectacle.

Le groupe est notre obsession permanente, on ne parle que de ça. L'émulation est dingue. Notre objectif principal, désormais, c'est de trouver un nom.

L'appartement de l'avenue Frémiet se situe à quelques pas du Trocadéro : un des premiers noms du futur groupe, c'est Trocad Heroes. Jean-Louis et Olive font du skate-board au Troca. Je passe ma vie à la cinémathèque. Je peux y aller jusqu'à quatre fois par jour. De temps en temps, Henri Langlois me fait un signe, honneur suprême.

Jean-Louis est très Who, Led Zeppelin, mais il a toujours eu un petit côté hard rock. Il adore Captain Beyond, un « super » groupe hard avec le premier chanteur de Deep Purple et un batteur de Johnny Winter. Il a pensé à appeler le groupe Captain Béton.

C'est surtout Jean-Louis qui suggère des noms. Captain Béton n'ayant pas fait l'unanimité, on continue à chercher. À un moment, Jean-Louis a cette idée : Téléphone. Le groupe Television vient d'arriver à New York. Jean-Louis appelle Louis et Corine pour leur proposer ce nom. « Regardez, on passe notre vie au téléphone, rien qu'en ce moment ! Téléphone, c'est ça, c'est un merveilleux instrument de communication. C'est l'avenir, tout le monde se parle. Qu'est-ce que la musique, le rock, si ce n'est de la communication ? »

Pour communiquer, surtout entre Frémiet qui était le QG et Louis et Corine, on passe effectivement notre vie au téléphone. Et puis c'étaient les paroles du premier single, *Hygiaphone* : « Décroche ton téléphone ».

Il faut bien mettre un nom sur les tracts pour annoncer le prochain concert, la décision est prise : ce sera Téléphone.

La cohabitation avec Olive devient de plus en plus compliquée. Il commence à avoir beaucoup de problèmes d'addiction. Il n'est pas le seul, tout le monde est dedans. Je ne parle pas du shit qu'on fume du matin au soir mais de l'héroïne, qui s'incruste sournoisement dans nos vies. Je me shoote de temps en temps.

Pour Louis et Corine aussi, ça devient problématique, ils ne se shootent pas mais ils sont assez accrochés. Mais tout est relatif, comme dirait mon pote Jonathan Swift. Olive, lui, est vraiment tombé dedans, il est dans un trip toxico. Pour trouver de l'argent, il ferait n'importe quoi. Très souvent, on lui donne du fric pour qu'il nous ramène de la came, puis il disparaît et quand il finit par revenir, il ne reste quasiment plus rien. Olive fait plusieurs overdoses chez nous, il commence à dériver, je le sauve à chaque fois, claque dans la gueule, bouche-à-bouche, ambulance. Je découvre l'autre côté de la came, c'est très dur pour moi, encore plus pour lui.

Nos relations se détériorent franchement autour de ces histoires sordides d'argent et de drogue.

Nous, on est tous tournés vers le groupe. C'est notre moteur. Tout le reste, défonce comprise, passe au second plan. Mes histoires d'amour, désirs de cinéma et de littérature, absolument tout est englouti et remplacé par une unique obsession, le groupe et son avenir. Plus fort qu'une volonté, nous portons en nous une conviction qui ne peut pas être bousculée : on est les plus forts du monde, on va y arriver.

Je découvre mon métier et mes responsabilités : trouver des studios de répétition, une camionnette, du matos, des amplis pour faire les concerts, essayer d'être rémunérés pour payer la sainte trilogie camion, matos et amplis.

Jean-Louis est entouré d'une petite bande (on ne disait pas encore un *posse*). Ils nous aident tous énormément, deux d'entre eux formeront plus tard le groupe Diesel et il y a aussi Dominique Forestier, dit le grand Sni, dit Cowboy, qui est électricien. Et il a l'énorme avantage de posséder un camion, un J7 diesel : Cowboy quitte son métier pour devenir notre sonorisateur et restera le

« sixième membre » du groupe jusqu'à la dissolution. Je fais tout, on fait tous tout, il n'y a pas de séparation des tâches, je porte les amplis avec les autres, je décharge le camion, je fais les jeux de lumière avec les moyens du bord, j'aide Cowboy pour le son. Je suis le seul *road* scène[1], et ce qui me frappe à ce moment-là, quand je dois passer une guitare à Jean-Louis, c'est que les dix centimètres qui nous séparent deviennent des kilomètres : le mec à qui je tends la gratte n'est plus le Jean-Louis de l'appartement, il est comme en transe, la scène le métamorphose. Il me regarde comme s'il ne me connaissait pas.

Grâce à ma technique du *Pariscope*, on réussit à donner pas mal de concerts, dans toutes sortes de salles, dont beaucoup de MJC. L'aventure débute. On se dit que ce serait vraiment bien d'enregistrer quelque chose, un 45 tours produit par nous-mêmes.

Jean-Louis a eu une expérience assez douloureuse avec la maison de disques qui avait sorti le 45 tours de Sémolina ; de son côté, Louis a eu une expérience catastrophique avec *Irradié*, le deuxième album rock d'Higelin dont il tient pour responsables la maison de disques et l'ingénieur du son. D'après Louis, aucun ingénieur du son français ne sait d'ailleurs travailler le rock.

On n'a aucune attente de la part d'intervenants extérieurs, mais on a envie d'y aller. On regarde ce qui s'est fait à droite et à gauche, on trouve un Anglais qui travaille en France, un dénommé Andy Scott.

Nous avons une date prévue au Bus Palladium, à l'occasion de laquelle on embauche Andy Scott pour enregistrer le concert.

1. Techniciens de scène, appelés *backliners*, qui s'occupent, sur scène, aussi bien du matériel que des artistes.

Il branche son tout petit studio mobile, qui tient dans une camionnette, à l'extérieur du club.

On choisit de sortir « Hygiaphone » et « Métro (c'est trop) » en 45 tours.

On en presse une petite quantité, un millier d'exemplaires, qu'on décide de vendre à la fin des concerts. Une pochette blanche et, comme logo, un tampon Téléphone qui reprend l'idée de ceux de La Poste que j'adorais. Je tamponne allègrement les pochettes blanches du 45 tours que j'écoule, moi-même ou avec un pote, à cinq francs le disque. Non seulement ça se vend, mais il commence à y avoir des fans qui réclament des autographes, le bouche-à-oreille va très vite.

D'un seul coup, je trouve plus de concerts. Ça tombe bien : les quatre Téléphone ont un appétit féroce. On peut jouer le lundi à Lille et le mardi à Montpellier, en se déplaçant dans le fameux J7 diesel de Cowboy. Faire Lille-Montpellier dans un camion en 1976, c'est l'odyssée en mode binaire, ça te prend facilement 17 heures de route. Peu importe, on fait concert sur concert, toujours dans la joie et la bonne humeur.

Dans toute la série de nos premiers concerts, il y en a quelques-uns, très importants, qu'on donne dans les caves du théâtre de la rue Campagne-Première. Ce théâtre est un lieu hors du circuit rock, contrairement aux classiques Gibus et Golf Drouot. On y joue trois ou quatre soirs d'affilée, c'est plein à craquer.

On a besoin de photos professionnelles, le photographe Gérard Ruffin accepte de nous les faire gratuitement et il débarque aux concerts, flanqué de son assistant, Jean-Baptiste Mondino. Le courant passe immédiatement entre nous. Jean-Baptiste crée avec nous notre premier press-book que j'arrive à faire publier dans *Rock Magazine*, qui sont des copains de Richard. À l'arrivée, on a sept pages avec photos et maquette de Jean-Bat : pratiquement de la pub. De la pub comme j'ai vu mon papa en faire, des photos avec les quatre, d'autres où ils sont seuls, mon numéro de téléphone partout. Ça me permet d'envoyer tout ça aux clubs de l'Hexagone.

Et puis Vlad disparaît. Il n'y a pas vraiment de rupture avec lui. Il me voit totalement investi, au charbon pour le groupe. Il lâche la rampe, il s'évanouit de l'histoire.

C'est à ce moment-là que je deviens le manager officiel de Téléphone. Sans cérémonie ni contrat.

Chapitre 7

Le Métier à nos trousses

Le décollage phénoménal du groupe commence à faire parler, en très peu de temps, nous voyons rappliquer le show-business français, le Métier comme on dit. Toutes les maisons de disques veulent nous rencontrer. Et le premier qui pousse notre porte, c'est Jacques Wolfsohn, des disques Vogue.

À l'époque, Wolfsohn a deux *talent scouts*, des gens plus ou moins défrayés pour aller regarder ce qu'il se passe la nuit dans les clubs, et il envoie Richard Schroeder et Léonore Brun, sa secrétaire. Richard Schroeder était un pote de Wolfsohn, devenu ensuite un photographe de renom. Ils viennent à un concert de Téléphone et appellent Wolfsohn dans la foulée : « On a trouvé un groupe génial. »

Deux ou trois jours plus tard, au concert suivant qu'on donne en région parisienne, arrive ce petit bonhomme tiré à quatre épingles, avec un peu d'embonpoint, dans ses sublimes costards dignes des années 1940. Wolfsohn est une légende vivante dans le Métier. Il a signé Johnny Hallyday dès 1960 chez Vogue, puis Françoise Hardy en 1962 et Jacques Dutronc, qui a commencé en étant son secrétaire, et à qui Wolfsohn avait dit un jour : « Tu vas chanter. »

Wolfsohn se prend de sympathie pour nous, et pour moi en particulier. Il restera l'un de mes meilleurs amis jusqu'à sa disparition.

Il tient vraiment à signer le groupe, il nous fait un numéro de charme bien rodé, numéro qui consiste principalement à nous inviter au restaurant. Wolfsohn adore bouffer, il connaît tous les grands restaurants de la capitale. Nous qui n'avons pas un rond, nous n'allons évidemment jamais dans ces endroits-là, et tout d'un coup on se retrouve, au moins une fois par semaine, à aller dîner dans des trois-étoiles. On n'en revient pas, on passe avec lui des dîners à se régaler et à rire énormément, c'est l'un des hommes les plus drôles que j'aie jamais rencontrés.

Signer ? Wolfsohn ne parle que de ça. Son obsession, c'est de signer Téléphone.

D'accord, il nous fait beaucoup rire, mais on n'est pas sûrs de vouloir. Sans parler des contrats, ne serait-ce qu'en voir un nous donne de l'urticaire. Non merci.

Ne pouvant admettre notre refus, il nous dit : « En tout cas, je vous paye des maquettes[1], venez donc en faire. »

Nous allons aux studios Sidney Bechet chez Vogue, à Villetaneuse, avec un vrai ingénieur du son et une vraie table de mixage.

C'est la première fois que je rentre dans un tel endroit : La Mecque !

On y enregistre une nouvelle version d'« Hygiaphone », une autre de « Métro (c'est trop) ». On fait aussi « Ma guitare est une femme », mais elle ne sera jamais retenue sur les albums.

Seulement, ça ne sonne pas terrible, on n'aime pas trop.

Ces séances confirment notre idée qu'il y a un problème certain avec les ingénieurs du son français, qu'ils ont vraiment de la peine à enregistrer du rock.

En plus, on trouve tous que le label Vogue n'est pas très excitant. Cette maison de disques est en chute libre, et ils ont

1. Ou *demo* en anglais, enregistrement non définitif du morceau, sorte de brouillon.

dans leur catalogue plein d'artistes ringards, des accordéonistes notamment.

Et puis, surtout, on déteste leur logo.

Je dis à Jacques qu'on ne signera pas chez lui. Il le prend très bien : il a déjà décidé qu'il ne tarderait pas à quitter la maison Vogue. À partir de ce moment-là, il me prend sous son aile. Il a 30 ans de plus que moi. Je passe énormément de temps avec lui. Wolfsohn a une érudition musicale hors du commun, en jazz en particulier, et compte parmi ses amis intimes le Paris que j'admire. Il m'apprend à cuisiner, à perfectionner ce que ma mère et ma grand-mère m'ont appris, il a une âme de marin et a acheté un petit bateau avec ses économies, *Le Vengeur.*

Il est un excellent pédagogue tout en étant très, très dur ; pour lui, je suis toujours un « pauvre con », qui ne comprend « rien à rien ».

Je n'ai pas encore vingt ans, je ne connais effectivement pas grand-chose aux usages du Métier, mais Wolfsohn est très ouvert. Lui et moi, on parle finalement exactement la même langue. Selon lui, il faut toujours se méfier des multinationales, qui commencent à voir le jour, des *corporate companies*, des décisions prises par des conseils d'administration anonymes. Wolfsohn me répète sans cesse : « Il faut leur foutre dans le cul. »

Il est vraiment fasciné par le groupe, par le talent d'auteur-compositeur de Jean-Louis. Il trouve ses morceaux très bien écrits, fabuleux. Jacques est avant tout un éditeur de musique, pour lui, tout ce qui compte, c'est l'écriture du morceau. Si un morceau est là, on le sait immédiatement, le squelette de la chanson dit tout, une version guitare-voix ou piano-voix suffit. Dans son bureau, les jeunes prétendants à la carrière d'artiste doivent s'asseoir au piano, chanter leur morceau en s'accompagnant. Jacques comprend tout de suite que Jean-Louis est un véritable auteur-compositeur.

Wolfsohn a été le premier à vouloir nous signer, mais après lui, ils arrivent tous.

Il y a Lee Hallyday, de la maison de disques Philips. Lee se présente à nous comme le père adoptif de Johnny, ce qu'il est sans doute. Il vient voir plein de concerts de Téléphone, il nous adore.

Il y a aussi un mec de CBS qui nous pourchasse partout. Philips et CBS, qui deviendront respectivement Universal et Sony, sont les deux gros concurrents.

Wolfsohn, qui connaît tout du Métier, nous téléguide. Il nous demande :

— Vous avez rendez-vous avec Lee Hallyday à quelle heure ?

— À 3 heures de l'aprem.

Il appelle au moment du rendez-vous : « Allô ? Tu es avec Ravard ? Tu ne les signeras jamais, de toute façon ils m'ont dit qu'ils ne t'aimaient pas. Ou alors il faut que tu sortes le carnet de chèques. »

Il fait monter les enchères. On avait ce jeu. Parce que tous les mecs de ce Métier que je rencontre se disent : « Ce petit Ravard, on va le bouffer tout cru. On les signe vite et on se débarrasse de ce porte-valises. »

À l'époque, en France, il n'y a pas de manager, il n'y a que des secrétaires d'artistes, qui sont souvent rémunérés par la maison de disques et ont de fait les intérêts de celle-ci à défendre.

Moi, je fais partie du groupe.

Pour être honnête, on contemple l'idée de partir avec Lee Hallyday, qui a beaucoup de charme, mais ce qui ne nous plaît pas, c'est la grosse structure allemande derrière.

Et puis arrive Philippe Constantin, directeur artistique chez Pathé-Marconi. J'ai lu son livre brillant sur les Stones et ses articles souvent polémiques dans *Rock & Folk*.

Une semaine avant de le rencontrer, j'étais tombé sur une grande interview dans laquelle il décrétait : « Le rock ne marchera jamais en France. »

Il vient à un de nos concerts. Et immédiatement, une alchimie se crée entre lui et moi. Il est bien le seul à comprendre ce qu'on raconte, notre conception de la musique, de l'enregistrement, de la direction artistique. Il comprend l'exigence qu'on porte à la qualité d'enregistrement et la peur de voir notre musique fixée d'une manière qui ne nous plairait pas. Il y adhère complètement, sûrement grâce à ses propres goûts musicaux et son expérience chez EMI avec des groupes internationaux, et surtout anglais (Pink Floyd, Deep Purple). Pour lui, notre groupe sonne rock, il faut donc que ça sonne comme les Anglo-Saxons. Et le génie, c'est que ce soit en français. Il y a vraiment une étincelle. Par rapport aux autres personnes qu'on a rencontrées, Constantin, c'est autre chose. On se dit qu'on va signer avec Constantin (mais on signe avec EMI !).

Chapitre 8

Le premier album

Nous signons donc chez Pathé-Marconi, grâce à Philippe Constantin, pour trois albums et ils nous filent 15 000 francs. Ça nous semble énormissime. On partage naturellement cette somme en cinq.

Les royalties[1] en cinq, les concerts en cinq, tous à égalité totale. Cowboy est quant à lui payé au cachet.

Dans notre contrat, on n'a pas d'exigences spéciales. Tout n'est pas précisé noir sur blanc. Et pour une bonne raison : je fais alors complètement confiance à Constantin.

Il se retrouve avec ce groupe qui a une image, un chanteur, un *performer* comme la France n'en avait jamais vu, un guitariste de génie, le batteur dont tout le monde rêve. Et puis rappelons-le : une fille à la basse, c'était alors un gros plus. Cerise sur le gâteau : j'étais le manager du groupe, Philippe en avait côtoyé beaucoup en Angleterre et aux États-Unis mais il n'y en avait pas en France. J'allais devenir son interlocuteur privilégié et, avec le temps, nous deviendrions les meilleurs amis du monde.

La condition des femmes à l'époque dans le monde des musiciens du rock est totalement inexistante. Par exemple, Corine doit essuyer à chaque concert au moins une personne – si ce

1. Rémunération sur la vente des disques. N. B. : ce n'est pas toujours le cas dans les groupes.

n'est vingt – qui hurle : « À poil ! À poil ! » Si tu as une femme sur scène, elle doit avoir un talent de strip-teaseuse.

Mais Corine fait face, avec courage.

En revanche, pour une certaine intelligentsia, le fait qu'il y ait une femme dans un groupe de rock, c'est rarissime et sublime. Au même moment, à New York, au CBGB[1], il y a Tina Weymouth, bassiste des Talking Heads, mais c'est absolument tout.

Étant sur la même longueur d'onde avec Constantin, le groupe garde un droit de regard sur tout : pochette, enregistrements, tournées. Ainsi, quand on discute pochette, je sais de quoi je parle. J'ai des accointances avec Mondino, et Constantin trouve ça génial.

Sans le savoir, nous sommes notre propre label, financé par Pathé-Marconi. Nous bénéficions d'une liberté artistique totale, personne n'a son mot à dire sur les morceaux, la pochette, les photos, etc.

En plus, on choisit – ce qui n'existe pas à l'époque – notre « réalisateur artistique ». C'est ça la revendication principale : qu'on puisse travailler avec le *producer* de notre choix, dans un studio de notre choix.

Jean-Louis et moi, on est et on restera une vraie entreprise, on décide tout de A à Z, on a juste besoin de financiers et de distributeurs. Pathé-Marconi a vraiment de la chance. Ils ont signé un contrat d'artiste avec un groupe rémunéré au plus bas. En réalité, nous faisons tout le travail et nous mériterions un contrat de licence. Comme dirait Wolfsohn : « Ils nous l'ont bien mis. »

1. Club rock, punk, de la scène new-yorkaise.

Jean-Louis et moi, on habite ensemble, on passe des nuits à parler pochette, à voir comment font les Stones ou les Who. On s'imprègne de tout ça.

Comment vendre du rock ? Comment faire de la pub ? Comment faire ce que plus tard on appellera le marketing ? L'idée du groupe qui sort de l'affiche déchirée, notre premier poster, c'est Jean-Louis. Le tampon sur les pochettes, je pense que c'est Jean-Louis et moi. On avait créé ça tous les deux. Pour décrire notre relation de travail, on dira que je fais le tri. Jean-Louis a environ 18 000 idées à la minute : « Si on faisait ci ? si on faisait ça ? », et moi je filtre : « Non, non. On ne peut pas tout faire. »

Je suis arrivé à convaincre Constantin sans trop de difficultés, on va aller enregistrer le premier album à Londres.

Mais qui va le produire ?

En France, à ce moment-là, le rôle de « producteur » à l'anglo-saxonne n'existe pas. Ce sont plutôt des ingénieurs du son ou des arrangeurs qui réalisent les disques. Clairement, il n'y a pas le George Martin des Beatles, ni le Glyn Johns des Who, des Stones. Les Français sont habitués à enregistrer de la variété française, Nicolas Peyrac et consorts. Leur métier consiste à vérifier que l'aiguille du voyant de contrôle ne va pas dans le rouge. Au même moment, en Grande-Bretagne, les punks arrivent et l'aiguille doit être dans le rouge.

On passe notre temps à voir qui pourrait faire le boulot, on dresse une liste. Naturellement, tous ceux qu'on veut sont inaccessibles. Je vais alors visiter EMI Londres avec Constantin. Et dans la liste qu'ils nous tendent, il y a Mike Thorne.

Il avait travaillé sur des maquettes pour les Sex Pistols, personnellement, je trouve qu'elles sonnent bien, mais finalement c'est Chris Thomas qui réalisera l'extraordinaire *Never Mind the Bollocks*.

Mike vient de produire un nouveau groupe qui s'appelle Wire. On écoute le son de Wire, c'est très rock, très punk, formidable. Et puis on rencontre le type, qui est assez jeune, huit ans de plus que nous à tout casser, avec la bonne approche. Tout de suite, le courant passe et on décide de travailler avec lui.

Mike bosse dans un petit studio, Eden Studio, avec son ingénieur du son, Paul Hardiman. Quand on arrive à Londres, on se retrouve vraiment dans l'ambiance bien rock qu'on aime, on n'est plus entourés de la variété française – sans aucun jugement.

Bien sûr, les gens de EMI nous ont réservé un hôtel pourri, un *bed and breakfast* très bon marché.

On dort à deux par chambre, c'est un peu l'enfer, j'ai tout le groupe sur le dos : « On ne peut pas travailler dans des conditions pareilles. En plus c'est loin du studio, il faut y aller en métro, on est traité comme de la merde ! »

En tant que manager, je dois lutter pour le groupe face à la multinationale EMI. Je vais les voir. Comme je suis toujours pétri de timidité, je n'arrive pas encore à hurler en tapant sur la table, tel Peter Grant de Led Zeppelin[1]. Par contre, je trouve et séduis une alliée à qui je dis : « On ne peut pas bosser comme ça. » Ils finissent par nous mettre au Selfridge Hotel, un quatre-étoiles. Là, c'est Byzance. C'est la première fois qu'on se retrouve dans un hôtel de luxe.

Restons calmes. Pour nous, en 1977, ça correspond au luxe absolu, mais de fait ce n'est pas le Ritz non plus… On commande au *room service*, on se fait péter la panse avec des clubs sandwichs fourrés au bacon partout, jusqu'à n'en plus pouvoir. C'est l'éclate.

1. Voir le chapitre « Téléphone » dans le *Dictionnaire amoureux du Rock* d'Antoine de Caunes, Paris, Plon, 2010, où il fait mon portrait.

Au studio, l'ingénieur du son et le producteur ont vraiment des tronches de Rosbifs, ils sont vraiment anglais *british* certifiés, mais ils sont très bons, ils arrivent à trouver le son que le groupe voulait. Putain, ça claque !

Nous, tout ce qu'on veut, c'est que ça sonne comme en concert, que les mecs qui enregistrent n'aient pas peur de pousser les potards dans le rouge. On fait aussi traficoter les Vox, nos amplis AC30, remplacer les lampes, etc. Il y a un mec en banlieue de Londres qui répare les amplis de tout le monde, ceux des Who, des Stones, des Faces, et j'en passe. Cowboy va le voir et revient avec des amplis qui fonctionnent parfaitement. Les guitares aussi sont remises en état, cordes changées, micros vérifiés, manches astiqués.

Tout se passe très bien, ça va vite, on enregistre le premier album en 17 jours.

Évidemment, comme dans tout accouchement créatif, il y a beaucoup d'angoisse, beaucoup d'engueulades. Ça fait partie du Métier.

L'angoisse vient toujours du même problème : une fois que c'est enregistré, tu ne peux plus revenir en arrière. Il y a toujours le moment où quelqu'un réécoute et s'écrie : « Il faut refaire ça, il faut absolument refaire ça », et je découvre qu'une partie de mon job est de dire non. « On ne peut pas le refaire, c'est fini. Ça coûterait trop cher, on n'a plus le temps. On ne va pas y passer dix ans. »

Qu'enregistre le groupe ?

Tous les morceaux qu'il jouait régulièrement en répétition et sur scène, mais il manque un titre pour boucler l'album. Bien sûr, il y a « Ma guitare est une femme », qu'on a réenregistré avec Mike Thorne, mais Jean-Louis n'est pas particulièrement fier des paroles.

On se dit qu'on peut faire mieux.

Son texte est un peu potache : « Ma guitare est une femme qui me tourne le dos, ma guitare est une femme qui me colle à la peau. » Sur scène, à chaque fois, c'était un succès, les gens adoraient, mais malgré ça, on décide de ne pas la mettre sur l'album. Et sous l'impulsion de Mike Thorne, qui fait jouer le groupe sur un riff de Louis, surgit cette singularité, le morceau « Anna » qui sera écrit en studio. Jean-Louis écrit les paroles sur place. Au début, c'était plus « Aaaah ! Aaaah ! Ça ne me fait rien du tout », puis le « Aaaah » est devenu « Anna ».

Je crois que c'est l'unique chanson parmi tous les titres de Téléphone qui a été créée en studio, qui n'avait pas été répétée ou jouée sur scène avant.

À l'époque, ce ne sont que les morceaux de Jean-Louis. Il les a déposés à la SACEM[1], ce n'est pas remis en question. Il est arrivé avec toutes les maquettes. Seul « Flipper » est écrit à deux : Louis a créé un sublime riff et Jean-Louis le texte.

Le premier album sort le 25 novembre 1977, un an presque exactement après le premier concert du Centre américain. Sous une magnifique pochette du Studio de l'air, photographiée dans le métro. Ruffin et Mondino font plein de photos du groupe dans la perspective de la pochette. On passe beaucoup de temps dans le métro, ils prennent des clichés du groupe qui court hors des rames. Un jour, je vais les voir seul, on essaye différentes photos. Ils projettent les diapositives sur une pochette blanche. Jean-Baptiste a sa préférée, il insiste : « Celle-là est vraiment bien. Penses-y, François. »

1. Société des Auteurs, Compositeurs et Éditeurs de Musique.

Et c'est vrai que cette photo-là, cadrée format pochette, a une très grande dynamique, beaucoup d'énergie, c'est aussi ma favorite.

Je vais la présenter au groupe, le groupe approuve.

Ça plaît beaucoup, on est tous d'accord.

On prépare la sortie du disque, j'apprends mon métier au fur et à mesure. Je me retrouve dans le luxueux bureau de Philippe Constantin, rue Lord-Byron, tout près de la place de l'Étoile. Il est directeur des éditions et en même temps un des directeurs généraux du label, il se trimbale avec le gamin que je suis et me fait faire le tour des bureaux. Le département promotion, c'est tout le premier étage. Il y a plein de filles qui sont là. Je vois la cheffe de la promo, elle a un immense bureau, mais tu ne peux pas y entrer, car toutes les secrétaires font la promo presse et radio devant. Tout au bout, il y a le bureau d'un directeur général ; là non plus, on ne peut pas rentrer. C'est le formalisme d'une espèce d'autorité gaullienne qui plane sur toute la France de l'époque.

Je me crois dans un film de Jacques Tati. Tout est cloisonné. Le bureau de la cheffe de la promo, Dominique Larmoyer, le bureau du patron.

Et puis il y a le président.

Lui, je le croise une unique fois dans un ascenseur, Constantin me présente et il me regarde comme si j'étais un Martien : « Un groupe ? Du rock ? Et puis quoi encore ? »

Chapitre 9

Profession manager

Les gens de la maison de disques n'ont aucune idée de ce que nous sommes. Les filles de la promo non plus. Le disque est déjà sorti depuis pas mal de temps, on fait des concerts, tout est plein, et j'essaye, comme on dit, de motiver notre maison de disques.

Avec l'aide de Constantin, naturellement.

Un jour, une des filles de la promo, celle qui fait la radio, a une illumination : « Ah, mais je viens de me rendre compte, il y a une fille dans le groupe, non ? »

Au bout de six mois !!!

Ces gens ne savent pas ce que ce groupe représente pour nous, je me bats avec eux quotidiennement. J'observe comment ils fonctionnent et je constate qu'ils ne se parlent pas d'un service à l'autre. Il n'y a aucune communication entre la presse, la radio, la télé, ceux qui donnent l'argent, le service juridique, le service comptable, le service promotion, le service marketing, tous ces gens-là s'ignorent, voire se tirent dans les pattes et ne sont jamais au courant de rien.

Personne ne prête vraiment attention à moi, parce que je suis jeune, cheveux longs, perfecto de cuir noir, jeans et Converse, j'essaye de faire circuler les informations ou de les court-circuiter – prendre de l'argent en évitant que le service d'à côté le sache. Au lieu de parler au patron, au chef du département, je parle à la secrétaire ou à l'assistante, que je tente de charmer pour qu'elle signe des bons pour accord, « Bon pour une affiche », « Bon pour une séance photos », « D'accord pour de l'essence », « OK, vous pouvez louer un camion », etc. Et tout ça, sans que l'autre le sache.

Parallèlement, on fait des concerts, beaucoup de concerts. Et on essaye de passer à la radio.

Il y en a encore très peu à la fin des années 1970 : France Inter, Europe 1 et RTL, voilà la liste complète, sans oublier RMC, alors basée à Monaco.

À chaque fois qu'un titre est diffusé à l'antenne, il existe un système où les auditeurs appellent pour dire si ça leur plaît. On fait en sorte que lorsqu'un titre de Téléphone est joué, tous nos copains et nos potes appellent, appellent et appellent.

Puis on voit que l'animateur Jean-Bernard Hebey diffuse assez régulièrement le titre « Hygiaphone » dans son émission sur RTL, il demande à la maison de disques de nous rencontrer.

Surtout le manager.

Au même moment, on reçoit un coup de fil des promoteurs de concerts KCP, Koski-Cauchoix Productions. Ils nous demandent si on peut faire la première partie de Eddie and the Hot Rods. C'est un groupe qu'on aime beaucoup, on accepte.

Lors de mon rendez-vous avec Jean-Bernard Hebey, il me dit :

— Il suffit que tu me donnes les sous-éditions et le titre passera beaucoup plus en radio. Parce que je suis DJ à la radio RTL, tout le monde m'écoute. J'adore le groupe Téléphone. Ça se fait, tu n'as qu'à te renseigner. Tu me signes ce papier-là et il n'y aura aucun problème, la station passera ton groupe beaucoup plus souvent.

— Merci, monsieur, je vais y réfléchir.

Quelques jours plus tard, je me retrouve dans le bureau d'Albert Koski, je suis très content d'être là. Koski, c'est LE grand promoteur rock de l'époque. C'est lui qui a fait venir les Rolling Stones aux Abattoirs ! Et aussi Wings, J.J. Cale, Robin Trower, Santana, Black Sabbath, Deep Purple, les Who !

Comme dans tout rendez-vous de boulot, on parle de tout et de rien avant d'en venir au business. Je lui raconte que je suis allé voir les Stones aux Abattoirs sans même un billet, en passant par le toit, à l'arrache avec Olive. J'essaye de le dérider. Mais lui, je ne sais pas, il doit être dans une autre dimension, ça ne le fait pas vraiment rire. Finalement, il me décroche :

— Ah bon ? Si tu me donnes les éditions de ton groupe, vous allez beaucoup tourner. Je peux m'occuper de toi.

Je réponds la même chose qu'à Hebey :

— Merci, monsieur, je vais y réfléchir.

Et je leur dirai non, à l'un et à l'autre.

Mais ça ne s'arrête pas là.

Hebey tente de contacter le groupe directement, dans mon dos. Ça ne marche pas. Le groupe était au courant. On est tous ensemble, un pour tous, tous pour un.

Ne s'estimant pas vaincus, Hebey, Koski et d'autres essayent de me soudoyer : « On pourrait te reverser une part. »

C'est là que j'ai vraiment compris ma position dans le Métier.

Quand ils me voient arriver avec mon perfecto, à vingt ans, je fais très jeune, ils se disent : « C'est un copain du groupe, il n'a rien d'un manager, c'est un vague copain, ça doit remonter au lycée, il va signer tout ce qu'on lui demande de signer. » Ils me reçoivent dans leurs beaux costards. Je suis invité à déjeuner, on me dit, en gros : « C'est bien ce groupe, ils me plaisent. On te fait une grande faveur, on te rend un énorme service. » C'était comme ça qu'ils me parlaient, les grands patriarches. « Mon petit gars, tu as vraiment de la chance ! C'est moi qui passe à la radio Johnny Hallyday, etc. Si tu veux que RTL s'occupe de vous, il faut signer ce papier. »

Koski, pareil, même chanson, même refrain.

C'étaient les deux premiers. Et pas les derniers.

Le succès attire les rapaces.

Ils cherchent simplement à nous prendre nos chansons. Beaucoup considèrent l'édition comme une monnaie d'échange. Pourquoi ? Eh bien, parce qu'elle rapporte 50 % d'une chanson[1].

Très vite, sur les conseils de Jacques Wolfsohn, on crée notre propre maison d'édition, Téléphone Musique. J'apprends alors une nouvelle facette du Métier, l'édition musicale. Ma philosophie, c'est que je suis avec le groupe, et le reste, tous les autres, ce sont des ennemis.

Je protège Téléphone. Nous sommes un microcosme, en lutte contre le macrocosme.

Ce qui ne me fait pas que des amis dans la profession. Parce que, très souvent, les managers de l'époque collaboraient avec l'establishment.

Chacun s'entendait pour dire que les artistes, « c'est des fous. Ils sont bien gentils, mais enfin, ils sont drogués, ils ne connaissent pas trop le Métier. » Nous, on sait ce que c'est que le Métier. Bien sûr qu'il faut donner des coéditions ou que sais-je pour passer plus à la radio. Bien sûr qu'il faut être gentil avec telle émission de télé, qu'il faut aller sur tel et tel plateau.

Mais pour moi, c'est tout le contraire.

Ma conviction intime et profonde, c'est que les méthodes de cet establishment sont profondément dégueulasses.

Est-ce qu'ils ont écrit des chansons, ces mecs-là ? Non.

1. Les droits d'auteur d'une chanson sont redistribués par l'intermédiaire de la SACEM de la sorte : 25 % à l'auteur, 25 % au compositeur et 50 % à l'éditeur.

Vous n'avez pas le pouvoir. Pourquoi vous pensez ça ? On va vous le piquer, le pouvoir ! Non, on ne va pas faire comme vous, c'en est fini de vos pauvres magouilles.

J'imagine qu'ils considèrent qu'ils font leur boulot, que ce sont les us et coutumes, mais je refuse de m'y conformer.

Quitte à me fâcher.

Plein de gens me disent : « Il ne faut pas faire ça. »

Leur grand truc, c'est : « Ça ne se fait pas. » Heureusement, il y a Constantin, toujours lui, qui est plus ouvert et qui me dit : « Fais gaffe, attention », mais qui me laisse faire.

Il pense à lui aussi, il veut les éditions de Téléphone, et c'est très difficile pour moi de ne pas les lui donner, parce que ça devient un ami. Or Philippe Constantin est le mec qui ne prend pas non pour réponse. Tu le jettes par la porte, il revient par la fenêtre cinq minutes plus tard. Mais on tient bon. En fin de compte, il obtiendra trois morceaux qu'on lui donnera pour le remercier de tout ce qu'il a fait. Et pareil à Wolfsohn, on lui donnera deux morceaux en édition.

Nous voilà donc en dehors du circuit traditionnel. Pour les concerts, on ne passe pas par M. Koski, je fais des contrats en direct avec la mairie d'Albi, de Trifouilly ou Perpète-les-Oies. Parce qu'il y a des promoteurs locaux, des producteurs régionaux, des types formidables, je n'organise pas de vraie tournée, mais plein de concerts isolés.

Chez KCP, il y a quelqu'un qui nous aime beaucoup, Jean-Robert, qu'on a connu quand on a fait la première partie de Eddie and the Hot Rods. Il nous recontacte, dans l'urgence la plus totale. Television, qui vient de sortir l'album exceptionnel *Marquee Moon*, va l'interpréter pour la première fois sur scène à l'Olympia. Il y aura dans la vénérable salle toute la presse rock et tous les aficionados qui attendent ce passage.

En première partie, les KCP ont prévu un groupe qui à l'époque est relativement inconnu, Blondie. La chanteuse Debbie Harry est malade, elle a un virus, ils annulent à la dernière minute. KCP nous propose alors d'ouvrir pour Television.

Téléphone + Television ? Bien sûr, on fonce !

On est très nerveux, surtout que ce n'est pas annoncé. Les gens dans la salle espèrent Blondie et quelqu'un vient au micro pour dire : « Debbie Harry est malade, désolé, voici le groupe Téléphone. »

Alors qu'un public très branché attend sa dose de rock américain, un groupe français débarque, plein d'énergie, et en plus il chante en français.

Très peu de gens dans la salle connaissent ou ont déjà vu Téléphone, mais la mayonnaise prend tout de suite. Et il y a un rappel, ce qui est très rare pour une première partie. Puis un second rappel, lumière rallumée dans l'Olympia, les gens continuent de hurler « Encore ! Encore ! »

C'est du jamais-vu, c'est très rare en première partie. Pour nous, dans notre moral qui était déjà très haut, ça monte au zénith. Pour les gens qui sont là, les journalistes rock branchés, les musiciens, il y a un truc qui se passe ce soir-là. *Best* en parle. *Rock & Folk* aussi.

Téléphone soudain décolle.

On commence à passer à la radio, à faire des concerts. Assez vite, on atteint le fameux disque d'or : 100 000 copies vendues. Notre maison de disques n'en revient pas, et ils se mettent à s'exciter un peu.

C'est la première fois qu'on commence à me prendre au sérieux, qu'on ne me considère plus comme le gamin tout seul, qu'on me parle, me demande mon avis. Pour tout le monde, ça devient clair que le manager de Téléphone, c'est moi !

On a toujours trouvé que les places de concert étaient trop chères, alors on décide d'en donner un gratuit. Vous avez bien lu. On arrive à convaincre une radio de nous financer un concert gratuit aux Abattoirs. On le fait le 16 décembre 1977, et les gens sont emballés. Tout se passe très bien. Tellement bien que dans le métro du retour, tout le monde chante « Métro (c'est trop) » et des jeunes cassent la rame de joie. Ils saccagent les sièges. Des copains nous racontent ça : « Dans le métro, c'est la folie ! Tout le monde hurle : "Métro, c'est trop". »

On est ravis, on a réussi notre coup, il y a vraiment un truc qui se passe autour du groupe, ça prend.

Certes, à la sortie, quelqu'un de la sécurité nous dit : « Il y a eu des échauffourées. » On ne s'est pas rendu compte qu'il y avait eu des bagarres, moi je n'ai rien vu à l'intérieur, mais en fait tout s'est passé hors de la salle, sur le parking.

Le lendemain matin, on apprend qu'il y a eu un mort. La presse à sensation s'en donne à cœur joie. Elle titre : « Concert à Pantin : un mort. » Heureusement, ils citent très peu le nom du groupe. Et pour cause. Ça n'avait pas de rapport direct avec le concert, c'étaient juste des bandes qui réglaient leurs comptes à un kilomètre des Abattoirs. Cette salle portait bien son nom, plantée qu'elle était au milieu d'un gigantesque parking, tu te paumais là-dedans. Cette histoire nous fout vraiment un coup. Le pauvre mec…

Quand la maison de disques prend tout à coup conscience qu'il y a un potentiel de vente, alors qu'on a déjà vendu 100 000 albums, on reçoit une proposition d'émission de télévision.

Je rencontre la fameuse Marie-France Brière, grande prêtresse des variétés, qui est aussi petite que charmante et qui nous convainc de faire l'émission *Blue Jean* en live à la télé, en mai 1978.

De toute façon, on ne veut pas jouer en play-back. Hors de question.

Cette première émission, c'est le commencement d'un grand débat qu'on aura beaucoup au sein du groupe, savoir si on fait des émissions qui a priori ne nous plaisent pas. Richard et moi, naturellement, on dit : « Au moins c'est nous, on fait ce qu'on sait faire, on nous verra. »

Mais il y a toujours un petit côté amer... En tant que manager, je suis confronté à ces gens qui veulent toujours grignoter un peu plus notre liberté.

Pour le groupe aussi, c'est dur d'avoir à faire une interview avec des gens qui ne comprennent pas ce qu'on fabrique. S'agit-il de compromissions ou pas ? Et jusqu'où faut-il aller pour faire de la promo ?

On fait finalement l'émission *Blue Jean*. Plastic Bertrand est là. Pour nous, ce qu'il propose relève vraiment de la variété, c'est totalement ringard, mais on s'aperçoit que beaucoup de gens nous mettent tous dans le même sac : « C'est du rock. »

Mais cette émission nous donne une exposition. On rentre dans ce système de promotion, alors on devient de plus en plus connus, et il y a de plus en plus de gens aux concerts, une situation très excitante.

On touche une avance, on achète une voiture. Téléphone roule désormais en Peugeot 504 break rouge, on peut rentrer tous les six dedans – les quatre du groupe, Cowboy au volant et moi. C'est le luxe absolu de ne plus être dans le J7. Grâce à l'avance, on a un peu de ronds. Un tout petit peu, mais on se croit riches.

Chapitre 10

La Bentley de Keith

C'est une époque où on boit du Stones, on bouffe du Stones, on écoute du Stones. Je lis beaucoup. Notamment les mémoires d'un *tour manager* des Stones qui s'appelait Peter Rudge, bouquin que je lis et relis pour apprendre le job.

Un beau matin, on se réveille et on voit dans notre rue une Bentley orange qui semble avoir été peinte à la bombe. C'est la Bentley de… Keith Richards.

Putain ! Keith Richards ?! Il est avenue Frémiet ?!

Dans la foulée, on apprend que les Rolling Stones sont attendus incessamment aux studios Pathé-Marconi pour enregistrer un nouvel album (qui deviendra *Some Girls*). Keith et Ronnie ont loué un appartement au bout de l'avenue Frémiet. Ça devient carrément irréel.

Chaque jour, Téléphone répète dans le studio de notre maison de disques, à Boulogne. Un matin, on voit des *roadies* qui installent du matériel dans le studio à côté du nôtre.

Ce matériel avec ces amplis et cette batterie, c'est celui des Stones. Ils sont dans le plus grand studio, on est dans le petit. On n'a pas le droit de rentrer dans le leur. Mais de temps en temps, comme on connaît très bien le veilleur de nuit, on peut, avec sa permission, aller jeter un œil. C'est hallucinant. On leur a monté le matos comme s'ils étaient sur scène, il y a même des tapis persans, tout est parfaitement rangé, astiqué, aligné. Du travail de grands pros, au meilleur sens du terme. Les amplis sont des Mesa Boogie, on n'avait jamais vu ça de notre vie. Comme disait mon grand-père Armand : « On reconnaît un bon ouvrier à ses outils. »

Ça va durer pendant un mois, on nous dit tous les jours : « Demain, ils arrivent. » Mais il n'y a jamais de Stones.

Un soir, grâce à la complicité du veilleur de nuit, Corine et Louis n'en peuvent plus, Jean-Louis et Richard suivent, et ils vont tous jouer… sur le matos des Stones.

Dès le lendemain, branle-bas de combat au studio.

Un des *roadies* nous a vus, il sait. « Qu'est-ce que c'est que ces enfants gâtés ? Vous vous croyez où ? Ce n'est pas à vous ! On va vous faire expulser du studio… » Etc., etc.

Ça finit par se calmer. Et puis ils sont où, les Stones ? Nulle part… Et finalement, un jour, genre à 2 heures du mat, on s'aperçoit qu'ils sont arrivés…

La manière dont les Stones appréhendent leur travail est très bizarre.

Nous, les Téléphone, on est toujours ensemble. On arrive à l'heure, on joue et on enregistre.

Alors que les Stones, pas du tout, c'est même un bordel de dingue : Charlie arrive avec un type, il se met à jouer, mais il n'y a pas les autres. Puis arrive Ronnie qui, ne voyant personne, repart. Après quoi Keith débarque, mais très tard, à 4 heures du matin.

Et puis on s'aperçoit qu'il y a un mec qui traîne, un barbu en jogging, c'est Mick Jagger.

Les Rolling Stones nous ignorent grandement. Qu'importe, on essaye d'entrer en contact.

Je me souviens qu'à un moment on les attend, on se dit qu'ils vont bien aller pisser… On squatte le lobby, l'air de rien, il y en a bien un qui va rentrer ou sortir ! Ils arrivent toujours avec leurs assistants personnels, toute cette fameuse hiérarchie stonienne, l'*entourage* comme on dit en langue anglaise.

Et ce que j'apprendrai plus tard, c'est que pour les Stones, le studio est aussi un lieu *social*. C'est là où tu reçois les gens, où tu te marres, où tu fais une fête, ce n'est pas uniquement le sacro-saint temple de l'enregistrement. Beaucoup d'amis et de musiciens viennent, ça fait beaucoup le bœuf, les femmes et les enfants jettent une oreille… À l'époque il y a le chanteur de Bad Company, Paul Rodgers, qui traîne là, avec eux.

Nous, bien sûr, on essaye de les repérer, de leur parler, mais ça ne fonctionne pas vraiment. Il n'y a que Charlie qui est assez gentil pour nous rencontrer. Très émus, on tente de lui offrir notre album. On lui dit :

— Voilà, c'est notre premier album, écoute-le.

Et Charlie, très gentleman, de répondre :

— C'est très, très gentil, j'adorerais pouvoir l'écouter mais je n'ai déjà pas assez de temps pour écouter mes disques de Charlie Parker…

Et il repart sans prendre le disque que nous lui tendions.

C'est une époque où l'héroïne et la cocaïne restent très populaires dans le milieu rock. Dans le studio, quand on peut y entrer – lorsque les Stones ne sont pas là, en fait… –, tu peux t'approvisionner, c'est un peu le BHV de la drogue.

Il y a de tout, en vastes quantités.

On sent toujours l'odeur de l'herbe. La valse des dealers est permanente. Certains ne nous sont pas inconnus. Un type passe régulièrement fournir les Stones. Un jour, le mec arrive comme d'habitude, il est reçu par la sécurité des Stones. Il avait une ardoise d'un mois :

— Est-ce que je pourrais être payé ?

Hop ! Il se fait casser la gueule.

— Non, on n'aime pas les dealers. Merde aux dealers ! Dehors !

C'est ça aussi, être dealer des Stones.

Valait mieux pas leur présenter l'addition.

Avenue Frémiet, on repère où se trouve l'appartement de Keith et Ronnie. Louis et Corine y sont passés.

Ils ont sympathisé avec Ronnie Wood, par rapport à la came, genre « J'en ai/tu en as ».

Et il y a la fameuse histoire du Circuit 24. Louis est passionné par ce circuit de voitures et il est admis dans l'appartement parce qu'il en a un. Louis l'apporte, il le monte chez Keith et Ronnie… Il n'a jamais pu le récupérer.

On est voyou ou on ne l'est pas.

Ensuite Louis et Corine bœuffent avec Ronnie, il y a Bill Wyman, Charlie et Paul Rodgers. Ils font une jam qui restera un souvenir d'anthologie. Ils jouent « Johnny B. Goode » façon reggae – comme Keith aurait pu faire, lui qui joue tout en reggae.

Puis, Jean-Louis et moi, on finit par croiser Keith Richards qui nous dit : « Quoi ? Il y a une fille dans votre groupe ? En couple avec le guitariste ?! Préparez-vous, ça va être dur, les mecs. »

Chapitre 11

Crache ton venin

Jean-Louis a commencé à travailler sur le deuxième album qui deviendra *Crache ton venin*. On habite toujours ensemble à Frémiet, et tout comme je l'ai vu composer à côté de moi les chansons du premier album, je le vois écrire le deuxième. La chanson « Faits divers » s'intitulait au début « Fée d'hiver » mais il change le titre au dernier moment. Je suis un témoin, participatif ou non, suivant les demandes. Jean-Louis écrit beaucoup, il rature, il reprend, il noircit des dizaines de pages qu'il conserve dans un gros classeur. Après avoir terminé les chansons et après moult répétitions, Téléphone est prêt pour l'enregistrement.

Nous rencontrons un nouveau réalisateur anglais, Martin Rushent, qui a produit les premiers albums de Buzzcocks, des Stranglers et de Generation X, énormes cartons !

Rushent est un grand mec, très anglais, barbu, sale tronche, pas exactement gâté par la nature. Marié, il a des enfants, connaît déjà le succès et a son propre studio, Genetic.

Il est très en avance sur l'époque. Quand je lui demande : « C'est quoi la génétique ? », il m'explique de quoi il retourne.

On fait une petite répétition ensemble.

Et on voit qu'en studio, dès qu'on passe une journée avec lui, le mec se métamorphose, il devient presque beau, totalement passionné, transcendé par son métier.

Il fait la prise de son lui-même.

Il est vraiment au point.

La seule difficulté est qu'il ne parle pas français, c'est un de nos petits problèmes au niveau des textes, mais pour tout le reste, Rushent se démerde bien.

Tout se passe ensuite à très grande vitesse. Le film s'accélère.

Richard adore son nouveau son de batterie.

Tout l'enregistrement a lieu aux Red Bus Recording Studios.

Rushent mixe ensuite chez lui.

Difficile d'aller plus avant dans l'histoire de cet album sans parler de la chanson « La Bombe humaine ». Philippe Constantin me dit qu'il est obsédé par ce titre. Il l'a vu sur scène, il a entendu une maquette, et depuis il ne pense plus qu'à ce morceau. « "La Bombe humaine", c'est un titre énorme, répète Constantin. C'est énorme. Mais il faut que ça soit comme sur les maquettes. »

À chaque fois que je joue à Constantin ce qu'on est en train de faire en studio, il dit : « Non, non, ce n'est pas comme ça, ce n'est pas assez proche des maquettes. Putain ! Vous perdez l'esprit ! »

Finalement, on y parvient. Le titre est unique.

Enfin, l'album est terminé.

Il faut trouver une idée de pochette.

À l'époque, je suis amoureux d'Angèle, elle est barmaid dans un bar à champagne, grâce à elle, je découvre le monde de la nuit. C'est Angèle la première qui me fait vraiment découvrir le Paris nocturne, sa vie, ses habitués. Vers minuit, on débarque souvent Chez Denise, ouvert jusqu'à l'aube. Je fais partie « des gens de la nuit ».

Au début, ça me fait complètement fantasmer, j'ai l'impression d'être dans un film avec Jean Gabin et Lino Ventura. Bien sûr, je connaissais Paris la nuit, mais pas ce Paris-là. Je découvre des boîtes et des restaurants, un monde d'acteurs, de musiciens et même de voyous.

De fait, ils ont l'air très sympathiques et ils sont très sympathiques, mais voilà... Ce sont des gens qui braquent des banques, tuent, torturent, etc.

Je fais notamment la connaissance de Francesco Scapula[1] et d'autres gens du milieu.

Une fois, avec l'un d'eux, Francis, on va à l'anniversaire de Johnny Hallyday, parce que je suis invité par je ne sais plus trop qui. C'est une grosse fête, avec champagne et whisky à gogo, et je commence à être un peu bourré, on est bien, on est tous ivres, et il y a le fameux Francis qui tient un de ces petits sacs à main qu'ont les ploucs de l'époque, un sac à main pour homme, une petite pochette hyper ringarde, surtout que les mecs sont en costard. Ils sont tous corses ou marseillais. Moi, c'est toujours « le petit ». « Hé, petit ! » Et la pochette de Francis, je m'en empare soudain : « Elle est chouette ta pochette ! Regarde comment je vais être avec sa pochette ! » Sur le moment, je vois le type qui change de couleur, qui m'attrape assez violemment et qui dit : « Toi, petit, tu ne touches pas à ça ! » Angèle me prend à part et m'engueule : « Mais tu es fou ! Tu es fou ! Il y a son calibre dedans ! »

À ce moment-là, je comprends qu'on ne rigole plus.

C'est le premier jour où je sens que ce n'est peut-être pas que du cinéma, tout ça. Tous ces malfrats seront d'ailleurs abattus.

1. Célèbre truand de la « French Connection ».

Et rarement par des flics.

Car, en règle générale, les voyous se liquident entre eux.

Ma visite du Milieu parisien dure à peine une année avant que je me rende compte que mes nouveaux copains de biture, c'est des vrais. T'apprends des choses par petites touches, tu te rends compte que l'un a été torturé pendant trois jours avant de mourir, qu'un autre s'est fait dessouder dans son sommeil…

Finie, la rigolade avec les gangsters.

Mais bon, Angèle m'appelait « ma gueule », ça me faisait craquer. « Ma gueule », « ma beauté ». Elle était très belle, très sexy, je m'amusais bien, j'étais amoureux.

Quand je sortais avec Angèle, on passait souvent dans une boîte de l'époque qui s'appelait Le Milliardaire. La carte de visite de cette boîte, c'était une femme habillée, tu tirais sur une languette et la femme se déshabillait tandis qu'apparaissait le logo Le Milliardaire.

J'en parle immédiatement à Jean-Louis : « Il y a peut-être un truc à faire. » Jean-Louis approuve. Je fonce voir Mondino en lui disant : « Regarde ! Si on pouvait faire une pochette comme ça, ce serait bien. » On réfléchit. Et puis le type de la fabrication chez Pathé-Marconi intervient : « Oui, ce serait possible. »

Jean-Baptiste propose : « Je les photographie tous habillés et tous à poil. On laisse les habits sur une pellicule plastique et ils sont à poil sur la pochette à l'intérieur. »

C'est comme ça qu'est née l'idée de la pochette de *Crache ton venin.*

Jean-Baptiste les photographie avec leurs vêtements puis nus. Les trois garçons ont leur bite coincée entre leurs cuisses. Durant la séance, Jean-Baptiste se met à poil aussi, pour décomplexer les musiciens. Je suis le seul en tenue de ville pendant la séance.

Le 2 avril 1979 sort ce disque sous une pochette qui fait sensation.

Le premier morceau qu'on donne à la radio, c'est « La Bombe humaine », qui devient un immense carton radiophonique.

À l'époque, il n'y a pas encore de *charts* ni de hit-parade national. Chacune des trois radios a son hit-parade, qui n'est pas le même que les deux autres.

Trois radios, trois hit-parades.

En fait, ce ne sont pas du tout les hit-parades des ventes, mais bel et bien des playlists des radios.

Téléphone marche beaucoup, notamment sur Europe 1, « La Bombe humaine » restera un an sur leur playlist. RTL suit aussi, juste derrière. La capacité des audiences monte.

Ça devient de plus en plus énorme.

Quand un groupe démarre, il y a un premier cap à dépasser, le cap des 100 personnes et puis des 500. Dépasser la vente de 1 000 billets est un challenge. Avec *Crache ton venin*, on arrive à des scores de 1 000, 1 500, régulièrement, partout en France.

En plus, le groupe a la volonté de se développer à l'international, ils veulent jouer le plus possible à l'étranger. C'est ma mission, mon cheval de bataille. Et ça le restera jusqu'à la fin.

Comme il est difficile de trouver des dates en Angleterre, on commence à jouer dans des clubs, seuls. On passe au Dingwalls à Londres, on fait des petits clubs comme ça.

Et hors de Londres aussi. On donne des concerts un peu partout, dès qu'on peut jouer quelque part. J'applique le même système qu'à nos débuts en France, Téléphone est un groupe plein d'énergie qui ne demande qu'à jouer. Tout va bien quand ils sont sur scène, alors ils veulent jouer un maximum.

Steve Lewis travaille chez Virgin Angleterre et manage Steve Hillage, qui nous accepte en première partie de sa tournée anglaise.

Il faut savoir que tu payes pour effectuer ces premières parties, tu payes la technique, les lumières, etc.

C'est nous qui déboursons, pas la maison de disques.

On a toujours essayé de rester le plus indépendant possible.

À cette époque, Téléphone débute tous ses concerts par la chanson « Crache ton venin ». Un super morceau d'ouverture, parfait démarrage de spectacle. Un titre qui permet à Cowboy de régler un peu tous les sons parce que ça commence progressivement, il parvient à faire une balance très rapidement, quelle que soit la salle.

Chapitre 12

Le plus dur, c'est de durer

Téléphone commence vraiment à cartonner, l'aventure prend une autre dimension. Et un jour, c'est la consécration !

Mes parents vivent toujours dans le Périgord. Deux ou trois fois par an, je rentre au bercail, tel le héros qui a triomphé de toutes les adversités. J'ai chaque fois cette impression de raconter mes campagnes, comme si j'avais guerroyé contre quelqu'un.

Ce jour-là, quand je prends le train, je vois qu'il y a plein de gens qui lisent *Le Monde*, et Téléphone est à la une avec un article signé Alain Wais. Téléphone à la une du *Monde* ?! Pour le coup, même mes parents se disent : « Bon sang ! C'est sérieux. Première page du *Monde* ! »

Nous voilà reconnus par les gens sérieux, ce n'est plus uniquement *Rock & Folk* et *Best*.

Et il n'y a pas que mes parents qui voient cet article.

Il y a aussi Jean-Marie Périer. Qui vient nous voir en concert, débarquant à l'improviste. Il veut nous rencontrer, très élégant, il se présente à nous. Richard voit très bien qui c'est, il lisait *Salut les copains*. Mais nous, pas vraiment. On découvre ensuite qu'on a tous vu ses photos légendaires, ses clichés iconiques des *sixties*.

Quelques semaines plus tard, il nous appelle pour nous dire qu'il a une idée, et on dîne avec lui.

Fort amical, Jean-Marie Périer a des millions d'anecdotes sur tous les gens qu'on adore. Il peut nous raconter des potins sans fin parce qu'il suivait les premières tournées des Beatles, des Stones, de James Brown, de tant d'autres. Bien sûr, on sympathise énormément.

Un jour, il nous annonce qu'il voudrait faire un film sur le groupe. Il sent qu'il y a quelque chose qui se passe. Pour lui, on n'a pas vu un phénomène pareil en France depuis le concert de Johnny place de la Nation[1] – dont il prenait des photos, bien entendu. Périer trouve qu'il y a un renouveau du rock, il nous dit que ça fait 15 ans qu'il attend un groupe comme Téléphone.

Il voudrait réaliser un long métrage et nous suivre. Pourquoi pas ? Nous en discutons.

Dans un premier temps, c'est moi qui commence à le voir et à le revoir. Jean-Marie me présente son scénariste, ils veulent faire une espèce de fiction autour du groupe, un faux documentaire. Une groupie suivrait le groupe, elle voudrait être chanteuse et tomberait amoureuse de Jean-Louis. C'est une fiction qui se mélange avec la réalité, et Jean-Louis devrait interpréter un personnage.

Cette première idée ne me plaît pas du tout.

Étant le cinéphile de la bande, j'ai de grandes discussions avec Jean-Marie, je lui explique le cinéma que j'aime.

Et je m'oppose vraiment à son premier projet, qui ne plaît pas trop aux autres non plus. Jean-Louis n'a aucune envie d'interpréter le rôle d'un chanteur qu'il n'est pas.

Je dis non.

1. Le 22 juin 1963.

De mon côté, j'ai une autre idée, faire un truc mordant sur l'actualité, avec des interviews. Et tout ce que je veux, c'est Jacques Mesrine face au groupe. J'insiste : « Tu ne te rends pas compte de ce qu'il se passe en ce moment. C'est peut-être Téléphone dans le rock, mais dans le monde réel, la star, c'est Mesrine. Des comme ça, il n'y en a jamais eu, c'est l'ennemi public numéro un ! Il faudrait faire une rencontre entre Téléphone et Jacques Mesrine. On veut le rencontrer. »

Jean-Marie Périer ne comprend pas ce que ça apporte à la choucroute.

On fait un compromis, Jean-Marie va réaliser un concert filmé. Il a une nouvelle technique avec laquelle il peut séparer l'écran en trois.

Il insiste sur la qualité du son, son but étant de faire des projections avec le volume très fort. On se met d'accord là-dessus, il réunit son équipe et commence à filmer les concerts.

Il y a aussi quelques interviews. Il filme chacun des membres du groupe entre les concerts, dans les loges, dans les hôtels. Moi je me dégonfle dès qu'on me met devant une caméra, je deviens rouge cramoisi et perds tous mes moyens.

Il organise également une rencontre avec son grand pote, son « Jojo », son Johnny Hallyday.

Jean-Marie est depuis toujours cul et chemise avec lui.

Jean-Marie, que Johnny appelait le « bon Nègre », en opposition au « mauvais Nègre » qui était Alan, son secrétaire de l'époque. Tout ça n'est pas politiquement correct, mais c'était comme ça.

La rencontre est filmée.

Johnny est en train d'enregistrer dans un studio, à Paris, dans le 8e. On doit le rencontrer en fin d'après-midi.

On est tous les cinq là, dans un café, et le studio d'enregistrement est de l'autre côté de la rue. Il y a toutes les caméras, l'équipe technique. Jean-Marie fait l'aller-retour entre le studio et le café, parce que Johnny est en retard. Finalement Johnny déboule, un brin éméché, il commande tout de suite une bouteille de cognac, qu'il siffle en quelques minutes.

De plus en plus soûl, il reste très gentil, ouvert, et bientôt on parle tous à bâtons rompus. Il a une grande discussion avec les garçons à propos de leurs guitares, il est charmant. Et à un moment, il nous sort une phrase historique dont il a le secret.

Nous regardant tous, il décrète un authentique johnnysme : « Dans ce métier, le plus dur, c'est de durer. Voilà, les petits gars. »

Puis il s'en va dans le soleil couchant.

Malheureusement, le film de cette séquence sera perdu... Jean-Marie ne réussira jamais à le retrouver, nulle part.

Le montage du film est ensuite une véritable ascension de l'Annapurna. Immergé dans des montagnes et des montagnes de *rushes*, Jean-Marie Périer et son monteur Thierry Derocles réussissent malgré tout leur pari. *Téléphone public* est sélectionné au Festival de Cannes. Ce sera mon premier Festival, véritable miroir de mon métier qui reflète la lie et le merveilleux.

Sur ces entrefaites, on nous propose de faire la fête de l'Humanité. On a tous vu des concerts là-bas. Les Who, Pink Floyd, Chuck Berry, Jerry Lee Lewis, tous les ans de 1970 à 1973, ça avait été des moments fabuleux. La fête de l'Huma est avant tout la grande fête politique du Parti communiste français et de son leader Georges Marchais qui a bercé notre enfance et notre adolescence mais, pour nous, elle est synonyme de fête rock.

Les politiques, on en mange dès le petit déjeuner, ce n'est pas trop notre tasse de thé, on les met un peu tous dans le même sac.

D'où cette idée : les quatre Téléphone arrivent à la fête de l'Huma, chacun portant un masque différent, Marchais, Chirac, Giscard et Mitterrand.

C'est immortalisé par les caméras de Jean-Marie Périer.

On fait tout nous-mêmes, Cowboy nous amène aux loges dans notre fameux break 504 avant d'aller se positionner au son. La foule est colossale. On parle déjà d'un record de 100 000 personnes venues pour voir Téléphone…

À ce moment précis, dans la loge, Louis Bertignac casse sa sangle de guitare. On n'en a pas de rechange. Un copain lui bricole une sangle de fortune avec un canif et du scotch. C'est notre manière de tout contrôler, on fait tout avec des potes, on n'a pas que des professionnels dans l'équipe technique.

Comme il n'y avait pas de « *record producer* » en France qui faisait du rock, il n'y avait pas d'équipes techniques non plus, point barre.

Les *roadies* qui ont l'habitude de travailler avec Michel Sardou, Johnny ou je ne sais trop qui, ne peuvent pas gérer un fou furieux qui va lancer sa guitare en l'air, ni Jean-Louis qui fait valdinguer les micros toutes les cinq minutes sans parler de Richard qui casse sa batterie.

Les gens qui nous entourent et qui nous aiment sont avec nous, font bien leur métier, mais ils sont loin d'être une armée rodée et huilée comme en ont les groupes anglo-saxons de l'époque. Vraiment, on a tout à inventer.

La presse est là pour le concert de l'Huma. Est-ce le fait d'avoir plus de 100 000 personnes à l'Huma, est-ce l'hystérie collective, le record des évanouissements (249 !), le public entonnant ensemble « La Bombe humaine », « Hygiaphone » ?

On assiste ce jour-là à une vraie communion rock entre un groupe et son public, et je pense que c'est la première fois que ça se passe en France, avec un groupe français.

Ça marque le début du gros succès. On est dans l'énormité, l'album se vend à 400 000 exemplaires, ce qui est un truc de dingue.

Sans compter les singles, les 45 tours, qui se vendent très bien aussi.

On cartonne en tournée, et le film va sortir dans les salles.

Tous les médias nous réclament.

Les maisons de disques françaises qui ont zéro imagination, et qui, avant Téléphone, refusaient de signer n'importe quoi ressemblant de près ou de loin à un groupe, se mettent à chercher dans tous les sens.

Bijou et Little Bob Story existaient déjà, mais soudain les majors signent une pléiade de prétendants : Marie et les Garçons, Lili Drop avec notre vieux pote Olive[1], Diesel, 12°5, Starshooter, Dogs, Extraballe, Stocks, Warning, Ganafoul, Killdozer, Bracos Band.

C'est un nouvel âge d'or du rock français : il suffit d'être un groupe et de chanter en français.

Manque de bol, aucun d'entre eux ne décolle, il n'y a que Téléphone qui cartonne. À mon humble avis, ces groupes n'ont pas d'auteur-compositeur, et la qualité des chansons laisse à désirer.

Comme disait Jean Gabin : « Qu'est-ce qui fait un bon film ? Trois trucs. Un, un scénario. Deux, un scénario. Et trois, un scénario. »

Et qu'est-ce qui fait un bon groupe ? Trois trucs ! Un, une chanson. Deux, une chanson. Trois, une chanson.

Si les Stones, Led Zeppelin, les Beatles, Hendrix, les Kinks, Who, Pink Floyd, Doors et compagnie, si tous ces groupes des

1. Lili Drop est le groupe d'Olive avec Violaine à la batterie et Kôrin à la basse.

années 1960 qu'on écoute et que les nouvelles générations écoutent encore sont toujours adulés, c'est parce que leurs morceaux sont indestructibles.

Et on ne parle même pas du plus grand de tous, Bob Dylan, qui est repris par tout le monde, parce que ses chansons sont absolument extraordinaires.

Jean-Louis est dans cette catégorie. Il écrit d'excellentes chansons. Elles sont merveilleusement arrangées et interprétées par Louis, Corine, Richard et lui-même. Le son Téléphone, ce sont eux quatre. En plus, sur scène, le groupe a une énergie de dingue, limite punk. Tout à l'énergie, joué très, très vite, très très fort.

Philippe Constantin s'y met aussi. Il signe Starshooter. Comme il y avait les bonnes vieilles recettes pour imposer les Stones face aux Beatles, Starshooter se présente comme un groupe « clean » – en opposition à Téléphone qui a un peu une image de défoncés.

Starshooter devient le groupe lait-fraise, ils sont tout propres sur eux.

Ils lancent le mouvement Jeunesse Moderne.

Ça ne prend pas. Et la presse attend toujours « le prochain Téléphone ».

Qui ne viendra pas. Jusqu'à Trust.

Quand Trust arrive en 1979 et sort « Antisocial » sur leur deuxième album un an plus tard, ils se mettent à vendre énormément de disques et font beaucoup de monde en concert. Parce qu'il n'y a pas que les ventes de disques, il y a aussi les entrées aux concerts.

Mais même avec Trust dans l'arène, ce n'est pas vraiment un monde rock. Et le fait qu'il n'y ait personne en face de nous est à double tranchant. À vrai dire, il n'y a pas de réelle compétition.

Tu ne peux pas parler de scène rock quand la scène est composée de deux groupes. Il y a une sympathie entre les deux, mais pas vraiment d'autre échange.

Ce qui isole complètement Téléphone, c'est d'être seul au sommet.

Chapitre 13

Trouble in paradise

Tout va bien, très bien même, or les premiers craquements dans la belle unité du groupe voient le jour.

Tout commence par des discussions à n'en plus finir, qui durent bien deux ou trois mois, au cours desquelles Corine développe plusieurs arguments.

— On partage tout en cinq sauf les droits d'auteur, ce n'est pas normal. Il n'y a pas que Jean-Louis qui écrit… D'accord, il n'y a que lui qui écrit les paroles, mais, au niveau musique, c'est vraiment Louis qui est fabuleux (c'était son mec, le plus grand, le plus fort, le plus arrangeur). Il faudrait tout partager, les morceaux, ils sonnent grâce à nous quatre.

Au début, Jean-Louis se défend :

— À la SACEM, on me dit que le droit d'auteur est inaliénable. C'est moi qui écris les chansons, paroles et musique. C'est sûr que vous m'aidez pour la musique, pour le son du groupe, mais c'est quand même moi qui amène tous les accords. Si ce n'est que pour redistribuer les revenus des droits d'auteur, François étant toujours là, je ne vois pas pourquoi il ne toucherait pas des droits, ou Olive, ou Cowboy…

C'est vrai, les droits d'auteur-compositeur génèrent énormément d'argent. Il faut redistribuer. Ce n'est pas possible qu'il y en ait un seul dans le groupe qui soit très riche.

L'argument terminal qu'on a contre Jean-Louis, c'est de lui dire :

— Tu ne peux pas arriver en Ford Mustang aux répétitions et nous en 2 CV. Il faut tout partager.

Très vite, Jean-Louis approuve, et il commence à nous faire des chèques. La SACEM envoie aux auteurs-compositeurs et aux éditeurs un relevé tous les trois mois. Dès réception de son relevé, Jean-Louis partage. Il donne 20 % à chacun, Corine, Richard, Louis et moi.

Tout ça fonctionne. Jusqu'au jour où les impôts arrivent. Pour l'administration fiscale, la part que chacun reçoit est considérée comme un don. Jean-Louis doit payer ses impôts sur la totalité de la somme touchée avant redistribution ! ! (Comptez toujours sur l'administration française pour foutre la merde dans un groupe.) Pour que cette situation s'arrête, il faudrait que Corine et Richard deviennent membres de la SACEM. Jean-Louis et Louis en étaient déjà membres depuis un moment.

Vu notre notoriété, la SACEM a donné à Richard et Corine un thème sur lequel ils devaient écrire, pour prouver qu'ils étaient bien auteurs-compositeurs.

Ils passent cet examen un peu bidon et deviennent membres de la SACEM. Ils peuvent cosigner les chansons de Téléphone et percevoir leur part directement de la SACEM, et ce, *ad vitam aeternam*, le droit d'auteur est inaliénable. À partir de ce jour-là, et pour toujours, Corine et Richard deviennent auteurs-compositeurs à part entière. Dans d'autres groupes, l'auteur ou les auteurs-compositeurs ont redistribué à travers les éditions une part des revenus aux musiciens sur une période déterminée. Nous, nous avions déjà notre propre maison d'édition, détenue à parts égales entre nous cinq.

De toute mon expérience, jamais personne, nulle part, n'a fait ça, ni en France ni à l'étranger.

Et non, Mick Jagger et Keith Richards ne partagent pas leurs droits d'auteur avec Charlie Watts, Ronnie Wood, Bill Wyman ou Mick Taylor. Pete Townshend ne partage pas non plus avec Roger Daltrey, non, *Tommy* il l'a écrit, c'est tout pour lui.

Comme Jimmy Page, comme Roger Waters, comme tout le monde.

Même des groupes un peu « communistes », comme les fameux Clash : Mick Jones et Joe Strummer… ne partageaient pas leurs compos avec Paul Simonon ou Topper le batteur.

On peut dire que pour ce qui est du droit d'auteur aussi on est les premiers, puisque personne ne partage jamais, merci Jean-Louis. On a déjà vraiment innové dans notre position par rapport à l'establishment, par rapport au Métier, par rapport au concert. Et en live, naturellement, on partage tout en cinq. Pas en quatre, en cinq, car je fais partie intégrante du groupe. Les contrats sont signés à cinq. Les concerts, le merchandising, tout est partagé en cinq.

Pour les droits d'auteur, la solution trouvée, finalement, est que celui qui écrit le morceau perçoit 10 % de plus que les autres, quant à moi je perçois désormais ma part sur les éditions de Téléphone Musique dont je suis le gérant.

Toutes ces discussions ont créé une brèche dans la belle unité des débuts. Cette première fêlure ne se refermera jamais.

Chapitre 14

Au cœur de la nuit

Tout s'étant idéalement passé avec le deuxième album, *Crache ton venin*, on n'a même pas cherché qui d'autre pourrait faire le suivant. Et on a réembauché Martin Rushent.

Était-ce une erreur ? Souvent, un producteur représente un élément neuf dans le groupe, son irruption pousse tout le monde à se présenter sous un nouveau jour, à essayer d'avoir un autre regard. Un bon producteur apporte un point de vue différent sur les morceaux.

En ce cas précis, on ne se pose même pas la question.

La chanson qui donnera son nom à l'album, Jean-Louis l'a écrite quand il a trouvé le titre « Au cœur de la nuit ». Celle qui démarre par ces mots : « J'avais un ami… » Cet ami dont parle Jean-Louis, c'est un dénommé Jeff. Un personnage que j'ai bien connu moi aussi, mais qui était branché avec Jean-Louis bien avant notre rencontre.

Jeff était, entre autres, le dealer de shit de Jean-Louis. À l'époque, c'était difficile de trouver de bons produits à Paris, et Jeff avait toujours un haschich de grande qualité. C'était un grand type, un peu enveloppé, comme un bouddha avec de très longs cheveux. On passait dans son appartement pour faire la conversation, lui toujours très au courant de tout ce qui se passait dans la ville, il avait un côté gourou. Jeff était entouré d'une jolie bande de copains. Il avait aussi un boa dans son appartement, de temps en temps, tu attendais ton tour pour acheter ton shit et voilà le serpent qui surgissait, à ras de la moquette.

Boa que parfois, dans les grands moments, Jeff mettait autour de son cou. Mine de rien, à force, sa petite entreprise devint assez grosse, il y avait vraiment beaucoup d'argent en jeu, avec toujours les mêmes problèmes dans ces cas-là : comment on gère, les jalousies que ça provoque, les différentes mafias qui se pointent et mettent le holà. Et du jour au lendemain, on a appris que Jeff avait été retrouvé mort, noyé.

On n'a jamais su dans quelles circonstances.

J'avais un ami mais il est parti.

Le groupe est désormais établi. Ça y est, Téléphone a énormément de succès. Le film de Jean-Marie Périer est sorti, on a fait le Festival de Cannes, on a vendu pratiquement 1 000 000 d'exemplaires de *Crache ton venin*, on a un tout nouveau statut certifié et désormais on peut obtenir ce qu'on veut concernant l'enregistrement, les studios, le matériel.

Au cœur de la nuit est notre dernier album pour Pathé-Marconi.

En tant que maison de disques du premier groupe français, les gens de Pathé sont toujours à la traîne. Ils ne comprennent pas trop ce qu'il se passe, bien sûr ils sont contents, mais au fond, ils considèrent que Téléphone est un *épiphénomène*…

Pas grave, on vend des disques, on a carte blanche pour le choix des studios d'enregistrement.

Et c'est là où ça se complique.

Un beau jour, j'apprends que The Police vient d'enregistrer à Montserrat, une toute petite ville des Antilles anglaises, sur une île tropicale où il y a un super studio. Il a été construit par George Martin, fameux producteur des Beatles, et depuis deux ans, tout le monde (et notamment The Police, Dire Straits, les Stones ou Paul McCartney) enregistre là.

J'en parle au groupe, et tous ont l'air ravis.

Martin Rushent lui-même semble comblé : « C'est un excellent studio. »

Et puis ça présente un avantage, les Antilles : ça nous permet d'être complètement en autarcie, personne ne va rentrer le soir chez sa fiancée, personne non plus ne sera tenté par la vie nocturne totalement inexistante de l'île, et puis nous serons tous ensemble, tout le temps, et ça, parfois, ça peut donner un résultat vraiment enthousiasmant, parce que tu ne fais que ça : tu enregistres, tu cogites sur le projet, tu vas à la cantine où, dans ces studios en général, t'attend un chef trois-étoiles. Voilà ce qui devait se passer avec Téléphone à Montserrat.

Les contrats sont signés, les billets d'avion retenus, je suis bien content, quand boum badaboum, le groupe me convoque et décrète : « Pardon, François, c'est un album très urbain, on ne se voit pas chanter “Au cœur de la nuit” en revenant de la plage en maillot de bain, en se mettant de la crème solaire, ça ne va pas, on ne le sent pas. »

Compréhensible appréhension ; j'annule tout.

Adieu voyage, plage, palmiers, Beatles, chef étoilé et bisque de homard ! En plus, dans ces studios célèbres, il faut payer un fameux dédit quand on annule, bien sûr. J'essaye d'y échapper, gros stress.

Ne prenant plus aucun risque, je pose donc la question au groupe : « Et vous vous voyez l'enregistrer où, cet album à l'*atmosphère urbaine* ? »

La réponse tombe : Berlin.

Influence de Bowie ?

Je me mets alors en quête d'un studio à Berlin-Ouest, j'en déniche un non sans mal, le studio AudioTone.

Alors non, ce n'est pas le célèbre Studio Hansa de David Bowie, mais c'est la porte à côté, le même propriétaire ou quelque chose comme ça.

Nous voilà tous partis à Berlin.

Dans l'hôtel où on descend, il y a aussi Isabelle Adjani et Bruno Nuytten qui tournent le film d'horreur *Possession*. Je les connais un peu et on se voit tous ensemble.

Pour notre premier jour en studio, on installe le matériel, les amplis, la batterie et tout semble parfait, sauf... qu'il y a des bruits chelous dans les amplis. En français on parle de ronflette, en anglais on dit *buzz*... Putains de ronflettes de merde !

On passe tout de même trois jours à essayer de les faire taire, Martin bouge des câbles, il mouille la chemise avec Cowboy, tente de sauver le coup. Dans le groupe, la dramaturgie arrive à son paroxysme, ça commence à flipper de tous les côtés, la tension monte, le stress est à son comble : « Qu'est-ce qu'on fait ? Qu'est-ce qu'on fait ? François, on ne peut pas enregistrer là, il faut nous trouver un autre studio. »

Ah, merde, je n'avais pas exactement besoin de ça.

Pendant ce temps, tout le monde s'escrime et s'acharne sur les putains de Vox AC30 de Louis qui ronflent, ronflent, ronflent.

De fil en aiguille, au cours de longues discussions, en pleine attente, tout le monde finit par tomber d'accord : « NYC, c'est génial pour un album urbain. »

CQFD : si ce n'est pas Berlin, ce sera New York !

Yes! Let's go to NYC! C'est le nouveau mot d'ordre du groupe.

Par mes contacts, je parviens à louer The Hit Factory, *downtown* New York. C'est vraiment le studio du moment avec Power Station.

Il faut en convenir : les studios d'enregistrement, comme les *producers*, comme beaucoup de choses dans ce bas monde, sont soumis à la mode et il y a toujours un moment où tout le monde veut aller aux Record Plant Studios, au Power Station, au Hit Factory.

C'est toujours très stimulant de travailler dans la Grosse Pomme.

À peine arrivés chez The Hit Factory, on s'aperçoit que l'ascenseur est bloqué. Impossible de monter au troisième. Mais pourquoi ? Un ingénieur nous apprend que John Lennon en personne est en train d'enregistrer ce qui sera son ultime album, *Double Fantasy*. Le couple Lennon-Ono travaille dans le secret le plus absolu, l'ascenseur est donc bloqué à leur étage.

Et non, on ne peut pas aller écouter mais, quelques fois, de l'ascenseur, il nous semble qu'on entend un peu de guitare, un peu de batterie, c'est Lennon qui est là.

On s'installe, on se concentre et on refait tous les réglages quand… les *fucking buzzes* reviennent !

Un jour, deux jours, trois jours, et toujours ces putains de ronflettes qui sont là et rendent tout enregistrement impossible.

Au bout de trois jours, comme à Berlin, tout le groupe se retourne vers moi, Martin Rushent, Jean-Louis Aubert, Louis Bertignac, Richard Kolinka, sans oublier Corine Marienneau et Cowboy : « François, au secours, on ne peut pas enregistrer ! »

Troisième annulation. Après Montserrat, Berlin et New York, toute honte bue, Téléphone va s'en retourner… aux studios Pathé de Boulogne. « Au moins, chez Pathé, il n'y a pas de *buzz* ! »

J'appelle la maison de disques. Je booke le grand studio.

Pour tenter de conserver cette fameuse autarcie idéale, j'arrive à convaincre le groupe de tous loger au Royal Monceau, qui est encore un palace à l'ancienne.

Avenue Hoche, on se trouve à dix minutes de voiture de Boulogne.

Apprenant notre nouvelle domiciliation, naturellement, notre vieux pote Olive s'écrie : « Putain ! Vous êtes dans un palace ! Est-ce que je peux venir squatter ? »

Très souvent, je partage ma chambre avec Olive. On s'amuse bien, on profite de ce luxe nouveau. Au bout d'un moment, je me débrouille quand même pour avoir de la gent féminine avec moi.

Ce petit séjour marque ma première découverte de ce qu'on appelle la vie de palace. Un matin, il faut que je me rase, je descends et je demande où est la pharmacie la plus proche pour m'acheter un rasoir. Le concierge me prend à part et me dit ces mots : « Monsieur Ravard, vous êtes très jeune, mais vous êtes dans un palace, et la vie de palace, ce n'est pas ça. Je suis le concierge, j'ai tout un staff autour de moi, on doit être une vingtaine de personnes à votre disposition. »

Il m'apprend la vie de palace, une vie dans la vie. « Vous décrochez votre téléphone et n'importe quoi, absolument *anything you want*, vous pouvez l'avoir. Vous n'avez pas à aller à la pharmacie acheter de la mousse à raser et un rasoir, je vous envoie quelqu'un. Et si vous voulez quoi que ce soit – vos pantalons lavés, repassés –, le service d'étage s'en chargera. Tenez, hier encore, je vous ai vu aller à la laverie, dites-vous que ça n'existe plus, c'est terminé. »

J'ai bien retenu la leçon de ce professionnel, j'allais en profiter toute ma vie. En studio, le groupe est très uni, les progrès sont énormes, l'album prend forme. Cela ressemble à un petit chef-d'œuvre. Je tiens mon troisième album.

Arrive ensuite le difficile moment du mixage.

On va mixer l'album chez Martin Rushent, un superbe endroit. Corine traverse une période de dépression et commet une tentative de suicide. Louis et elle se séparent. Leur couple éclate. Très dur pour eux, très dur pour le groupe. À mon avis, l'équilibre interne du groupe est rompu.

Ce disque raconte les choses qui nous arrivent. « Argent trop cher » parle de notre destin, par exemple.

Jean-Louis décrit tout, dans cette chanson, il évoque son désarroi : quand l'argent arrive, les rapports humains changent. « Argent trop cher » deviendra un tube énorme, c'est pourtant une amère constatation du système dans lequel nous vivions, ce fameux monde extérieur, mais aussi… la nouvelle pression que nous ressentions tous et que Jean-Louis résumait en une phrase : « Les vautours tournent autour de nous maintenant. »

Chapitre 15

Prisonniers du succès

Nous avions voulu la reconnaissance, la gloire, le succès. Tout est là. À nous. Toutes les salles de toutes les villes sont pleines. Tu n'as pas à appeler des promoteurs pour chercher des concerts, c'est même l'inverse, tout le monde t'appelle. Tu fais la fête de l'Humanité devant 100 000 personnes, on tourne un long métrage de cinéma sur toi. Tu as le choix, tu peux dire n'importe quoi pour aller enregistrer en studio n'importe où au monde, on te le paye. Mais ça a peut-être un côté aussi négatif que positif. Plein de gens nous visitent, nous entourent, nous fêtent, beaucoup d'entre eux ont des intentions cachées.

Plus grave encore : ces vieux copains qui, dès que tu ouvres la bouche, te disent que tu es le plus fort, sont pliés de rire à tout ce que tu dis. Je vois beaucoup de gens se comporter comme ça avec Jean-Louis. Sur le moment, je ne comprends pas pourquoi… « Ce n'est pas marrant ce qu'il a dit, pourquoi vous êtes tous morts de rire ? »

À cause de ce fameux succès, le comportement des gens change complètement. Même les intimes, c'est-à-dire la famille, les amours changent eux aussi de comportement.

C'est un phénomène très spécial.

Ça arrive, et personne ne peut rien y faire.

Nous sommes désormais pris au piège de notre célébrité.

Arrive le moment de proposer une pochette à l'album *Au cœur de la nuit*.

Un pote à moi, journaliste chez *Rock & Folk*, qui s'appelle Philippe Manœuvre, me parle d'une photographe dont il admire beaucoup le travail, Lynn Goldsmith. Elle a travaillé avec Springsteen et énormément de groupes de rock, je la contacte.

Je découvre une belle New-Yorkaise, très brune, très enrouée ce matin-là, elle avait fait la fête toute la nuit. Elle me parle tout doucement, il se passe un petit truc entre elle et moi et on restera toujours copains.

En tout cas, elle comprend vraiment tout ce qu'on lui dit sur *Au cœur de la nuit* et elle shoote une magnifique pochette en noir et blanc, contrastée, limite punk. Puis elle nous donne l'idée de la sous-pochette couleur pour créer une antithèse totale.

Pour aller avec le titre *Au cœur de la nuit*, nous proposons une édition vinyle collector, sur une idée de Jean-Louis Aubert, réalisée par François Ravard.

Comme à l'époque il n'y a que le format vinyle, l'idée est que les magasins aient un présentoir avec une longue aiguille et que l'on pose tous les disques à la pochette trouée sur elle.

Quelques présentoirs sont fabriqués et envoyés aux magasins.

À l'arrivée, peu de gens comprennent le concept et il est très difficile en fin de compte d'empiler les disques.

L'album rencontre un énorme succès.

Mai 1981 : élection de François Mitterrand.

Mon grand-père Armand était socialiste, mais sans plus épiloguer, pour moi et mes camarades du groupe ce jour-là, c'est un grand virage. Depuis notre naissance, on n'avait connu que la droite au pouvoir, on voyait le général de Gaulle à la télévision, puis Pompidou, puis Giscard. Cette situation avait quelque chose d'immuable et il semblait gravé dans le marbre que la gauche n'arriverait jamais au pouvoir. Cette élection au finish, ça a été une surprise totale.

Par l'envergure de cet événement, énormément d'espoirs naissent.

On imagine que tout va évoluer, et notamment que la came et le joint seront automatiquement libérés après les radios, que plein de choses brillantes de ce genre arriveront pour changer nos vies.

Un mois jour pour jour après l'élection du président socialiste, le 11 juin 1981, Téléphone accepte de participer à un grand concert gratuit de célébration place de la République.

Paris est en effervescence.

La place de la République est noire de monde.

La scène occupe toute la largeur de la rue du Faubourg-du-Temple, les loges des musiciens sont installées dans la station de métro République.

Higelin ouvre le feu en fin d'après-midi.

Nous passons derrière lui, à la nuit tombante. De la scène, j'observe, fasciné, les ombres de centaines de personnes grimpées sur les toits de Paris au péril de leur vie, tous ces gens qui regardent le concert de là-haut, en équilibre, comme tous ceux qui ont escaladé la fameuse statue pour tenter d'apercevoir Corine, Louis, Richard ou Jean-Louis.

Ce soir-là, Téléphone donne un concert extraordinaire, dans une ferveur et une liesse peu communes. Tout le monde croit et imagine qu'une nouvelle ère commence, et nous espérons tant que ce sera positif…

Peu après, le pouvoir, pour la première fois… nous appelle. Le pouvoir, c'est le ministère de la Culture qui nous demande audience. Jack Lang souhaite nous rencontrer. On y va tous. Leur question est simple : de quoi nous, gamins d'une vingtaine d'années, avons-nous besoin ?

— C'est simple, de tout !

— Parce qu'on manque de tout.

On manquait de tout, on avait besoin de tout.

Le grand problème de notre vic, ça a été les salles de répétition. On n'a jamais pu en trouver, c'était ça notre souci principal, au début. Maintenant qu'on a un statut de *vedette*, il n'y a pas non plus de salles pour donner des concerts dignes de ce nom. Le plus souvent, on est obligés de jouer dans des patinoires, des gymnases, sous des chapiteaux, sous la pluie. Il n'y a pas de réseau de salles de concert comme en Angleterre, il n'y a pas non plus de clubs, ni de bars rock, rien. C'est à la suite de ces conversations qu'est né le concept des Zénith, qui, je le rappelle, étaient pensés comme des salles « provisoires », construites pour trois ans en attendant la vraie. Là, on se dit qu'on touche de près la parole politique dans sa véracité.

Peu après ce concert place de la République arrive un contrôle fiscal.

L'État, les gouvernements, les administrations fiscales et douanières ne nous aident pas du tout, au contraire, on a l'impression qu'ils prennent un malin plaisir à mettre des bâtons de la taille de troncs d'arbres dans les roues du groupe Téléphone.

Alors que nous ne sommes qu'une toute petite entreprise en développement constant.

À force de tournées, on gagne un peu d'argent mais personne dans le groupe n'a pu s'acheter un appartement ni quoi que ce soit de conséquent. En gros, la société d'édition essaye de tout réinvestir dans notre travail, dans nos productions. C'est moi qui fais ça ;

dans les clips, dans les tournées, dans les pochettes, les affiches, tout. Par contre, ce genre de situations, ces attaques constantes deviennent très vite minantes, et quand ça mine l'artiste, ça a des répercussions. Soudain, c'est le moral qui est attaqué.

Le pire, c'est que c'est beaucoup de tracas et de paperasseries pour rien, puisque, à la fin, tous ces contrôles fiscaux se terminent bien, avec peut-être une minuscule amende à la clé parce que tu as oublié de joindre une note de frais quelconque, mais il y a toujours eu ce que l'administration appelait « la bonne foi » et tout va bien.

Heureusement, on est reconnu pour notre honnêteté, mais on subit plein de conséquences morales, émotionnelles, qui provoquent énormément de désagréments au sein de notre petite communauté. Ça me rappelle la phrase de Houellebecq dans *Sérotonine* : « [...] l'administration a pour objectif de réduire vos possibilités de vie au maximum quand elle ne parvient pas tout simplement à les détruire, du point de vue de l'administration un bon administré est un administré mort [...]. »

À cette époque, Téléphone essaye encore et toujours de sortir de France. C'est un point sur lequel j'insiste. Richard aussi, c'est une constante chez lui de vouloir aller jouer à l'étranger, conquérir de nouveaux publics, de nouveaux territoires, toujours plus loin.

Dès le tout début, j'avais développé notre petit réseau en Angleterre, on avait commencé par faire les premières parties de Steve Hillage... Appuyés par Martin Rushent, on a réussi à ce que Virgin Angleterre sorte *Au cœur de la nuit* et c'est Steve Lewis, un des dirigeants de Virgin, qui s'occupera avec moi de le promotionner.

Comme on tourne en Grande-Bretagne, j'embauche un *booking agent*[1], John Giddings. C'est le tourneur d'Iggy Pop (on l'adore)

1. « Tourneur », en français.

et on part en Allemagne pour une tournée en première partie d'Iggy, avec un concert exceptionnel à Berlin-Est. On fait une vingtaine de concerts avec lui. Je m'entends on ne peut mieux avec son *tour manager* Henry McGroggan, qui restera un ami.

Iggy donne des concerts fabuleux et il aime beaucoup Téléphone.

J'ai compris et vu de mes yeux ce qu'est le sex appeal en côtoyant James Osterbeg : tu rentres du concert, tu arrives dans le lobby de l'hôtel et de chaque côté, dans les grands couloirs qui mènent à la réception, il y a toujours une dizaine si ce n'est une vingtaine de femmes, de jeunes filles, les plus sexy possible, et Iggy en choisit une ou deux pour monter avec lui dans sa chambre… J'ai rarement vu ça. Serge Gainsbourg avait aussi, on peut le dire, cet effet sur la gent féminine, les femmes venaient littéralement se jeter sur lui.

Une nuit, je devais être au même étage que lui, Iggy me voit sortir de l'ascenseur et me propose : « Hey, François, passe dans ma chambre. »

Il y a trois, quatre filles, certains de ses musiciens, on commence à boire, pinte sur pinte, je me lève pour en prendre une sur la commode et Jim[1] me dit : « Ah non ! Ne bois pas ça ! Je viens de pisser dedans ! »

Reste un vrai mystère : je me suis toujours demandé quels jeux Iggy pratiquait exactement dans sa chambre.

1. Le diminutif de James.

Chapitre 16

Dure limite

Notre contrat avec Pathé-Marconi arrive à son terme.

Bizarrement, les gens de Pathé ne se précipitent pas pour le renouveler. Après le premier album, ils pensaient que la suite serait un flop ; après le succès du deuxième, ils pensaient que le troisième serait un échec ; là, ils sont sûrs et certains que, après le troisième, Téléphone va vraiment se casser la gueule.

De son côté, Philippe Constantin a monté sa boîte d'édition et de label indépendant, Clouseau Musique, financée par Virgin, dont le patron est Richard Branson.

Mon désir le plus cher, c'est l'étranger, c'est *break the other countries*, et Philippe me dit qu'il s'entend vraiment très bien avec Richard Branson... Des contacts sont pris avec le label Virgin, et bientôt je fais la connaissance de Richard Branson.

Branson est un personnage qui te marque.

Il fait partie de ces gens « entrepreneurs » comme disent les Américains. Il réussit à se concentrer avec une force incroyable, à donner tout ce qu'il a dans l'instant, et quand tu le rencontres, tu as l'illusion que tu es son meilleur ami, il arrive à te donner l'impression qu'il connaît tout de toi, qu'il connaît tout du groupe et, oui, nous *apprécie*.

À l'époque, les fameux bureaux de Virgin Records sont encore sur Portobello Road… Un endroit où j'allais ramasser les légumes jetés en fin de marché quand je squattais à Londres… Il en est arrivé des choses en à peine cinq ans ! J'ai l'impression que c'était il y a très, très longtemps. Je passais régulièrement devant cette boîte hippie qui avait le logo des deux vierges, parce que leur premier énorme succès était *Tubular Bells* de Mike Oldfield. C'est par cet album que Virgin est entré dans la cour des grands.

Depuis, le logo a changé, mais Virgin a gardé cette image de maison de disques anti-establishment, antimultinationale, une maison qui reste vraiment proche de ses artistes, une compagnie qui a signé les Sex Pistols en 1977 et qui ne fait pas le business comme les autres majors.

Et ça se voit dès qu'on entre dans les locaux.

La maison de disques est ici conçue comme un espace confortable, avec de gros canapés et des gens en train de fumer, boire, musique bien forte.

Branson n'est pas souvent dans ses bureaux. Il passe le plus clair de son temps sur sa péniche. C'est là qu'il me reçoit, à la cool, et le contraste avec les bureaux de Pathé-Marconi de la rue Lord-Byron à Paris est saisissant.

Notre rendez-vous se passe bien. Branson dit ensuite à ses gens : « Je veux signer ce groupe, je les adore. »

Ça accélère considérablement le processus.

Je comprends très vite que ce n'est pas juste pour mes beaux yeux ni pour la musique de mon cher groupe que Branson effectue sa danse des sept voiles.

En réalité, il ambitionne de monter Virgin France.

Dès cette époque, Branson envisage une vraie extension de sa boîte, de devenir une minimultinationale du disque, ce qu'il deviendra. Il la revendra, en 1992, pour une somme astronomique avec laquelle il fondera sa compagnie d'aviation, Virgin Atlantic.

Branson veut signer un des plus gros artistes français pour construire Virgin France et rendre son entreprise attractive.

C'est un deal *gagnant-gagnant* : je vois en Branson et Virgin une ouverture sur le monde, une puissance qui nous permettrait de devenir un groupe international.

Virgin France ouvre ses bureaux rue de Belleville dans l'espace qu'a trouvé Philippe Constantin pour Clouseau.

Patrick Zelnick, directeur de Virgin France, me dit tout de suite : « Les rapports de force sont changés, parce que l'artiste et votre maison de production Téléphone Musique sont plus gros que mon label… »

De mon côté, j'avance à la recherche d'un nouveau *producer* pour notre prochain album. Le groupe a décidé de passer un autre cap, se découvre des envies… Dans la liste de producteurs à contacter, il y a bien sûr Jimmy Miller des Rolling Stones, mais il est totalement junkie, ce qui est un problème.

On pense à Glyn Johns. Quincy Jones. Plein de noms.

Au milieu de toute cette liste, le dénommé Bob Ezrin nous paraît tout de suite un petit peu plus attrayant que les autres parce qu'on apprend qu'il est canadien, il parle français.

Pour la première fois, Téléphone aurait un réalisateur artistique qui comprend les textes. C'est un gros plus pour Jean-Louis, il est important d'avoir aux manettes quelqu'un qui sache dans quel sens il faut pousser l'interprétation. Et puis Jean-Louis et nous tous, on adore Alice Cooper, c'est comme ça qu'on a connu Bob Ezrin, par *School's Out* et le *Berlin* de Lou Reed. À l'époque où je le contacte, Bob Ezrin vient de terminer *The Wall* de Pink Floyd, un des cinq albums rock qui a le plus vendu et qui vendra toujours le plus derrière *Thriller*. Dès cette époque, ils en ont dépoté 23 millions, un truc de dingue.

Malgré tous ces records, je découvre en Ezrin un garçon très sympathique, un grand séducteur.

Avec Bob, dans un premier temps, on se parle beaucoup au téléphone. Je me rends vite compte que c'est un génie du son mais également un businessman hors pair, très intéressé par l'argent.

On lui envoie des maquettes et puis on en a marre du téléphone, on décide de se voir, je vais donc le rencontrer à Toronto et on passe un long moment ensemble, on sympathise totalement.

Physiquement, Bob Ezrin a carrément la trombine d'Al Pacino, c'est hallucinant. Je m'aperçois qu'il porte autour du cou un dollar en or serti de diamants au bout d'une chaîne elle aussi en or. Il veut dire à tous que l'argent, ça compte énormément pour lui.

Tout naturellement, il s'est renseigné sur les ventes de disques du groupe Téléphone.

Or, quand tu vends 800 000 albums dans un seul pays, c'est tout à fait énorme.

Je découvre qu'il y a plein de groupes internationaux qui ne vendent pas autant. Ou alors en additionnant 40 pays ! Par exemple, à l'époque, Talking Heads et les Clash vendent autant que nous.

Ces chiffres motivent donc sérieusement Ezrin qui se dit : « Oh là là ! Voici une affaire intéressante ! »

Et puis je pense que ça lui plaît de savoir qu'il va pouvoir travailler enfin avec un artiste français, lui, le Canadien. On passe toute une nuit où, comme disent mes amis irlandais, *drinks have been taken*.

On se passe à tour de rôle la minuscule cuillère d'argent où il aime bien sniffer sa coke. Au petit matin, Ezrin me dit : « J'aime bien votre musique, je pense qu'on va s'entendre. Maintenant, il faut que tu rencontres mon avocat, mais on va sûrement être d'accord sur l'argent. »

Justement, l'argent va être une autre longue affaire.

Pendant que les avocats préparent le deal, Bob prend une décision : « Je viens à Paris. »

Bob Ezrin rencontre le groupe, on lui paye son avion en première classe, il veut à tout prix habiter à l'hôtel Hôtel[1], ça nous coûte une blinde juste pour lui serrer la main. Mais le groupe est ravi, tout le monde a très envie de faire sa connaissance.

Ezrin est vraiment séduit, il adore Téléphone tout de suite. Il se met immédiatement au boulot, un peu comme un grand professionnel (ou un petit fouteur de merde).

Dans un premier temps, je l'emmène voir une répétition.

Le groupe joue cinq ou six morceaux qui sont terminés, dont il avait entendu les maquettes, des titres comme « Dure Limite », « Jour contre jour », etc.

— J'adore ça, vraiment, nous dit Bob, ce sont de très bons morceaux, mais il faut encore les travailler. J'aime bien retravailler beaucoup les morceaux. Je ne pense pas que vous soyez complètement prêts. D'ailleurs, qui écrit les morceaux ?

Corine répond du tac au tac :

— Nous tous !

Gros silence.

— Alors, d'après mon expérience, il y a toujours une, deux personnes maximum qui sont des *songwriters*, on ne peut pas écrire une chanson à quatre. Qui écrit *vraiment* les chansons ?

Jean-Louis est obligé de dire :

— C'est moi qui les écris.

1. Le fameux lieu rue des Beaux-Arts où Oscar Wilde termina sa vie.

Et Bob lui répond :

— Bon, bah c'est avec toi que je vais passer du temps sur ces titres.

On se regarde tous quelque peu éberlués.

— Ah bon ?!

Téléphone rentre dans l'âge adulte.

Après cettc prise de contact, Bob passe beaucoup de temps avec Jean-Louis, dans son petit appartement dc la gare de l'Est. C'est sa manière à lui de travailler, il veut juste être en tête à tête avec l'auteur-compositeur principal, il veut parfaitement définir les structures de chaque chanson.

Et en même temps, pour dire le fond de ma pensée, ça permet à notre producteur d'avoir une vie très chouette.

Il est à Paris, tous ses frais sont payés, il a une voiture, un chauffeur, ma vieille pote Brigitte qui le conduit dans Paris, et Bob en est ravi. Il a également sa maîtresse parisienne, une chanteuse française populaire. Quand je le raccompagne tous les soirs à son hôtel, elle l'attend au lit.

Attention, Bob est marié. Il a des enfants. À Toronto, il m'a présenté tout son petit monde, femme, enfants, maîtresse. Bob Ezrin est le genre de type qui ne peut pas vivre un instant sans femme. *Kiss me, stupid*[1] *!*

Notre producteur de rêve prend le temps de découvrir le groupe. Tout devrait aller au mieux.

Sauf que le ver de la discorde ronge le fruit. Cette histoire de travailler avec l'auteur-compositeur, Corine le prend mal :

— Il n'y a pas que Jean-Louis qui écrit, nous aussi on fait des trucs.

1. C'est un peu Dino dans le film de Billy Wilder.

J'essaye de calmer la bassiste à ma façon, nonchalamment :

— Ouais, bah… Bon, on verra.

Et puis, pour continuer façon thriller, la proposition financière de Bob arrive. Il demande 100 000 dollars d'avance, ce qui est une somme énorme. Disons que Mike Thorne avait été payé 10 000, Martin Rushent 20 000, et voilà Bob Ezrin qui veut cinq fois plus.

Je ne m'attendais pas à ça, le groupe non plus.

Chez Pathé-Marconi, Téléphone avait un contrat d'« artiste ». En gros, le label payait pour tout et nous reversait un faible pourcentage de royalties sur chaque album vendu.

Chez Virgin, on est passé à un contrat dit « à l'anglaise » – en France on appelle ça un contrat de « licence ». C'est-à-dire que le pourcentage du groupe est beaucoup plus élevé. Au lieu d'avoir des petites royalties qui tournent aux alentours de 10-12 % en France (comme on avait chez Pathé-Marconi, voire moins, beaucoup moins), on passe à des royalties de 30 %.

En échange de tout l'argent que Virgin nous donne contre ces 30 %, on doit fournir un *master*, c'est-à-dire payer nous-mêmes les studios d'enregistrement, les bandes magnétiques, le mixage et le réalisateur du disque. Pour moi, rien ne change. C'est toujours ce que j'ai fait depuis le premier album. On est juste mieux rémunérés pour le même travail. De plus, je suis arrivé à ce qu'on récupère la propriété des *masters* au bout de dix ans. Je me retrouve à la tête d'une société, Téléphone Musique, qui prend une énorme valeur : on est les proprios des éditions et des *masters* ! On n'a plus besoin de personne.

Avec le budget que j'ai, je dois payer Bob Ezrin.

Évidemment, je n'ai pas assez d'argent.

Heureusement, le contrat avec Virgin Records n'est pas encore finalisé, les négociations n'en finissent pas, je fonce voir

Richard Branson, accompagné cette fois de Bob Ezrin qui se lance dans un grand discours :

— Je viens de passer dix jours à Paris. Dans ma vie, j'ai rencontré Alice Cooper, Mick Jagger, Lou Reed, eh bien, chez Téléphone, j'ai vu une star, j'ai vu le charisme à l'état pur, et le charisme ça ne s'apprend pas à l'école. Jean-Louis va être énorme, vous allez signer une star.

Je m'exclame :

— Mais Téléphone, c'est un groupe !

Je le laisse faire son show à l'américaine et j'insiste sur le fait qu'on veut travailler avec ce producteur et personne d'autre, même si Bob n'a pas besoin de mes services ni de ceux de son avocat, il arrive à se vendre lui-même mieux que quiconque ne pourrait le faire.

Virgin me donne 100 000 dollars de plus, qui iront directement dans la poche de Bob. Dans l'avion qui nous ramène à Paris, Bob me dit que, à cause de sa femme et ses enfants, il ne peut enregistrer que dans une seule ville au monde : Toronto. Ah bon…

Quelques mois plus tard, Téléphone débarque là-bas en plein hiver, et on arrive dans le monde de Bob Ezrin, monde qu'on avait déjà un tout petit peu découvert durant la phase préproduction à Paris.

On se pose à Toronto, dans les studios historiques où Alice Cooper avait enregistré tous ses hits et Lou Reed des bouts de *Berlin*.

Un studio que connaît très bien Bob, évidemment…

On entre dans « l'entreprise » Ezrin, le mot est à peine exagéré, car il a son bureau de production, avec une assistante et deux ou trois autres personnes. L'assistante, c'est sa maîtresse.

Brian Christian, un de ses ingénieurs du son favoris, est à Los Angeles mais il sera là d'un jour à l'autre.

Téléphone est en ville, Téléphone est dans la place, mais à part les assistants, on ne peut pas voir Bob, il a toujours un truc à faire ; pas grave, on va visiter le studio.

Arrivés dans le studio, on découvre un type qui s'appelle Ringo et qui nous dit bonjour. Ce Ringo a un physique franchement particulier, maigre, avec un long nez, des cheveux filasse bien gras et un accent canadien qui rend son anglais très difficile à comprendre.

Ringo nous explique qu'il est un des assistants de Bob. On lui demande ce qu'il fabrique là, tout seul dans le studio, assis sur une chaise.

— Moi ça fait déjà deux jours que je suis là. Le matériel n'est pas encore installé, on attend l'ingénieur du son. Dans trois jours, tout sera prêt.

— Alors qu'est-ce que tu fais ?

— Là ? J'écoute les bandes *master* sur lesquelles vous allez enregistrer.

Ringo l'assistant écoute les bandes vierges sur la sono du studio.

Et là, tous, et moi en particulier, on commence à se dire… putain, déjà que Bob a ses petites… on va dire… *particularités*, ses femmes partout, son train de vie très, très luxueux, sa dépendance à la cocaïne qui peut être un peu inquiétante, mais on découvre un mec qui est payé, par nous en plus, pour rester 12 heures par jour à écouter des bandes vierges pour être sûr qu'il n'y a pas un quelconque défaut.

On rentre à notre hôtel, assez effarés.

On n'a jamais vu ça avant.

Tout l'enregistrement sera à l'image de ce premier épisode. Un enregistrement produit par Bob Ezrin, ça prend du temps.

De mon point de vue, le temps, c'est de l'argent. J'ai un budget, certes, mais pas extensible à l'infini. On est à Toronto, on loge tous dans un hôtel, ça coûte bonbon et les deux ou trois premiers jours, *personne* n'est là.

Bob est malade, on ne peut pas le voir.

Et Ringo écoute assidûment ses bandes vierges.

Finalement débarque l'ingénieur du son, Brian, mais rien ne se déclenche.

La première semaine est passée, on se languit, les Téléphone n'ont toujours pas joué une note, ils commencent à être sur mon dos non-stop, à râler : « Putain mais qu'est-ce qu'il se passe ? »

Enfin, il y a un coup de fil à l'hôtel, c'est l'ingénieur du son : « Je suis en train de faire le son de la caisse claire, est-ce que le batteur pourrait venir au studio ? »

Putain ! Génial ! Ça y est ! Ça commence !

Richard fonce jouer de la batterie, il fait les sons avec son enthousiasme coutumier. Et là, goutte d'eau qui fait déborder le vase, le fameux ingénieur du son, Brian, appelle Bob Ezrin au téléphone pour lui faire écouter le son de la caisse claire et Bob dit : « Non… Oui… Non… Oui… »

Le groupe rentre à l'hôtel, atterré. « François, on prend le premier avion et on rentre à Paris. On ne va pas dépenser tout ce blé pour un mec qui n'est même pas là, il n'y a que son ingénieur du son, il donne son avis par téléphone ! »

Je demande donc audience à King Bob.

Dans un premier temps, il tente de me calmer : « Mais voyons, François, vous ne vous rendez pas compte, Brian Christian est un des meilleurs ingénieurs du son au monde, il a travaillé avec

Michael Jackson ET les Eagles, commencez le boulot avec lui. Les morceaux sont prêts, j'ai déjà fait beaucoup de boulot à Paris, tout est paré, il n'y a plus qu'à enregistrer, bien sûr, je passerai une tête. »

Je lui explique que, non, ça ne peut pas se passer comme ça. Le groupe Téléphone aura besoin du producteur Bob Ezrin en studio, à ses côtés. Jean-Louis fera ses vocaux si Bob est en cabine. Sinon on jette l'éponge, on rentre tous à Paris, et les avocats trouveront bien un moyen de se dépatouiller en tirant un arrangement de ces décombres.

Soudain Bob débarque au studio. À partir de là, les enregistrements se passent bien. Sauf que tout l'ensemble est très pénible, très laborieux, parce que Bob est quelqu'un qui fait énormément de prises, il demande toujours : « Une prise de plus. C'était bien, mais je voudrais encore une petite prise. »

Bob empile les guitares piste par piste, genre 15 guitares aujourd'hui, 25 guitares hier, ça n'arrête pas. À l'intérieur du groupe, ambiance à couper au couteau.

L'enregistrement dure très longtemps, il fait très froid, – 25 °C, de la neige partout, studio, hôtel, on vit dans des souterrains surchauffés.

Corine est isolée. Le couple qu'elle formait avec Louis Bertignac s'est désintégré il y a deux ans environ, Jean-Louis et elle ont eu une brève aventure qui s'est terminée juste avant Toronto, Corine souffre énormément. À Toronto, Jean-Louis a rencontré une autre fille.

L'ambiance est pourrie. Il y a des clashs terribles, à cause des différences de culture.

Pour l'anniversaire de Louis, l'assistante de Bob m'a demandé : « Qu'est-ce qu'on fait ? La mode au Canada en ce moment, c'est un énorme gâteau avec une pin-up qui sort et chante *Happy Birthday.* »

On décide de faire ça.

Corine pique un scandale monumental : « Ah, bravo, c'est ça pour vous, les femmes ? »

Enfin, les enregistrements sont totalement terminés, les vocaux, les chœurs, les soli, tout est en boîte et arrive le grand moment dans tout enregistrement : le mixage.

Enfin, je commence à être soulagé. Certes, on a dépensé beaucoup plus d'argent que prévu, mais bon, il va y avoir un mix, et ce sera terminé. Il faut savoir que les mixers demandent en général un jour par titre, je prévois donc dix jours pour dix titres, le soir je recalcule mon budget avec ces nouvelles données.

Sur les trois albums précédents, nous avions l'habitude de faire des allées et venues dans le studio en donnant notre avis au fur et à mesure du mixage : « S'il te plaît, va dans ce sens-là, non, dans ce sens-là. »

Mais là, à Toronto, on arrive au studio de mix et il y a une grosse pancarte : « *Mix in progress. Do not enter!* »

Bob ne veut pas nous voir pendant la toujours difficile étape du mixage.

Il ne veut pas que nous assistions à l'accouchement de notre bébé !

Pour couronner le tout, Ezrin n'est pas joignable au téléphone. Sa secrétaire me confirme : « Non, même toi, François, tu n'auras pas accès à lui. Vous ne vous rendez pas compte ? Il est en train de mixer ! Personne ne peut entrer, il faut le laisser faire, il ne faut pas lui parler. Même sa femme, ses enfants, son père, sa mère mourante n'ont plus accès... »

Toujours ce goût de la mise en scène théâtrale.

Le groupe vit ces heures comme un drame total.

Rassemblés à l'hôtel, on voit les jours défiler et rien ne se passe.

Enfer sur terre.

Je supplie Ezrin :

— Prémix, *rough mix*, tout ça on s'en fout, mais donne-nous au moins une cassette qu'on puisse écouter en studio !

— Non, François, *do not enter.*

Et rebelote, ça va durer comme ça pendant deux semaines durant lesquelles on ne pourra RIEN écouter.

Quelques fois, pourtant, j'arrive à coincer un assistant dans le couloir... Et péniblement, j'essaye de négocier :

— Mais on ne peut pas au moins avoir un morceau quand il est terminé, puis un autre après ?

— Non, ça ne se passe pas comme ça, c'est un album concept. On ne peut rien vous faire écouter.

À ce stade, si Ezrin avait pointé le bout de son nez, j'aurais pu lui tirer dessus à la kalachnikov.

Bref, il commence à me faire chier, mais chier grave, le génial producteur.

Le temps passe, passe et enfin, au bout de trois semaines interminablement longues, un jour, coup de fil dans l'appartement : « Vous pouvez venir. »

Dans le studio, cinq chaises, pour nous cinq.

L'ingénieur nous annonce : « Bob a dit que le disque était terminé, nous allons vous le faire écouter. »

Bob est évidemment ailleurs, et l'ingénieur nous joue le disque. On trouve ça incroyable, ce n'est pas un album concept à proprement parler mais il a réussi une unité entre tous les morceaux. Bon, français comme on est, on demande plein de petites retouches et autres minuscules corrections.

Mais en gros ça nous plaît, c'est incroyablement bien.

J'ai un choc très agréable en écoutant « Jour contre jour », qui à l'arrivée n'est pas du tout comme je l'imaginais. Et la « Cendrillon » de Louis est sublime. Ça sent le tube ! Ezrin s'est lâché, il a mis sa patte unique, mixé le rock de Téléphone avec des bruits d'avions qui décollent, glissant plein de choses à lui dans le projet.

Ce stress que nous avons enduré, cette entreprise artistique qui a duré neuf mois assortie de toutes les tensions internes, séparations, ruptures, puis l'exil au Canada dans un hiver polaire, tout ça fait qu'on est tous archilessivés, carbonisés.

Pour ne rien arranger, la pression monte, il y a une énorme attente de notre nouveau label qui a investi tant d'argent pour sortir cet album, très vite, la réalité cogne à la porte.

Chapitre 17

Une offre qu'on ne peut pas refuser

Pour la promotion, j'organise un calendrier quasi militaire. Les journalistes débarquent illico. Avec des idées parfois farfelues. Alain Wais, qui a une émission de télé, veut filmer le groupe sous les chutes du Niagara. Là, j'interviens : « Non non ! Pas ça ! », parce que je sais que mon groupe, il n'est simplement pas en état.

En 1982, les clips deviennent des éléments forts de la promotion d'un groupe. Pendant celle de l'album précédent, *Au cœur de la nuit*, j'ai rencontré un jeune réalisateur nommé Julian Temple[1] qui nous a réalisé le clip « Argent trop cher », magnifique.

Quand on décide de sortir « Ça, c'est vraiment toi » en single, Julian est bien sûr à nouveau notre réalisateur.

Pour concevoir ce clip, je fais un grand brainstorming avec lui et sa productrice.

Petit à petit surgit l'idée du groupe qui jouerait sur des guitares molles pendant un bal, idée qui plaît beaucoup à Jean-Louis car il a une passion pour Salvador Dalí. Et puis, au fur et à mesure des conversations, de la réunion, on se dit : « Tous les invités de ce bal seront des gens connus ! »

1. Il a tourné *The Great Rock'n'Roll Swindle* avec les Sex Pistols.

Sid Vicious, Margaret Thatcher, Einstein, je crois qu'il y a aussi Jerry Hall et le colonel Sanders de KFC. Grâce à l'argent généré par les éditions, je peux financer cette vidéo exceptionnelle.

Sorti en juin 1982, l'album *Dure Limite* va se vendre à plus de 800 000 exemplaires. C'est également à cette époque que Trust et Indochine arrivent. Et eux aussi ont des morceaux qui cartonnent en radio.

À partir de là, il y a une concurrence créative, c'est vrai, mais chacun a sa place.

Si on peut dire que la musique de Téléphone est inspirée des Stones, du blues, celle d'Indochine a un côté plus pop, et Trust c'est carrément metal.

Les Trust sont signés chez Epic par Alain Lévy, qui met en place une artillerie lourde pour ce nouveau groupe. Je suis jaloux et admiratif à la fois.

Nous, Téléphone, on n'a jamais eu des moyens pareils ! Lévy met des affiches 4x3 partout autour du boulevard périphérique, il fait plein de pub. Et ça fonctionne.

Pour la première fois, il y a trois gros groupes de rock français, ça semble être le maximum que la France puisse enfanter !

Quand l'album sort, nous sommes prêts pour programmer une tournée, on a cette vidéo et, manque de bol si j'ose dire, les Rolling Stones repartent en tournée dans les stades européens. La politique des Stones, c'est de prendre en première partie le plus grand artiste local – parce que, quand on fait partie de la gent internationale, l'Allemand, le Français, l'Italien, ce sont des « locaux », comme disent les Anglais avec un certain cynisme colonial.

Les Stones me contactent via leur promoteur local KCP pour me dire qu'ils aimeraient bien avoir Téléphone en première partie à Auteuil, et tout de suite, du tac au tac, je réponds : « Non, hors de question, désolé mais là, c'est vraiment *bad timing.* »

Dans ce premier temps, il n'y a même pas de discussion entre nous cinq, c'est : « On ne le fait pas, on n'est pas prêts, on n'a pas répété » – les tournées commencent six mois plus tard –, en plus les quatre sont exténués, sur les rotules, épuisés.

Albert Koski m'appelle : « Mais écoute, François, ce serait bien que tu viennes déjeuner avec moi, je suis justement avec le tourneur des Stones pour la tournée mondiale. Tu dois le connaître de nom, Bill Graham ? »

Oh putain ! Bill Graham...

Je vais déjeuner au restaurant Le Chiberta avec Albert Koski et Bill Graham. Moi, de voir Bill Graham en face de moi à table, ça me rend tout chose. Cet homme incroyable a ouvert le Fillmore West à San Francisco en 1967 puis le Fillmore East à New York[1]. Il a géré Woodstock, managé Grateful Dead, Jefferson Airplane et Santana... Respect total.

On déjeune et il me dit :

— François, j'ai vraiment besoin de Téléphone en première partie. C'est notre politique, on ne prend que les meilleurs artistes en ouverture des Stones. Stevie Wonder était en Californie, ensuite on a pris le petit nouveau, Prince, on essaye toujours de faire au mieux et là, en France, vous êtes les plus gros. La politique des Rolling Stones c'est ça, être toujours « *the greatest show on earth* ». Et la seule solution, ça serait avec vous.

1. Formidables salles de spectacle créées par Bill Graham. Elles ont fait les beaux soirs de Jimi Hendrix, Jefferson Airplane, Grateful Dead et Allman Brothers.

— Ouais… mais nous… de jouer en première partie, on n'a pas l'habitude, on ne fait plus ça, on préfère faire nos shows à nous. En plus, le groupe n'est pas prêt du tout et pour terminer, le prix des places est très cher, on a toujours essayé de faire une politique de places les moins chères possible…

— François, les Stones veulent toujours être les plus chers, ça a toujours été leur politique. *The greatest show* est forcément le plus cher.

On est en 1982. À l'époque, on n'a jamais entendu un truc pareil dans le rock. Précurseurs, les Stones.

On se quitte sans que je change de position.

— Je ne peux pas. On va en reparler avec le groupe mais on a décidé que c'était non.

À partir de là commence une série d'énormes et très longues nuits de discussions entre nous cinq sur le thème « On y va ? On n'y va pas ? »

Ce qui se dégage en fin de compte, c'est : « On n'y va pas, on n'est pas prêts, on ne va pas jouer devant 70 000 personnes sans être complètement préparés. »

Un beau soir d'avril, le fameux chanteur du groupe qui s'appelle les Rolling Stones débarque au journal télévisé de 20 heures et déclare dans un français impeccable : « Oui, on espère avoir le groupe Téléphone, mais ce n'est pas encore sûr, je ne sais pas, mais on aimerait beaucoup que ce soit eux… »

Alors là…

À peine l'interview de Mick Jagger terminée à la télé, Jean-Louis et Louis m'appellent en même temps : « Mais on est cons ! Mais il faut le faire ! Putain, Miiiick ! Miiiiick a parlé de nous à la télévision !!! »

Voilà comment on se retrouve à Auteuil à faire la première partie des Rolling Stones, le 14 juin 1982.

Enfin ! Tous nos rêves se réalisent…

Sauf que.

Le groupe pense être à tu et à toi avec les Rolling Stones. Ne nous ont-ils pas invités à les voir en concert à Glasgow ? Ne sommes-nous pas allés les féliciter en coulisses, après le show ? Mais quand arrive le jour du concert à Auteuil, aucun Stones n'est arrivé, on n'a pas accès à leurs coulisses, il faut des badges spéciaux que nous n'avons pas.

Bob Ezrin est venu exprès de Toronto pour nous soutenir et épauler Cowboy au son.

Le groupe a répété mais ne se sent pas complètement prêt. Notre équipe technique n'a jamais fait ce genre de show et en plus, pour cette tournée, les Stones ont une scène en pente qui descend sec, une vraie patinoire. Notre équipe technique n'a jamais vu un truc pareil.

Et là se produit un des événements les plus tragicomiques de mon existence et de celle du groupe. Quand on annonce : « Et maintenant, mesdames et messieurs : Téléphone ! », Jean-Louis déboule au galop avec sa guitare et fonce vers son micro. Oui, mais le câble guitare est trop court et son ampli tombe, un gag digne des Freak Brothers, digne d'un groupe *tribute* de troisième zone.

Ce concert est très dur pour nos nerfs à tous. Pourtant ils le font et les gens sont contents. Disons que ça s'est bien passé. Bien, mais pas au mieux.

Quant aux Stones, on a découvert qu'ils ne fraternisent avec personne.

Ils arrivent, ils jouent et ils repartent. Et comme on le sait, ils prennent la poudre d'escampette juste après le dernier rappel. On a fait leur première partie, mais on ne les a même pas salués *backstage* et on n'a pas été invités non plus à l'*afterparty*.

Chapitre 18

La clavicule de Louis

Quand l'album *Dure Limite* sort, production Bob Ezrin, on se dit vraiment qu'il faut essayer de chanter quelques titres en anglais… Car j'ai toujours l'intention de faire exploser le groupe en dehors de son pays natal. Un petit malin de chez Virgin Londres remarque : « Ils chantent en français, c'est quand même ça le frein. »

Pourtant, le groupe a du succès en Grande-Bretagne, ils font le festival de Reading, ils font des premières parties, ça fonctionne très bien en concert avec le public, mais on se heurte à la fameuse barrière de la langue pour les passages radio.

Ezrin flashe complètement sur l'idée : « Ouais ! Ouais ! Ouais ! »

Il nous suggère de faire une reprise. Pourquoi pas ?

C'est un truc qui se fait, un classique des vieilles recettes du show-business.

Le groupe n'en a aucune envie.

L'idée de la reprise reste donc dans un tiroir.

On essaye ensuite de traduire et d'interpréter nos propres chansons en anglais, on demande une traduction à Pete Townshend des Who qui répond très gentiment mais avec un humour anglais, du genre tu ne sais pas si c'est du lard ou du cochon : « C'est bien comme ça, que ça reste comme ça, n'y touchez surtout pas, de toute évidence, je ne vois pas ce que je pourrais apporter de plus. »

Bob Ezrin a gardé un lien particulier avec Lou Reed, ils sont restés très copains après l'album *Berlin*, il lui demande d'adapter les textes de Jean-Louis. Et il y a une rencontre entre Jean-Louis et Lou Reed pour travailler dessus ; Lou est vraiment un poète, un parolier de premier ordre, mais ça n'a pas marché non plus.

Alors on s'y est un peu tous mis et on a traduit les textes (Corine était traductrice avant le groupe). Enfin, on a essayé. On va dire poliment que ce n'était pas exactement convaincant. On a demandé au label de détruire toutes les bandes, de les effacer.

D'octobre à décembre 1982, c'est la grosse tournée française.

Le 15 octobre, pour notre malheur, j'accepte que le groupe donne une interview à FR3 Montpellier qui vient filmer le groupe sur la scène, juste avant son concert.

Louis Bertignac et Richard Kolinka s'y collent.

Les garçons ont toujours chahuté pendant les interviews, en plus Louis et Richard ne sont pas de grands communicants mais, le plus souvent, je tentais de dispatcher les interviews, que ce ne soit pas sempiternellement Jean-Louis, Jean-Louis, Jean-Louis, ou Jean-Louis et Corine, qui étaient les deux qui s'exprimaient le mieux en interview.

Comme ses modèles Ringo Starr et Keith Moon, Richard préférait faire des gags en permanence, tirer la langue, faire des cornes à l'autre, etc.

Ce 15 octobre, pendant que Louis essaye de répondre à une question, Richard plonge sur lui pour simuler une bagarre. Louis tente d'esquiver Richard, il fait un faux mouvement, tombe et se casse la clavicule. Il souffre le martyre, un docteur arrive, mes amis… Arrêtez tout.

En tant que manager, l'horreur s'abat sur moi.

Le pire, quand tu fais ce métier, ce sont les annulations. Parce qu'il faut tout retravailler, il y a de lourds problèmes juridiques avec les assureurs, tout un tas de conséquences, une équipe à mettre à pied, des salles à prévenir, des concerts à reporter, un communiqué à rédiger, etc. Le bordel, quoi.

Et puis le groupe en a gros sur la patate.

Le temps qu'on se rende compte de la gravité de la blessure de Louis, le public est déjà entré dans le palais des sports de Montpellier ; on se dit que quelqu'un (moi ou l'organisateur) va faire une annonce pour dire au public ce qui vient d'arriver, qu'on va les rembourser et qu'il n'y aura pas de concert ce soir.

Mais ça a toujours été la force de Téléphone, être là pour le public, et Corine, Richard et Jean-Louis déclarent : « On va aller le leur dire, nous. »

Ils montent sur scène, avec des têtes de trois pieds de long, plus ou moins tous en pleurs, ils annoncent que Louis a eu un accident, qu'il ne pourra pas y avoir de concert. Ils commencent quand même à jouer tous les trois ensemble, ils font trois, quatre, puis cinq morceaux. C'est très émouvant, il y a beaucoup de larmes sur scène et dans la salle.

Ensuite, les vraies emmerdes commencent. Il faut essayer de sauver le Palais des sports qui est notre grande date à Paris. Et le groupe veut essayer de reprendre le plus vite possible la tournée.

Nos tourneurs sont la fameuse équipe Camus-Coullier (à l'époque où ils s'entendaient), ils se sont associés à Pascal Bernardin. Ils font, entre autres, tourner Johnny Hallyday, qui lui aussi a eu des problèmes de clavicule, de hanche, etc.

Jean-Claude Camus connaît le chirurgien spécialiste du truc, ce qui fait qu'au lieu de plâtrer le bras de Louis et d'attendre que la clavicule se ressoude tranquillement (pendant 45 jours), il y a un plan A où le chirurgien opère en mettant une broche pour que tout soit réglé au bout de deux semaines.

Louis, toujours courageux, dit oui, il se fait opérer, il a sa broche et il est sur pied – ou devrait-on dire sur clavicule – très vite, et on peut reprendre notre tournée.

Nous faisons le Palais des sports. Ensuite, en 1983, nous jouons en Allemagne, en Italie, en Grèce, au Portugal, plus deux concerts à Los Angeles, six à New York. Pendant cette tournée à l'international, le groupe semble se rapprocher à nouveau.

Et puis pour moi, ce qui est vraiment formidable, c'est que, loin de ses bases, il se retrouve dans les conditions de 1977-1978. Dans ces contrées lointaines, Téléphone n'a pas les semi-remorques, les équipes de 50 techniciens.

Soudain, on joue dans des clubs, des festivals, on remet notre titre en jeu dans des premières parties, on reforme le petit noyau dur des origines, c'est-à-dire nous six, Cowboy inclus. On est immédiatement dans les conditions qu'on préfère, avec à nouveau un challenge.

Le succès est quelque chose de très, très difficile à gérer. Quand il te tombe dessus… Attention.

Je pense que la liste d'artistes qui n'ont pas supporté le succès est très longue, de Brian Jones à Jimi Hendrix, sans oublier Janis Joplin, Kurt Cobain ou Amy Winehouse.

Quelquefois, ça se termine de manière dramatique.

Il y a une telle pression…

Alors, vulgairement, on parle de gens qui ont soudain la « grosse tête », le « melon » mais… le succès engendre plein de nouveaux paramètres compliqués.

Du jour au lendemain, tu as une équipe de gens qui font beaucoup de choses pour toi, en ton nom. Manager, *tour manager*, *label manager*, attaché de presse, etc.

Tu es connu, tu es une star, les médias demandent tous plein d'exclusivités, le contraire de l'innocence, des interviews suivies de sessions photos qui te détournent sans cesse de ta fonction première.

Quand Téléphone se retrouve en Allemagne, en Italie, en Espagne, au Portugal, le groupe peut faire son vrai métier : jouer du rock et faire passer un moment inoubliable à son public.

Dans cette politique de vouloir jouer ailleurs, d'être ensemble, entre *Crache ton venin* et *Au cœur de la nuit*, j'avais rencontré Giorgio Gomelsky qui était autrefois le manager des Yardbirds et avait travaillé avec les Stones à leur tout début, mais qui connaissait bien aussi le rock français puisqu'il avait managé Magma. On a tout de suite sympathisé tous les deux, vraiment fraternisé, et j'ai passé pas mal de temps en éclaireur à New York avec lui.

On allait bouffer au Chelsea Hotel, Giorgio habitait juste à côté, dans une charmante petite maison. Beaucoup d'artistes traînaient là-bas, dont Jean-Michel Basquiat en personne, absolument inconnu à l'époque.

Giorgio et moi avons développé tout un délire pour lancer Téléphone à New York. Le concept, c'était de faire six concerts en six soirs, dans les clubs branchés de New York. Le Ritz, la Danceteria, le Mudd Club, le Max's Kansas City, le Hurrah et le CBGB, on fait ces six concerts à New York City en six soirs, une expérience vraiment unique.

Malgré cette semaine d'extase américaine, je suis bien conscient que les dissensions internes n'ont pas disparu.

Des choses très sombres dont j'ai entendu parler quand j'étais gamin et que je lisais les biographies de tel manager ou tel producteur, ces choses commencent à m'arriver à moi, et mon métier principal devient alors de maintenir et de rassembler le groupe.

Mais ce simple petit truc de rien du tout se fait de plus en plus palpable, réel.

À une époque lointaine, on passait notre vie tous les cinq, ensemble tout le temps.

D'un coup, et très naturellement, le succès, l'argent nous donnent accès à une vie privée. Le groupe est désormais dispersé, chacun a des activités de son côté, et maintenant il devient très difficile pour moi de planifier les répétitions, les réunions de groupe.

Mon boulot c'est de dire « On va faire ça », de savoir quand réserver le studio, combien il y aura de morceaux à enregistrer, à mixer, quand programmer les tournées, etc.

Tout ce processus, vraiment évident sur les trois premiers albums, commence sur *Dure Limite* à prendre énormément de temps mais, un beau jour, ça repart pour l'enregistrement de notre cinquième album, *Un autre monde*.

Chapitre 19

Un autre monde

Comme d'habitude, Jean-Louis a quelques morceaux dans sa besace, mais les premières répétitions ne se passent pas bien. Il y en a toujours un qui ne vient pas, ou alors c'est l'autre, ou quand ils y vont enfin tous les quatre, ça se passe mal, ils commencent tous à s'engueuler, même si Richard essaye d'adoucir les propos de chacun.

Rebelote : qui va réaliser cet album ?

Entre *Dure Limite* et *Un autre monde*, il y a eu l'émergence de U2, production Steve Lillywhite.

À cette époque, toujours en mouvement, je passe ma vie avec les Anglais et dès que Steve Lillywhite perce, je le rencontre. Il me dit qu'il veut bien essayer de produire le prochain album de Téléphone.

Un peu avant *Dure Limite*, Anita, la sœur d'Olive, et moi sommes tombés amoureux. Nous vivons des jours heureux avec son fils Naïché. Je suis parti en vacances avec elle, et ma secrétaire organise tout pour que Steve Lillywhite vienne voir le groupe répéter.

Je connais mon Steve, on a dîné ensemble nombre de fois, on a des amis communs, on est relativement proches.

C'est pour ça que je n'étais pas là quand il est passé en reconnaissance, je lui avais dit : « Viens, même si je ne suis pas là, ce n'est pas grave, tu rencontreras le groupe, va aux répétitions. »

Le groupe est ravi de la rencontre avec Steve, mais quand je l'appelle, il décrète : « Il y a quand même un sacré problème. Tu n'es peut-être pas au courant mais tu n'as plus de groupe. Ce groupe va péter, exploser, si ce n'est déjà fait, je n'ai pas du tout envie de me retrouver là-dedans, de devenir le psychiatre de Téléphone. »

J'abandonne à regret la piste Lillywhite.

Force est de constater qu'il y en a qui ne sont pas très contents de la fabuleuse aventure. C'est ça le problème : tout le monde dans le groupe n'est pas également satisfait.

Pour rentrer dans les détails, je constate à l'époque que les rapports de Corine avec Louis et Jean-Louis sont vraiment tendus, très tendus.

Très souvent, la bassiste n'est pas d'accord non plus avec mes prises de position, quand je dis : « Il va falloir faire ci, on va faire telle télé, on va faire ça », elle devient très dure à convaincre.

Elle trouve notamment que « Jean-Louis a trop de place », que « c'est trop Jean-Louis », que « c'est plus vraiment un groupe », que « Louis devrait beaucoup plus chanter », que « Louis devrait plus composer », qu'elle aussi, qu'elle n'a fait qu'une chanson (« Le Chat »), que « Louis n'a fait qu'une chanson ("Cendrillon"), ça ne va pas, il faut plus de chansons de nous, il faut que Téléphone redevienne un groupe ».

Pour moi, tout ça devient très difficile à gérer.

Ça continue tout de même parce que Richard est une force. Notre batteur reste toujours positif, émerveillé de ce qui nous arrive. Richard n'arrête pas de dire : « Putain, les mecs, c'est fabuleux ! »

De son côté, Jean-Louis commence à être meurtri, blessé.

Il arrive de plus en plus souvent en répétition pour entendre que ses chansons, « ce n'est pas bien », genre « revois ta copie », « ça ne va pas, on ne va pas jouer ça », « on ne peut pas faire ça ». De plus, il trouve qu'il n'est pas justement remercié de son partage de droits d'auteur.

À ma grande désolation, Corine, consciemment ou non, met de l'huile sur le feu entre Louis et Jean-Louis.

Je gère ça tant bien que mal, mais ça devient de plus en plus dur de leur parler, d'être ensemble, d'être d'accord sur des projets communs.

Quand je rentre après l'épisode Steve Lillywhite, on passe tout de même du temps en répétitions. J'essaye d'être le plus diplomate possible, de nager entre leurs différences artistiques, Louis n'aime pas trop « Ce taxi-là ». « J'imagine qu'il a le droit », dis-je à Jean-Louis, « Ne le prends pas mal. »

Beatles, Rolling Stones, Led Zeppelin... Si on regarde nos collections de vinyles, à un moment, tous nos groupes préférés ont été produits ou enregistrés par un certain Glyn Johns. L'Anglais vient de terminer « Rock the Casbah » des Clash, sur l'album *Combat Rock*. Nous adorons les Clash, c'est notre groupe préféré du moment.

Je prends contact avec Glyn Johns, tout de suite complètement d'accord pour produire Téléphone. Avec lui, on retourne dans une certaine tradition. Il représente les glorieuses années 1970, c'est un des trois maîtres du *classic rock*. Ce n'est pas du tout un showman à la Phil Spector ou Bob Ezrin.

Glyn Johns est un ingénieur du son devenu producteur.

Il veut que l'enregistrement se passe chez lui, il a une super maison de campagne à une heure de Londres où il a fait construire son studio. Sa table de mixage, ce n'est pas une classique Neve ou SSL. Sa table, il l'a fait construire sur mesure, comme celle d'enregistrement, il connaît son studio comme sa poche.

Et l'enregistrement d'*Un autre monde* va se faire en douceur, grâce au producteur anglais et à sa manière de travailler.

La touche de Glyn Johns, c'est d'abord un célèbre son de batterie. On raconte qu'il l'a inventé puis qu'il l'a utilisé avec les Beatles, les Stones, et qu'il fait ça avec deux micros, ça lui suffit.

En studio, il y a des gens qui mettent presque une dizaine de micros sur la batterie. Deux ou trois sur la grosse caisse, deux ou trois sur la charleston, deux ou trois sur la caisse claire, mais pas Glyn Johns.

Glyn Johns a sa technique à lui ; nous rencontrons un artisan du rock, un gars qui connaît son métier jusqu'au bout des ongles.

Les morceaux lui plaisent bien, il n'en a pas grand-chose à foutre des textes, il faut bien le dire, il ne parle pas un traître mot de français. Très *gentleman farmer*, assez doux, il peut avoir ses coups de colère. Normal. Il ne faut pas imaginer interférer.

Glyn Johns sait ce qu'il fait, car il le fait depuis… longtemps. Avec un certain succès. Dans tous les groupes qu'on a cités, on a oublié les Eagles, leurs deux premiers albums, c'était Glyn Johns aussi. L'homme a eu des numéros un en veux-tu en voilà dans le monde entier, les plus gros groupes de cette planète ont un jour travaillé avec lui. Dans le boulot, il a un côté gentil artisan ingénieur du son, et d'un autre, quand on lui dit : « Mais ça, pourquoi on ne referait pas ça ? » Là, soudain, il claque la porte : « Humm… non ! »

Glyn Johns sait quand la prise est bonne, quand on peut arrêter d'enregistrer. Et pour lui, le rock, ça doit aller vite, très vite. Glyn Johns, c'est l'école des années 1960.

Il ne faut pas oublier que les Stones, Who, Kinks terminaient un album studio en deux ou trois jours. Tu faisais une ou deux prises par morceau, donc dix morceaux, ça prenait 20 heures, et puis tu mixais dans la foulée et tout ce petit monde reprenait la route des concerts.

Glyn travaille toujours pareil, il prémixe presque tout, c'est-à-dire que sa manière de travailler est exactement l'opposé de celle de Bob Ezrin.

Plus ça avance, plus il prémixe. Quand tu réécoutes le soir dans ta chambre, tu as une très bonne idée du travail effectué.

On dormait tous dans un cottage sur sa propriété... Très vite, le groupe se retrouve vraiment soudé, en tout cas les quatre garçons.

Corine n'a pas l'air vraiment heureuse, peut-être que notre camaraderie virile est dure à supporter.

Battant des records de vitesse, on enregistre l'album en trois semaines.

Au milieu de tout ça, il y a l'anniversaire de Glyn, le 15 février.

Bien sûr, il nous conseille de rester dans les parages ce soir-là, car il a des potes qui vont venir fêter ça dignement...

Effectivement, Jimmy Page, Jeff Beck, Ronnie Lane, Pete Townshend, et plein d'autres débarquent au studio. Il y aura des bœufs, des jams. Ma pote Lynn Goldsmith, photographe, vient à la *party*, grâce à elle, il reste de merveilleux clichés... Pour le bœuf, c'est Louis ou Jean-Louis qui commencent à jouer, très vite John Entwistle[1] des Who les rejoint à la basse... et là, tous les musiciens de légende se ramènent : « Moi aussi je veux jouer ! »

Mais on se rend compte tout de suite que c'est ou Jeff Beck ou Jimmy Page, à la guitare. Pas les deux ensemble, jamais !

1. Il joue des cuivres sur « T'as qu'ces mots ».

Comme je souffre beaucoup du manque de communication qui gangrène le groupe, il y a pas mal de choses que je fais tout seul. J'organise les sorties de l'album et des singles, les tournées, parce qu'il faut désormais tout préparer un an à l'avance, voire plus.

La pochette pose problème. Aucune idée transcendante de personne, rien.

Tout naturellement, je reviens vers mon vieux pote Jean-Baptiste Mondino, qui fera le merveilleux clip en noir et blanc pour la chanson « Un autre monde ».

Ferait-il la pochette ? Mondino me dit : « Ouais, mais des pochettes, j'en ai déjà fait tellement pour vous, je vous fais le clip, tu devrais voir mon pote Francky Boy plutôt… »

À l'époque, Mondino est très copain avec une bande de nouveaux artistes, les Musulmans Fumants. Je rencontre François Sévehon alias Francky Boy aux Bains Douches[1], et il me propose le merveilleux dessin qui deviendra la pochette d'*Un autre monde*.

Il y avait eu plein de photos mises à disposition par d'autres photographes, plein de projets, d'idées de pochettes très classiques et j'avais tout refusé.

Pendant des semaines, je me balade avec une reproduction du dessin de Francky Boy dans ma poche. On passe beaucoup de temps ensemble Francky et moi, et une nuit on délire même sur l'idée de réaliser un clip à partir de ses dessins, une espèce d'animation qu'on fera plus tard sur « Electric Cité ».

Tout ça plaît beaucoup à Jean-Louis et, un beau jour, on part en tournée à l'étranger, j'arrive à l'aéroport et je leur fais voir à tous les quatre une photo de la future pochette : « Pour une fois, ça va changer, ça ne sera pas vos tronches, ça serait ça, qu'est-ce que vous en pensez ? »

1. Club en vogue dans les années 1980.

Unanimité.

On décide de partir là-dessus et de faire le clip « Electric Cité ». D'un côté, il y a le monde officiel, la grosse machinerie avec le sublime clip de Jean-Baptiste, qui fera date, et puis ce petit truc à nous, notre monde parallèle, fait avec des bouts de ficelle. C'est grâce aux éditions Téléphone Musique que je peux monter ces deux projets de clips de front.

Chapitre 20

Rien ne va plus

L'album sort.

Bien sûr, je ressens toutes les tensions internes, mais je ne peux pas encore imaginer qu'il y aura bien un clash final. La vie est belle, les jalousies en font partie.

Pour moi, c'est quand même une situation très pénible…

Alors je m'autocensure.

Je deviens rusé comme un renard.

Dès que j'appelle pour dire : « Bon, si on faisait ça », la réponse en retour est toujours : « Je ne sais pas », « On ne sait pas », « Qu'est-ce que dit machin ? », « Qu'est-ce qu'il a dit ? »

On sort un premier single.

Moi, je n'ai aucune oreille pour les singles, savoir ce que vont jouer les radios n'est pas une science que je maîtrise mais j'essaye de combler cette lacune en prenant l'avis d'un peu tout le monde, maison de disques, attachés de presse, copains, etc. Le premier 45 tours choisi pour annoncer l'album est la chanson « Oublie ça ».

Catastrophe. Ça n'accroche pas du tout… La mayonnaise ne prend pas. Ça ne vend pas. Les radios jouent le titre, vu la popularité du groupe, mais le public n'en veut simplement pas…

Tant est si bien qu'un jour, je m'aperçois que les ventes hebdomadaires de *Dure Limite* sont supérieures à celles d'*Un autre monde*.

L'album ne décolle pas, le single est mort… Dans le métier, la rumeur enfle : « C'est terminé, Téléphone, ça ne marchera plus. »

Oiseaux de malheur.

Trois mois s'écoulent. Brainstorming général, tous les titres y passent : « Si on sortait celui-là ? Si on sortait ci ? ou ça ? »

On n'avance pas. Et puis enfin quelqu'un propose :

— Et si on sortait « Un autre monde » en single ?

Tollé général.

— Mais c'est trop long, ça ne marchera jamais…

De guerre lasse, on sort *Un autre monde* et ça deviendra le plus gros single du groupe, avec le fameux son de caisse claire de Richard et Glyn Johns.

Ce titre sera la locomotive dont l'album avait grand besoin. Sa parution entraînera des ventes colossales qui continueront à la sortie de l'autre tube de l'album : « New York avec toi ».

Revenons début mai 1984, au moment de la sortie d'*Un autre monde*. La pression médiatique était énorme. Je décide d'opter pour le fameux « Courage, fuyons ». Au lieu de planifier 23 émissions de télé et 60 interviews avec tous les médias franco-français, j'organise une tournée de dix jours au Japon.

Je veux y filmer un de nos concerts et que ça crée un effet boomerang sur les médias français, ces derniers faisant mousser le voyage : « Téléphone à la conquête du Japon ! »

Tout aurait pu fonctionner, à part que le single est *Oublie ça* et quand on revient… C'est déjà en très grande perte de vitesse.

Et puis ce qui avait marché avant, en se retrouvant à l'étranger dans des clubs à Chicago, à New York ou autre, ne prend plus au Japon. Ambiance pourrie.

On a beau jouer dans des clubs puis au Budokan, le groupe a beau être formidable sur scène, il y a encore et toujours des problèmes internes.

Je constate pourtant que nous, les garçons, on profite du Japon pour se retrouver, pour faire la fête, c'est la fameuse époque où, à Tokyo, il y a pas mal de boîtes de nuit et plein de mannequins internationales qui s'y rendent.

Philippe Manœuvre fait partie du voyage. Il se souvient que Virgin avait programmé une émission de télévision locale : « Nous patientons un long moment empilés dans une minuscule loge tandis que des artistes nippons divers et variés passent un à un. Soudain, une assistante courbée en deux vient nous chercher. Le groupe empoigne ses instruments et explose "Argent trop cher" avec une énergie complètement punk. Les quatre sont déchaînés et passent en direct dans six millions de foyers. À peine le passage assuré en grand style, nous regagnons notre loge où une bouteille de saké nous attend. Le groupe, comme il est d'usage, demande à voir sa performance. Un assistant arrive avec la cassette. Malheur ! Le réalisateur a trop filmé Jean-Louis au goût des autres. Louis et Richard choisissent d'en rire. Corine n'a eu que deux gros plans. » Blanche de rage, la bassiste se plante devant moi et me demande en hurlant d'aller illico presto expliquer au réalisateur que ce n'est pas « Jean-Louis Aubert et son groupe » mais bel et bien « Téléphone, le groupe ». Renseignements pris, les assistants nous confirment que l'émission était en direct et qu'on ne peut rien faire.

Pourtant on vit des expériences formidables.

Téléphone joue deux soirs au Budokan, en première partie de The Alarm. Les *rock critics* japonais nous font visiter Tokyo et ses temples, le marché aux poissons, on découvre tout en vrac, sushis, sumo, yakuzas. Jean-Louis invente une phrase qui sera le fil rouge du voyage : « Ils sont jaunes mais nous, on est verts ! »

Jack Lang, rencontré dans l'avion qui nous emmenait à Tokyo, nous invite à l'ambassade de France puis sur le tournage du film *Ran* de Kurosawa.

Un moment sublime, hors du temps. Les costumes sont vraiment fabuleux. Litchi sur le gâteau : le réalisateur des *Sept Samouraïs* accepte de faire une photo avec le groupe.

Nous rentrons du Japon pour continuer sur notre lancée et jouer en Belgique, en Angleterre, au Danemark.

Et voilà que, soudain, ça prend aussi à l'étranger.

Mon fameux plan d'attaque, démarré avec *Au cœur de la nuit*, commence à prendre forme grâce à notre tourneur anglais : on nous réclame partout.

Téléphone donne de plus en plus de concerts à l'étranger.

On nous invite à jouer au Danemark, dans un festival colossal qui s'appelle Roskilde et qui se déroule sur une île.

Téléphone est programmé sur une petite scène. On fait le concert, ça se passe merveilleusement bien, on s'en va, on reprend la mer quand je reçois un fax des organisateurs… « Est-ce que vous pourriez revenir, pour jouer sur la grande scène, cette fois ? »

Demi-tour immédiat, on revient à Roskilde et on donne un second concert sur la grande scène. C'est du jamais-vu.

Le groupe est toujours aussi bon, voire excellent.

Vu de l'extérieur, nous sommes les maîtres du monde, mais à l'intérieur, rien ne va plus.

Pour la France, on a planifié une grosse tournée où on a tous pu s'en donner à cœur joie. Je pense qu'on a été un des premiers groupes français à proposer un spectacle de niveau international. Toute l'équipe anglaise autour de moi a monté le décor : il y a une énorme mappemonde sur la scène puis une autre qu'on lance dans la foule et des écrans géants lumineux.

Les dessins de Francky Boy ont été recréés pour la scène.

La tournée française se déroule très bien.

Il y a cinq Zénith complets à Paris, c'est un événement.

J'ai pris les meilleurs techniciens, le spectacle est un choc total.

Vraiment, nous avons réussi un truc remarquable. Et le groupe est très content et fier de lui.

Durant l'été, ça se poursuit par six concerts dans les arènes.

À ce moment-là, Téléphone est au sommet et a un tel statut que nous pouvons prendre des premières parties anglaises. Téléphone tourne avec Kim Wilde ou les Stray Cats en première partie…

Parvenus à ce stade, on aurait pu imaginer des tournées dans le monde entier, mais l'ambiance interne ne va pas du tout s'arranger.

Pourtant, nous recevons le prix SACEM, puis une Victoire de la musique, la première Victoire de tous les temps, en 1985.

À ce moment-là, il devient apparent pour tout le monde que ça ne va plus du tout.

Jean-Louis et Richard refusent d'aller à la cérémonie.

Corine et Louis s'y collent. C'est Corine qui ira chercher notre Victoire de la musique. La bassiste monte seule sur scène et interprète *a cappella* une incompréhensible chanson folk… Je regarde ce spectacle pétrifié devant ma télé.

Après la tournée *Un autre monde*, chacun reprend sa vie.

Corine et Louis participent avec Éric Serra à la musique du film *Subway* de Luc Besson.

De son côté, Jean-Louis est quelqu'un qui travaille, qui compose tout le temps, qui doit enregistrer pour sa survie, et comme sa compagne est enceinte, il veut à tout prix faire quelque chose pour immortaliser l'événement.

Il écrit une chanson qui s'appelle « Quelqu'un va venir » et une autre, « Le jour s'est levé », qu'il propose au groupe en répétition.

Et là, l'ambiance devient de plus en plus délétère. « C'est que pour Jean-Louis, ce truc ! Qu'est-ce que c'est que ça ? »

L'idée de ce 45 tours ne plaît pas trop à Louis et Corine, voire pas du tout.

Malgré tout, on enregistre à Châteauvallon ces deux titres. C'est produit par Steve Levine qui a connu un énorme succès avec Culture Club. On le choisit parce qu'il propose un rock modernisé... Ce qui nous dégage du blues rock plus classique de Glyn Johns. On pense que ça va être un peu plus adapté à la chanson, « Le jour s'est levé », plus dans l'air du temps.

Steve Levine a une formation classique, il travaille avec beaucoup de synthés et il amène son arrangeur dans ses bagages. On se met tous d'accord sur la chanson, et l'enregistrement se passe couci-couça. Mais Louis et Corine n'aiment vraiment pas la chanson, et Corine le dit haut et fort, ils l'expliquent longuement à la presse.

Il y a même une émission de télé, sur Canal +, où Louis vient avec un poulet en caoutchouc qu'il accroche à son manche de guitare pendant le direct... Clairement, ce n'est pas la chanson pour se comporter comme ça. Voir quelqu'un faire le clown sur ce texte-là, c'est un peu dommage.

Jean-Louis le prend d'ailleurs assez mal, j'essaye de tempérer aussi bien que je peux, mais l'ambiance devient lourde, pénible...

C'est le point mort.

Le groupe ne peut plus avancer.

Tous mes efforts restent vains.

Pour tenter de remettre le moteur en marche, on discute.

Corine dit qu'elle voudrait prendre une année sabbatique pour réfléchir à la suite éventuelle. De son côté, Louis nous annonce qu'il voudrait enregistrer un album solo.

Mon problème est différent.

Comme il faut désormais tout programmer à l'avance, j'ai été contacté par la direction d'une nouvelle salle : le Palais omnisports de Paris-Bercy avec 17 000 places, que Téléphone pourrait inaugurer…

J'ai accepté Bercy pour deux soirs avec option, en me disant : « On avance. »

Je n'aurais peut-être pas dû.

Mais je suis né sous le signe du Taureau.

Peut-être à tort donc, je fonce, en pensant que travail et énergie vont rallier tout le monde.

Sauf que Louis et Corine disent non.

Un non ferme et définitif.

Non à Bercy.

Louis dit :

— C'est comme être en prison, savoir ce qu'on va faire dans deux ans, c'est traumatisant.

Corine, de temps en temps, se fait le porte-parole de Louis, parce qu'ils sont restés assez proches, malgré leur rupture. J'essaie d'argumenter :

— Il n'y a pas de problème, tu fais ton album solo, c'est arrivé dans plein de groupes. Pete Townshend faisait ses albums solos, Mick Jagger aussi. Si tu veux enregistrer le tien, il faut juste savoir quand ça sort, comme ça, je peux programmer la suite de Téléphone.

« Album solo », « album solo »... Là, on se rend compte que Jean-Louis aussi compose...

On est au milieu de la merde et des emmerdements.

Une lueur quand même : *Le jour s'est levé* devient numéro un au Top 50, c'est un carton.

Ce single fait encore plus fort qu'*Un autre monde.* Carton radiophonique et carton de ventes, mais un disque qui ne plaît pas à certains dans le groupe. Louis et Corine disent que c'est une direction artistique qui ne leur convient pas, que ce single ressemble à un disque solo de Jean-Louis.

Ces critiques commencent sérieusement à miner le moral du chanteur.

Plus on lui dit que « le nouveau titre est nul », que « c'est de la variété », que ce qu'il propose « ce n'est pas terrible », alors qu'il partage tous ses revenus de droits d'auteur, plus la pression monte dans la cocotte-minute. Tous les groupes ont dû passer par là. Je pense à « Miss You » des Stones.

Mais nous, on est dans une impasse totale.

En tant qu'organisateur, imprésario, manager, je ne peux plus rien planifier, produire, booker.

On se réunit tous les cinq dans le café juste à côté de mon bureau, rue de Belleville. Chez Hélène, on boit des coups, beaucoup de bières sont descendues et au fil de la conversation, qui est pour la première fois depuis des mois assez amicale, on en arrive tous à cette forte conclusion :

— Bon, bah, on va arrêter.

— C'est comme ça, on va arrêter. On verra ce qu'il se passe.

Louis a des chansons prêtes, il a envie de les faire en solo. Corine se joindra à lui pour cette nouvelle aventure. Jean-Louis a tous ses morceaux.

Téléphone, c'est fini.

Une fois que les choses sont dites, c'est le soulagement. Franchement coupé, fini, terminé, séparé, je respire à nouveau.

Et en même temps quelque chose en moi refuse d'appréhender cette nouvelle réalité. Richard et moi sommes terriblement abattus.

Téléphone, séparé ? « Ah bon ? Merde !… »

Il ne faut pas l'oublier : ce groupe, c'est ma vie.

Et je pense que pour les quatre autres aussi, c'est pareil.

La séparation est claire et nette. Il y a Louis et Corine d'un côté, Jean-Louis, Richard et moi de l'autre.

En somme, c'était un peu comme si nous étions de retour en 1975 à l'appartement des débuts, avenue Frémiet.

Chapitre 21

Plâtre et ciment

« François, qu'est-ce qu'on fait ? J'ai des morceaux. Si on les enregistrait ? »

Jean-Louis veut continuer. Il veut passer à l'action tout de suite.

C'est Jean-Louis, toujours égal à lui-même, incapable de rester sans rien faire. Il a ce côté bulldozer.

C'est sa manière de fonctionner.

Jean-Louis a pas mal de titres, il est très pressé, il veut sortir un single immédiatement. Mais je me rends compte qu'on n'a pas de contrat.

Par contre, les juristes de Virgin ont tout prévu, et notamment que le groupe Téléphone explose. Il y a une clause qui stipule qu'on doit proposer en priorité à Virgin France tout effort solo, quoi qu'il arrive... J'entame les négociations.

Et d'ailleurs Louis Bertignac a resigné chez Virgin pour son nouveau groupe avec Corine, Les Visiteurs.

Pour enregistrer ce single solo, il faut de l'argent. J'en emprunte à Téléphone Musique pour faire le 45 tours de Jean-Louis.

L'ambiance avec les autres est tellement horrible que je ne préviens pas Corine et Louis alors que nous sommes actionnaires de la société à parts égales.

Il ne faut pas oublier que Jean-Louis est l'auteur-compositeur de 55 chansons de Téléphone, que n'importe quel éditeur au monde aurait fait un pont d'or à Jean-Louis Aubert solo, et que j'emprunte juste un peu d'argent pour enregistrer ce premier single. Je sais que je n'aurais pas de difficulté à rembourser et pour moi, éthiquement, il n'y a aucun problème : la société d'édition doit bien ça à Jean-Louis. Mais quand Corine l'apprend, elle le prend mal, très mal.

C'est le scandale absolu, elle dit que « comme toujours, comme d'habitude », j'ai « privilégié Jean-Louis », que je me sers de la société Téléphone Musique « juste pour Jean-Louis ».

J'ai beau me démener, lui expliquer : « Corine, tu sais bien qu'on va le rendre, cet argent. Jean-Louis va trouver un contrat. C'est juste une avance de trésorerie, ce n'est quand même pas un vol… Je ne signe pas Jean-Charles Dugommeau dans ton dos, quoi ! C'est Jean-Louis Aubert, il a écrit toutes les chansons du groupe, la société d'édition peut quand même lui avancer un petit 45 tours, non ? »

Corine ne me fait plus confiance du tout. Cela me fait très mal. Elle me traite comme un escroc. Je suis anéanti. Carbonisé.

Un beau matin, Corine nous annonce qu'elle veut devenir cogérante des éditions Téléphone Musique.

Moi, je me dis qu'être cogérant avec quelqu'un avec qui tu ne t'entends pas, c'est comme être capitaine d'un bateau ivre… Deux cogérants, voire trois, ça ne fonctionne que si tout le monde veut aller dans la même direction. Mais si tu es aux antipodes, si tu as les gants de boxe pour diriger un bateau ou une maison d'édition et de production, ce n'est pas exactement idéal.

D'un commun d'accord, on décide de vendre notre maison, que je gérais depuis huit ans.

Sur ce coup, je perds tout.

Partie, ma source de revenus, envolée, ma retraite SACEM, je n'ai plus rien, les autres ont toujours leurs droits d'auteur… Et surtout, tout ce que j'ai construit pendant dix ans s'effondre. Cette société était mon bébé, j'avais tout mis dedans, et d'un point de vue uniquement professionnel, c'était une grande réalisation et elle nous permettait d'être libres.

Tout part en poussière.

C'est sûr que, juste en tant que manager responsable et éditeur… professionnellement, j'aurais dû chercher une solution cool… laisser les émotions de côté et essayer de trouver le moyen de garder ma société. Avec le recul, j'aurais pu faire appel à un médiateur, à un comptable. Qui sait ?

Mais bon, le conflit était devenu tellement compliqué, impossible de démêler cet écheveau. Nous vendons[1].

Ça a été, il faut bien le dire, la plus grosse erreur du manager François Ravard.

Dans un premier temps, ça ne se bouscule pas. Personne ne veut acheter, personne ne croit plus au groupe ni à ses chansons. Ça traîne dans les bureaux de potentiels acheteurs pendant plus d'un an.

Un beau jour, Alain Lévy fait une offre.

De fait, il sait que les CD arrivent.

Il est le grand patron de ce qui va devenir Universal, une maison de disques colossale s'appuyant sur le constructeur Philips, qui commence à usiner CD et lecteurs CD.

1. Pour l'histoire derrière l'histoire, quelques années plus tard, j'ai un plan qui tient la route pour racheter notre maison mais l'avocat de Corine n'y croit pas. Il y a également un « businessman » qui nous propose à Jean-Louis et moi de racheter cette société en sous-main et de nous la revendre. On refuse, on ne peut pas faire ça à nos camarades.

Pour Lévy, c'est un pari visionnaire, à l'époque.

Il pense que l'arrivée du CD va révolutionner le monde de la musique et il rachète nos éditions musicales.

À l'époque, on pense que c'est une grosse somme, mais ça ne l'est pas. Universal fait l'affaire du siècle. En six mois, ils rembourseront leur investissement et, ensuite, ils toucheront des fortunes en exploitant le catalogue Téléphone.

La fin de Téléphone est annoncée un peu partout et notamment sur Antenne 2, au journal de 13 heures, le 21 avril 1986. « Ils ont décidé de raccrocher… »

Il me reste à aller officialiser notre dissolution chez notre maison de disques, Virgin.

Pendant quelque temps, tout le monde essaye de les appeler, de m'appeler, de parlementer, de discuter, de voir s'il n'y a pas quelque chose à faire, mais en réalité, il n'y a plus rien à faire.

Une vie s'achève et s'en va.

Deuxième Partie

LES RITA, MOCKY, GAINSBOURG ET LES AUTRES…

Chapitre 22

Intermezzo Rita Mitsouko

Le moment est venu de faire un petit intermède Rita Mitsouko.

Je suis entré en contact avec eux pendant que Téléphone enregistrait *Un autre monde.*

C'est par l'intermédiaire de mon autre mentor, Philippe Constantin, que tout est arrivé... Parce que quand Philippe Constantin avait une idée dans la tête, il ne l'avait pas dans le cul (comme disait mon grand-père Armand) et, à cette époque, il n'arrêtait pas de me dire : « Il faut que tu écoutes ça, il faut que tu les manages. »

Ça, c'était le single *Minuit dansant*, que venaient de sortir les Rita Mitsouko.

C'est effectivement pas mal.

Puis Constantin me donne les maquettes de ce qui allait devenir le premier album des Rita, avec le fameux titre « Marcia Baila ».

Je le trouve très intéressant, je les rencontre.

On s'entend bien tout de suite, on a plein de points communs. Les Rita sont un duo et un couple, ils me fascinent. Ils sont complètement différents de tout ce que je connais, c'est-à-dire de Téléphone.

Ils sont dans leur monde à eux, dans leur création, ils n'en ont rien à foutre de passer à la radio, rien à foutre de passer à la télé.

Au départ on se renifle, ils disent : « On n'a jamais eu de manager, pourquoi pas. » Un jour, Catherine décrète : « Attends, on va faire un contrat. »

Je n'avais jamais eu de contrat avec Téléphone. J'en aurai un avec les Rita Mitsouko.

Sur une feuille blanche, Catherine écrit ces mots : « Feuillet valable un an [...]. Les Rita seront désormais managés par François Ravard. »

On passe énormément de temps ensemble. Ils ont un petit studio, ils ont inventé le concept du *home studio*. Les maquettes de l'album sont très prometteuses. Je suis sur un nuage. Les Rita rêvent que Tony Visconti, légendaire bassiste et producteur, notamment de David Bowie et de Marc 'T. Rex' Bolan, réalise leur deuxième album.

Et moi, j'ai le contact !

Ça me prend environ sept jours pour leur obtenir Tony Visconti alors qu'eux pensaient que c'était l'Arlésienne, quelque chose d'impossible, d'inimaginable... C'est la confirmation d'une des vieilles légendes du rock :

« — C'était facile si ça t'a pris une semaine !

— Oui, une semaine, plus dix ans d'expérience... »

Les Rita, ce sont de vrais saltimbanques. Ils me préviennent qu'ils viennent dîner à la maison, chez Anita et moi, aux Buttes-Chaumont. Ils arrivent effectivement à l'heure dite, mais ensuite ils ne repartent plus ! Le couple et leurs enfants restent trois jours chez nous, foutant un bordel sans nom dans la maison. On ne sait plus où on est, ce qui se passe, mais à un moment on doit leur dire : « Peut-être que vous pourriez rentrer chez vous ? »

Hüseyin et moi dans notre squat d'Elgin Avenue,
Londres, 1974. (Page 20) © D. R.

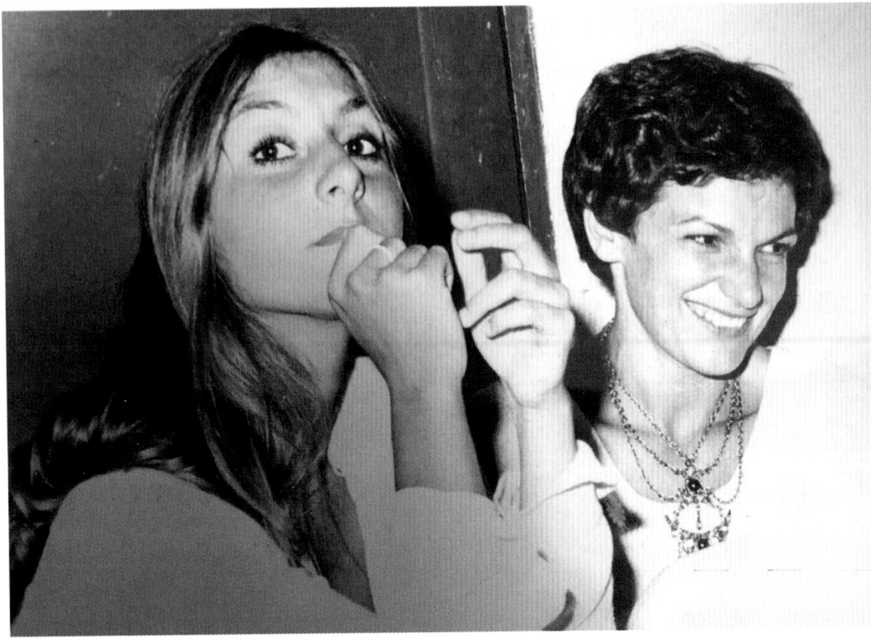

Corinne Fontanarosa et sa cousine Frédérique du trio classique.
(Page 25) © D. R.

Rock en France, ici avec Ellie et Jacno, ex-Stinky Toys. © D. R.

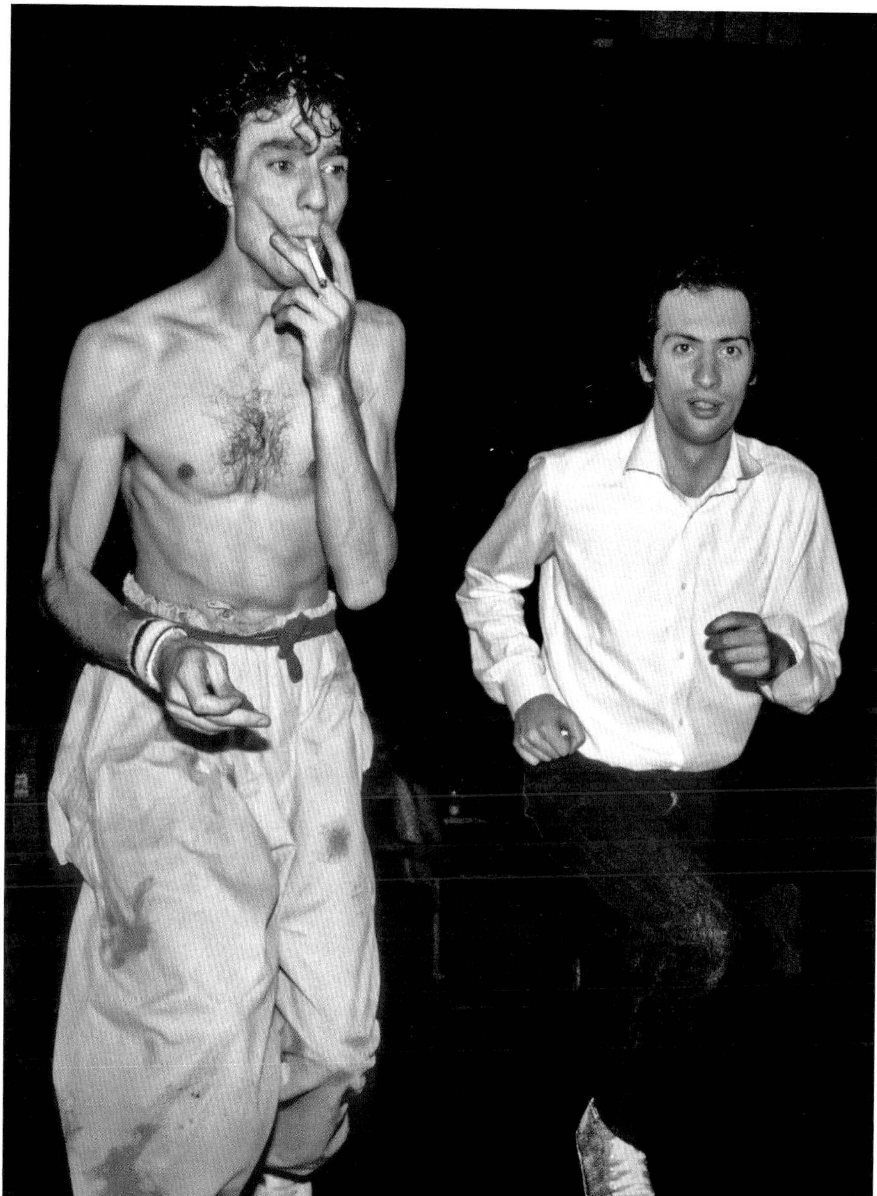

Rappel, j'accompagne Louis sur scène.

Salut final lors de la tournée d'*Un autre monde*.
(Page 140)

Richard, moi et Jean-Louis (de gauche à droite),
dans les loges après un concert. © D. R.

Jimmy Page, Jean-Louis et moi, pendant l'enregistrement d'*Un autre monde*, grand bœuf. (Page 133)

Tract qu'on distribuait pour le 1er concert, le 12 novembre 1976, au Centre américain. Nous n'avions pas encore de nom.
(Page 40) © D. R.

Le trio fondateur : Jean-Louis, Olive et moi. © D. R.

Un autre fameux trio : Philippe Constantin, Étienne Roda-Gil et moi.
© Jérôme Brody

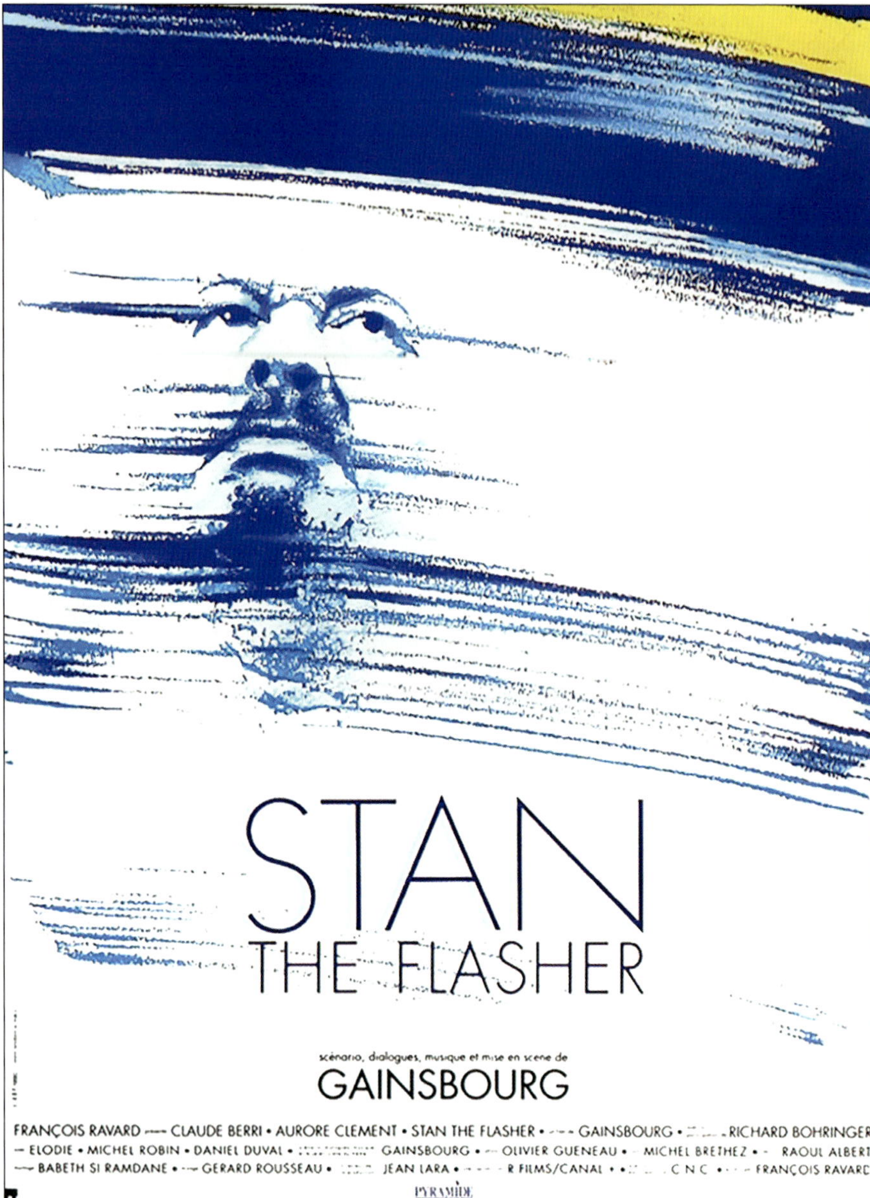
STAN
THE FLASHER
scénario, dialogues, musique et mise en scene de
GAINSBOURG
FRANÇOIS RAVARD • CLAUDE BERRI • AURORE CLEMENT • STAN THE FLASHER • GAINSBOURG • RICHARD BOHRINGER
ELODIE • MICHEL ROBIN • DANIEL DUVAL • GAINSBOURG • OLIVIER GUENEAU • MICHEL BRETHEZ • RAOUL ALBERT
BABETH SI RAMDANE • GERARD ROUSSEAU • JEAN LARA • R FILMS/CANAL • C N C • FRANÇOIS RAVARD
PYRAMIDE

À ta santé, Serge ! © François Dymant / Dalle

Cette photo de Bruce reflète bien *the bohemian life*. Lucie de la Falaise, Stella McCartney, moi et Kate Moss (de gauche à droite). (Page 253)

Une autre facette de la *bohemian life*, Marianne est avec Garech Browne chez lui (2014), ils se connaissent depuis toujours. Garech est le frère de Tara Browne, dont la mort soudaine a inspiré la chanson « A Day in the Life » aux Beatles. *I read the news today, oh boy…* © D. R.

Kate, Lucie et Marianne (de gauche à droite).
Ce cliché est pour moi le meilleur remède contre le spleen.

Moi avec mes deux frères, Jean et Roland (les Mistons). (Page 29)
© Alice Ravard

Anita Pallenberg, David Courts, sa femme Ragi et Marianne (de gauche à droite). Déjeuner entre vieux, vieux potes. Marianne a rencontré Anita, David et toute la bande quand elle avait dix-sept ans : ils ne se sont jamais quittés. © D. R.

Un de mes anniversaires avec Kate,
Jessie, Anita et Marianne. © D. R.

On se retrouvait chez mes parents régulièrement lors d'étés bénis.
De gauche à droite : Jacques Ravard (mon père), France Lory,
Jean Ravard, Nadine Ravard (ma mère), Tracy Ravard, Roland Ravard,
Anita Caudron et moi, Richard Kolinka, Arthur Aubert,
Jean-Louis, Roman Kolinka. © D. R.

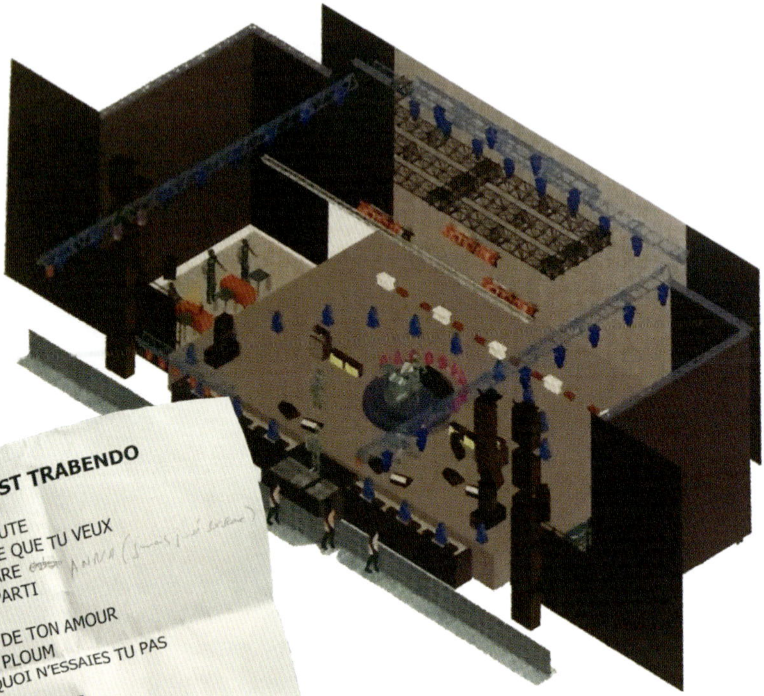

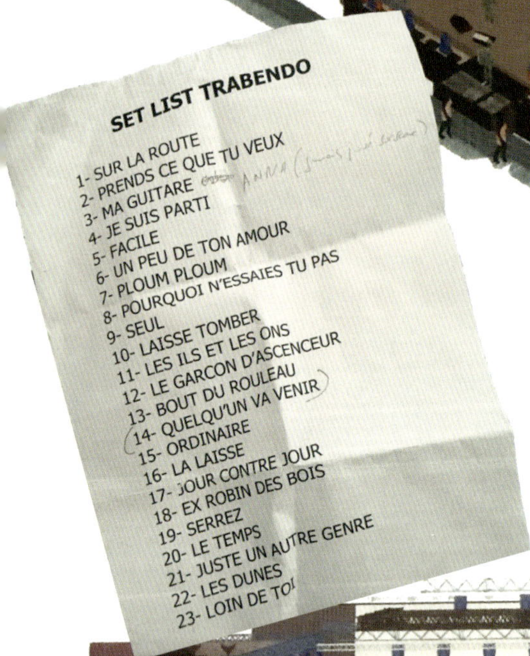

SET LIST TRABENDO

1- SUR LA ROUTE
2- PRENDS CE QUE TU VEUX
3- MA GUITARE ANNA
4- JE SUIS PARTI
5- FACILE
6- UN PEU DE TON AMOUR
7- PLOUM PLOUM
8- POURQUOI N'ESSAIES TU PAS
9- SEUL
10- LAISSE TOMBER
11- LES ILS ET LES ONS
12- LE GARCON D'ASCENCEUR
13- BOUT DU ROULEAU
14- QUELQU'UN VA VENIR
15- ORDINAIRE
16- LA LAISSE
17- JOUR CONTRE JOUR
18- EX ROBIN DES BOIS
19- SERREZ
20- LE TEMPS
21- JUSTE UN AUTRE GENRE
22- LES DUNES
23- LOIN DE TOI

Beaucoup de titres qui n'ont pas été joués pendant la tournée seront interprétés au Trabendo.
© D. R.

Préparation de la tournée des Insus de 2016 : les plans de la future scène. © D. R.

Naïché Caudron en action
lors d'un concert des Insus.
© D. R.

Photo prise par Anita Pallenberg lors de nos nombreux voyages en Jamaïque. Elle écrit sur la photo : « As if Rav » (mon surnom dans le monde anglo-saxon), comme si je n'avais pas de bouteille, d'arme. Nous sortons d'un concert légendaire de Ladysaw et nous irons finir la nuit dans le club Mad House où nous serons les deux seuls Blancs. © D. R.

Sur la route avec Marianne.

Avec Jean-Louis lors de sa remise de la médaille des Arts et des Lettres (avec mon foie d'origine), février 2015.

Je célèbre mon nouveau foie avec Roger Waters,
qu'il appelle mon *lodger*, mai 2015.

La toute première esquisse dessinée par Jean-Louis qu'il me remet au printemps 2015. (Page 276) © D. R.

Et quelque temps plus tard, les Insupportables réunis...
© Barbara d'Alessandri

Avant l'entrée sur scène avec Louis.

Channelling les Marx Brothers (en direct avec les Marx Brothers). © D. R.

Répète au Stade, les cameramen s'amusent. © D. R.

On célèbre un anniversaire, celui du 12 novembre 2015, qui va compter. © D. R.

Jean-Louis, Aldo et moi.
© Barbara d'Alessandri

Côté professionnel, les Rita ont une attitude unique, antishowbiz, hors norme, qui me plaît beaucoup. Ils s'intéressent à tout. Mode, cinéma, art, Catherine et Fred sont très complémentaires, en plus ils ont des goûts assez différents, et ça provoque souvent des étincelles créatives entre les deux. Il y a plein de choses à faire, pour moi cette expérience est remarquable.

L'enregistrement de *The no comprendo* se passe formidablement bien avec Tony Visconti.

Le producteur s'éclate franchement, on réalise un album exceptionnel. Catherine Ringer veut faire la pochette elle-même, et j'impose son visuel à Virgin.

La responsable de l'*artwork* est une ancienne de l'équipe Pathé-Marconi. Bien sûr, toute la maison de disques souhaite une belle photo de Catherine et Fred. Quand je lui sors le visuel noir et blanc retenu par Catherine, on frôle l'arrêt cardiaque. « Non, non, non ! » Il faudra lutter.

Et un jour, c'est le sommet ! Quelqu'un m'appelle et me dit : « Bonjour, monsieur Ravard. Je suis l'assistant de Jean-Luc Godard. M. Godard aimerait rencontrer Catherine et Fred des Rita Mitsouko. »

Godard et les Rita ?

Moi, c'est un peu comme rencontrer mon Dieu, ce Jean-Luc Godard, c'est un des réalisateurs qui a changé ma façon de voir le cinéma. Regarder ses films m'a tellement apporté… J'attendais des discussions sur le cinéma, ses fameuses réflexions et analyses sur notre monde. C'est une déception totale pour moi.

Lors de notre première rencontre à la brasserie du boulevard de la Villette, je m'aperçois que Jean-Luc Godard mange sans manger, du bout des lèvres. Il ne dit rien. Vous imaginez bien que le manager des Rita, ça ne l'intéresse absolument pas, il ne me regarde même pas. Ou alors comme un mégot écrasé et oublié là par un client pressé.

« Les gens qui ne savent pas bouffer », me disait mon père, « il faut toujours s'en méfier, des cerveaux dans un bocal… »

Pour le tournage, Godard a une équipe plus que minimaliste, lui et trois autres personnes, dont le premier assistant, Richard Debuisne, avec qui je deviens très copain.

Le film ? On connaît déjà le titre, *Soigne ta droite*, ce sera un grand Godard politique et social. Godard veut filmer les Rita chez eux, en train de faire de la musique. Catherine, Fred et moi, on se dit qu'avec un peu de bol ça va être comme *One + One*, quand Godard est allé filmer les Rolling Stones aux studios Olympic, à Londres.

Je commence à expliquer à Richard Debuisne, pour qu'il le dise à Godard, que même moi, leur studio de répétition, j'ai du mal à y entrer. C'est minuscule, il y a le matos, Catherine et Fred sont tous les deux l'un contre l'autre. Richard jette un œil et dit : « Non, non, pas de problème, on mettra une caméra là. »

Après les premiers contacts, je n'entends plus parler de Godard pendant deux mois. Puis, un beau jour, le premier assistant m'appelle avec cette demande : « Est-ce que ce serait possible de tourner demain ? »

Sur ce tournage, il n'y a pas de plan de travail, on sera toujours prévenu au dernier moment. Malgré ce démarrage difficile, le film sortira un an et demi plus tard, en 1987. On rentre dans l'Histoire, figés par Jean-Luc Godard. Je m'en pince encore.

Une première affaire me tombe dessus : un procès, rien que ça. Catherine m'explique : « C'est horrible, il y a des mecs qui ressortent deux cassettes pornos. »

Je l'ignorais, mais Catherine a eu une première carrière d'actrice porno.

Le succès de « Marcia Baila » a réveillé les gens du X qui veulent ressortir un ancien film de Catherine sous un nouveau titre explicite : *Les Orgies de Mme Rita.* Catherine est formelle, il ne faut pas que ça sorte !

J'appelle mon avocat : « Il y a des contrats signés par Catherine à l'époque, on n'interdit pas des cassettes comme ça. »

On se met en contact avec les producteurs, et je travaille pas mal là-dessus pour essayer d'empêcher la sortie ou, en tout cas, sans publicité, et je parviens à faire enlever la mention « Rita Mitsouko » des jaquettes.

Sur ces entrefaites, Catherine donne une grande interview au *Matin de Paris* : « Je ne cache rien, j'adorais faire du porno. C'était une époque de ma vie, c'est une manière d'envisager le sexe. »

Cet entretien est tout à son honneur, mais de fait, il n'y a plus de procès envisageable, plus rien à faire, et après ces déclarations, juridiquement, c'est *ciao tutti !*

Arrive une proposition de Michel Denisot qui, en rusé renard des médias, aimerait faire se rencontrer sur son plateau Catherine Ringer et Serge Gainsbourg. Je connais Serge par Wolfsohn. Je l'ai vu pas mal de fois, on est copains, il m'appelle « gamin ». On a une habitude : si on se croise quelque part, on part du dîner ou de l'endroit où on se trouve pour aller écluser des coups tous les deux.

Catherine sait que je connais Gainsbourg et veut le rencontrer à tout prix. Je tente de la prévenir avec diplomatie : « Il faut faire attention, quelquefois, Serge, quand il est bourré, n'est pas toujours sympa. »

J'ai effectivement remarqué que Serge, ivre mort, peut devenir très misogyne.

Mais Catherine a un autre point de vue : « Et moi, je veux faire cette émission ! »

À la date prévue, je vais donc chercher Catherine chez elle, en taxi, pour l'amener chez Canal +, 78, rue Olivier-de-Serres.

Je suis un peu gêné. Je dois la prévenir que je ne pourrai pas la ramener parce que je suis presque sûr que je partirai avec Serge. Catherine répond : « Je viendrai avec vous. »

Alors qu'elle s'installe dans le taxi à côté de moi, elle fait un truc que je n'ai jamais réussi à comprendre. Tout à coup, elle se jette sur moi, m'embrasse et commence même à me tripoter.

Catherine est mariée et j'aime beaucoup Fred Chichin. Une fois la surprise passée, je mets donc un terme à ces effusions déplacées. Était-ce un test de sa part ? Je ne le saurai jamais.

On arrive sur le plateau de Michel Denisot, Serge est tout content de me voir.

— Gamin ! Comment ça va ?

Je lui réponds :

— Je voudrais te présenter Catherine.

— Oh là là, non, non.

Ça part mal… Tout se passe en coulisses, et puis commence l'émission qui deviendra célèbre. Émission où Serge insulte purement et simplement Catherine, la traite de gonzesse « ruisselante de foutre » et termine en lui disant « Madame, vous êtes une pute ! »

Après, comme prévu, je pars avec Serge et on se bourre la gueule.

Et puis, très vite, tout devient compliqué.

Est-ce la suite de l'affaire Gainsbarre ?

Je m'aperçois que n'importe quelle décision est le prétexte à des débats interminables. Tout se discute tout le temps. Les Rita ne me font plus confiance. Tout ce que je leur propose recueille la même réponse : « Oui, mais. » Les Rita chicanent.

Ma relation avec eux commence à m'épuiser.

Et puis surtout, je me rends compte que payer un manager, ce n'est pas trop dans leur culture. Ils semblent considérer que je devrais me sentir honoré de m'occuper gratuitement de leur carrière.

Travaillant pour Téléphone, j'avais eu plein de contacts avec les États-Unis et j'étais notamment devenu très copain avec Seymour Stein, président de Sire Records, la compagnie de disques des Ramones, de Talking Heads et de Madonna. Chaque fois que j'allais à New York, je passais chez Seymour, on se voyait. Je lui parle des Rita, il aime leur musique.

Je présente Seymour Stein aux Rita, on signe un contrat avec une maison de disques américaine.

À l'époque, la club culture démarre vraiment.

Il y a à New York une grosse scène gay, et « pour lancer un disque, il faut être sur la piste ». « Marcia Baila » est un morceau parfait pour danser, et Seymour Stein veut qu'ils viennent au milieu de cette grande boîte jouer leur chanson, mais en play-back.

Les Rita refusent. Ce qui est tout à leur honneur, ils n'acceptent jamais de faire la moindre compromission. Je comprends.

Je crois que ce qui compte beaucoup pour eux à l'époque, c'est leur vie de couple et de parents. Et ils veulent avant tout s'occuper de leurs enfants. Notre aventure US s'arrêtera là.

Dès que les projets arrivent, dès que ça devient un peu plus concret… ce qui est mon métier, « Les amis, faut avancer !

Faut programmer, on va faire une tournée, il y a Sire qui veut ça », dès que ça commence à être plus professionnel, avec les bons et les mauvais côtés, on me répond : « Non, nous, il y a la rentrée des enfants… On n'a pas envie de faire ça… On ne veut pas partir en tournée. »

Et puis, en plus, ils commencent à me dire : « Un manager, de toute façon, ça sert à quoi ? Pourquoi on va te payer tant ? Sur quoi ? »

D'un commun accord, très gentiment, après *The no comprendo*, je décide de passer à autre chose.

Gloire ou pas, succès ou pas, connus ou pas, les Rita sont restés en autarcie, fidèles à eux-mêmes, comme ils le voulaient. *Soigne ta droite* de Godard et *The no comprendo* sont deux grands moments de ma vie professionnelle.

Les Rita n'ont jamais eu de manager par la suite.

Chapitre 23

Artmedia

« Allô, François… Vous avez su gérer l'ingérable pendant dix ans, j'adorerais vous rencontrer. »

Le nouveau personnage au bout du fil n'est autre que M. Bertrand de Labbey, le fondateur d'Artmedia Variété et l'un des bras droits de Gérard Lebovici.

Gérard Lebovici avait créé la plus grosse agence de cinéma de France, voire d'Europe. Je connaissais sa réputation et sa connivence avec Guy Debord[1].

Quand Bertrand de Labbey me demande de rejoindre l'agence, j'accepte.

Péché d'orgueil ? Sûrement…

Entrer dans ces immenses bureaux flambant neufs situés avenue George-V, avec une division musique rue François-Ier, ça me trouble. Les secrétaires, le département juridique, tout ça semble fabuleux.

Et puis Bertrand lui-même, grand charmeur, grand séducteur, sait me faire miroiter un futur radieux.

Chaque semaine, tous les agents se retrouvent pour déjeuner dans un très bon restaurant italien avenue George-V. Au cours de ces repas, le cinéma français se fait et se défait. Ces ragots délectent mes oreilles.

1. *La Société du spectacle*, un de mes livres de chevet.

Le département cinéma d'Artmedia est dirigé par Jean-Louis Livi (neveu d'Yves Montand), le département musique par Bertrand de Labbey[1].

Je quitte la décennie Téléphone, ces adolescents anticonventionnels en maraude qui s'éclataient, pour devenir l'air de rien, sans m'en apercevoir sur le moment, un adulte dans tout ce que le terme peut avoir de plus péjoratif. En un mot comme en cent : je deviens agent salarié d'une grosse boîte.

Par ici le changement !

J'enlève mon vieux perfecto de cuir noir et j'achète des costumes gris.

Me voici dans la gueule du loup.

Mais le monde du cinéma s'ouvre à moi et c'est irrésistible. Avant même l'aventure Téléphone, c'est du cinéma que je voulais faire.

Catherine Deneuve, Depardieu, Belmondo, ces grands noms sont tous chez Artmedia. Et puis dans les bureaux on croise des agents avec beaucoup de charisme, Dominique Besnehard, Élisabeth Tanner, Serge Rousseau. Je jubile.

Alors je me lance dans ce nouveau chapitre avec un immense enthousiasme, sans me rendre compte que c'est quand même le monde du business. Bertrand pense, en homme d'affaires redoutable qu'il est : « Parfait, François arrive avec Aubert & Ko (Jean-Louis et Richard) et les Rita Mitsouko. »

Chez Artmedia, ils appellent ça des clients[2].

Ce ne sont pas des artistes, ce sont des clients.

1. Quelques années plus tard, Bertrand de Labbey chapeautera le tout.

2. Aujourd'hui, on les appelle des « talents » !

À mesure que passent les mois, je comprends que le but est d'avoir le plus de clients possible, car plus tu as de clients plus tu fais du chiffre, puisqu'un agent prend 10 % sur tout ce qui bouge[1].

Quand tu deviens un agent assez chevronné, tu n'as pas beaucoup de temps à consacrer à tes clients.

Le problème principal d'un agent qui a 70 clients, c'est : « Quand est-ce que je déjeune avec eux ? »

Juste à côté de mon bureau, il y a une agente, très célèbre dans la profession, Isabelle de La Patellière. Au début, on est tout feu tout flamme, on se dit : « On va essayer de faire des *parties* où les acteurs, les metteurs en scène et les musiciens peuvent se rencontrer, penser des projets, que tout ça fusionne et parte en création… » Rien ne se fait. Je m'aperçois que c'est chacun pour soi, chaque agent tirant dans les pattes des copains. Saine compétition ?

Je réalise qu'agent et manager, ce n'est pas le même job. Vraiment pas. Chez Artmedia, l'agent effectue plus un travail d'avocat, de garde-fou. Il faut qu'il monte des contrats, qu'il les négocie, c'est une gymnastique mentale. Il va au plus pressé, à l'essentiel.

Tu passes ta vie au téléphone, tu as Depardieu cinq minutes, Deneuve trois minutes, Gainsbourg quatre minutes, ce sont des coups de fil qui doivent aller très vite, être très efficaces : on fait ci, on fait ça, on va dans le sens du vent, et surtout, surtout, on signe un contrat.

Il y en a un qui ne se fait pas ? Ce n'est pas grave si, en fin de journée, tu te rends compte qu'il y en a trois qui n'ont pas marché, mais que quatre autres ont fonctionné. À l'inverse, j'avais

1. 10 % du brut, ce qui souvent peut être plus important que les 20 % du net que je touchais avec mon groupe.

plutôt tendance à déprimer nuit et jour si Jean-Louis ou Richard n'étaient pas contents.

Les agents doivent mettre en route des films, des disques, des tournées. Tout ça.

À mes débuts, je ne m'occupe pas d'acteurs. Je cherche à développer ce secteur, à rencontrer des réalisateurs.

Et puis arrive Marie Trintignant, la femme de Richard Kolinka à cette époque… Nous avons les mêmes goûts, elle veut travailler avec moi, tout comme Laurent Boutonnat.

Je souhaite aussi monter un département punk. Avec ma secrétaire[1], Sara-Jane Richardson (qui est encore plus jeune que moi, les cheveux courts un jour bleus, un jour roses, le surlendemain verts), on demande à de Labbey d'avoir la cave de François-Ier pour créer ce nouveau département.

C'est le temps des Bérurier Noir, de la Mano Negra et autre Parabellum. Un nouveau mouvement rock, dit alternatif. Ces groupes refusent de signer chez des majors. Ils veulent rester indépendants.

Et ça marche. Très vite, ils passent des squats à l'Olympia, puis au Zénith. Avec Sara-Jane, on se dit qu'on aimerait s'occuper de ces gens-là. Le gros problème, c'est nos bureaux, ça pue l'argent. Quand on les rencontre, les artistes ne sont pas raccord avec l'ambiance Artmedia… D'ailleurs, Fred et Catherine non plus.

Quand je lui parle des Bérus et de la Mano Negra, Bertrand dit : « S'ils veulent se passer des majors, moi je peux les aider. On fait un deal direct avec Carrefour ou Auchan, plus d'intermédiaire, on supprime les maisons de disques. Direct des rockers aux consommateurs. »

1. Aujourd'hui, on dit « assistante », « assistante personnelle », voire « *executive assistant* ».

Une idée brillantissime ! Qui aurait pu changer la donne…

Je me dis que c'est ça qu'il faut faire mais, malheureusement, les artistes se dégonflent au dernier moment.

À force, tout mon bel enthousiasme du départ s'érode.

Je comprends que ce que je voudrais mettre en place avec le mouvement alternatif, je ne pourrais sûrement pas le faire là, chez Artmedia. Et que les frais généraux sont tellement énormes que je serai sans doute salarié toute ma vie. Le fait de l'être m'effraie. Bizarrement, des gens tendent à ça. Ça leur procure une certaine sécurité, mais… J'ai trente ans et quand je regarde des agents comme Serge Rousseau ou Yvette, qui doivent avoir soixante-cinq, soixante-dix ans, je me dis : « Ils sont toujours salariés dans un petit bureau, je ne veux pas finir comme ça. »

Mais c'est l'occasion pour moi de comprendre que tout ce que j'aime, c'est trouver l'âme sœur, développer des projets avec quelques personnes (une, deux voire trois, mais pas 28 !), avoir un vrai processus de création, m'impliquer dans la réflexion des maquettes ou du scénario.

Faire, produire, c'est le boulot d'un producteur, d'un manager, c'est ça mon truc.

Au bout de 18 mois, je jette l'éponge.

Chapitre 24

R. Films

Je suis resté un peu moins de deux ans chez Artmedia, que je quitte en totale amitié. Je vais dire à de Labbey et à Livi que je m'en vais fonder ma propre maison de production, réaliser mon rêve d'avant Téléphone, mon rêve d'adolescent.

Ensuite je vais voir Alain Lévy. Venu de chez Sony, où il a lancé Trust, il a pris la direction du groupe PolyGram qui va devenir… Universal. Et je lui dis :

— J'ai une idée, j'ai envie de faire une maison de production de cinéma. Je sais que PolyGram se développe.

— Tu tombes pile-poil, on est en train de se diversifier. Il y a de la production cinématographique en Angleterre, un type s'occupe de ça…

En gros, le maître du monde Alain Lévy me dit OK.

Je lui explique que je veux faire des films qui ne coûtent pas trop cher, que je veux développer ma boîte comme un petit label indépendant, sauf que ce sera une petite maison de production de films.

Et j'aurai le soutien d'Artmedia parce que les agents m'ont tous soutenu : « Vas-y François, c'est une très bonne idée, on a besoin de sang neuf, on t'amènera de bons projets. »

Je me rends compte que le premier livre qu'on me refile et que j'adore, de Djian, le Tout-Paris de la production a vainement essayé de le monter. En réalité, tous les projets qu'on me propose, c'est de la planche pourrie.

Alain Lévy aussi est un malin. Ce petit bonhomme à la crinière grise et aux yeux bleus perçants, toujours vêtu de gris, surnommé « Petit Gris » par ses troupes, a des visions napoléonesques.

Au moment de se quitter, il scelle l'entretien sur cette phrase : « Banco si j'ai 51 % de parts. » Ce qu'il veut dire par là, c'est : « La société n'est pas à toi, nous sommes majoritaires. »

Comme par le passé le groupe Philips (qui finançait PolyGram) a perdu des fortunes en finançant des aventures cinéma, Lévy ne veut pas que notre association devienne publique tout de suite. Il me dit : « Pour l'instant, on fait comme si tu avais 100 % des parts, mais dès que ma carrière avancera au sein du groupe, on officialisera ça. »

Quelques mois plus tard, PolyGram entre au grand jour dans le capital de la société que j'ai montée et nommée R. Films, en toute modestie.

Chapitre 25

Mister Mocky

Bertrand de Labbey me présente Jean-Pierre Mocky.

Mocky !

Une de mes idoles quand j'étais môme, *Solo* et *L'Albatros*, deux films à tendance libertaire que j'ai vus et revus. J'adore ce mec.

Je le rencontre et tout de suite ça fait tilt, on se plaît bien. Et, bien sûr, il a un projet dans ses tiroirs. (Je découvrirai qu'il en a une centaine.)

Il me dit : « Je veux faire un film comme avec Shirley Temple, ça s'appellera *Divine Enfant*. Ce sera l'histoire d'une petite fille à qui il arrive plein d'aventures avec un monsieur âgé, naturellement joué par moi. »

On ne peut pas tomber mieux avec Jean-Pierre Mocky pour apprendre la production de cinéma, c'est un vieux briscard, il connaît son métier sur le bout des doigts, un véritable artisan. Côté réalisateur, la phrase de *Libé* le résume : « C'est le Jean Tinguely du cinéma[1]. » C'est exactement ça, Mocky, un assemblage de tout, ni fait ni à faire.

En tant que réalisateur, il a certainement plein de défauts, mais en tant que producteur il a les yeux bleus en face des trous.

1. C'est le journaliste de *Libération* Gérard Lefort qui l'a appelé comme ça dans sa critique de *Divine Enfant*.

Il connaît vraiment son métier, il m'apprend beaucoup, je ne pouvais tomber mieux.

Nous allons passer un an ensemble, où j'aurai encore moins de vie privée qu'avec Téléphone ou les Rita.

Mocky, c'est du 24 h/24.

Parce que c'est un mec qui dort quatre ou cinq heures par nuit, pas plus, et tout le reste du temps, c'est bien simple, il délire. Ce n'est même pas qu'il travaille, non : il délire.

Au bout d'un moment, il faut apprendre à décoder. « J'ai eu Pacino au téléphone, c'est sûr, je fais le prochain Pacino, il est d'accord, vous êtes partant ? », mais quand je commence à mieux le connaître, je comprends qu'il a juste vu un film avec Al Pacino dans une de ses nuits sans sommeil et qu'il est en train de rêver qu'il va lui proposer un script écrit il y a 30 ans !

Pour faire un film, il faut un scénario, des dates de tournage, des acteurs. Jean-Pierre a tout ça.

Dans un premier temps, on cherche de l'argent pour financer le film. Cette période, je la passe en voiture avec lui, il me donne du « monsieur Ravard », il se gargarise avec mon nom. Il m'appellera comme ça tout au long de notre collaboration, « monsieur Ravard ».

J'ai trente ans, je me déplace sur la mobylette de Naïché, c'est moi qui devrais l'appeler « monsieur Mocky ».

« Mais regardez, monsieur Ravard, l'argent dégouline de partout », me dit-il quand on se trimballe dans le 6e ou le 7e arrondissement, « regardez, l'argent coule ! Il coule à flots, il suffit d'être en dessous et de le ramasser ! »

Arte accepte de coproduire le film.

« Mais monsieur Ravard, moi je vous le dis, pourquoi vous voulez que le mec de France 2, le mec d'Arte ou de TF1 vous finance votre film ? Pourquoi ? Ils n'en ont rien à foutre de votre film ! Rien à foutre ! Il y en a tant. Regardez le CNC[1], on fait 120 films par an, pourquoi vous voulez que le petit con dans son bureau qui gagne 2 000 balles par mois vous finance votre film ? Il n'en a rien à foutre du Cinéma ! Non, le gars du Service public, faut lui payer des vacances, il faut l'arroser. Vous les arrosez ! »

Naturellement, je n'ai jamais fait ça de ma vie, je ne sais pas ce qu'il en est de Mocky, en tout cas Arte coproduit bel et bien le film.

Un autre trait de caractère de Jean-Pierre auquel j'ai dû faire face, c'est son avarice. L'avare de Molière, le fameux Harpagon, n'arrive pas à la cheville de Mocky, réalisateur qui compte et recompte sans cesse. C'est sans doute cela qui pourrit son cinéma.

Avec lui, le tournage, c'est tôt le matin : tout le monde doit être là à 7 heures pour être prêt à tourner à 8 heures, ce qui fait que Mocky et moi débarquons plutôt à 6 heures, puis arrivent les premiers techniciens et, comme ça se pratique sur tous les tournages du monde, ils vont directement à la machine à café… « Mais, monsieur Ravard, regardez-les ! Regardez-les ! Ils viennent là pour bouffer leur croissant ! Vous leur payez le croissant ! Vous connaissez un autre boulot où on fait ça ? Tenez, à la SNCF, vous croyez qu'on leur apporte des croissants ? Non ! Et vous verrez à midi, il y aura la pause déjeuner ! Mais regardez-les, ils bouffent, ils bouffent, ils bouffent, vous avez fait le calcul de combien ça coûte l'œuf mayonnaise plus le steak-frites et le dessert ? Le quart de vin, ils boivent, ils boivent, on ne peut plus rien en faire après ! C'est d'un scandale ! »

Et ça n'arrête pas, c'est comme ça tout le temps.

1. Centre National du Cinéma et de l'image animée.

Mocky est une force irrépressible.

Il écrivait avec un bon scénariste, André Ruellan. Je suis un peu intervenu au début.

Sur le papier, son histoire aurait pu vraiment tenir, mais son avarice a fait que. C'est à moi de gérer la production, théoriquement c'est à moi de faire des économies. Très souvent mon rôle devrait être de dire : « Non, on ne peut pas faire ça, ça va exploser le budget », etc., mais, avec Mocky, c'est l'inverse, c'est moi qui dois le supplier : « S'il te plaît, Jean-Pierre, est-ce qu'on peut rajouter ceci ou cela ? »

Pendant le tournage, ça devient comique.

— Quand même, vous pourriez refaire ce plan.

— Mais non ! Pas question ! Vous êtes fou ? Action ! On l'a déjà tourné, on s'en fout !

Au début, c'est à pleurer de rire, puis une certaine lassitude s'installe, parce que toute la vie de Mocky ne consiste qu'à ça : essayer de radiner sur tout.

On va déjeuner à la brasserie du coin, il dit : « Je vais là parce que sur le menu à 12 francs, j'ai un rabais de 10 %, on paye que 11 francs. »

OK, Jean-Pierre.

Quand il rentre dans une boutique, si on ne le reconnaît pas, sa grande phrase est : « Bonjour, je suis Jean-Pierre Mocky, un des cinq réalisateurs les plus importants dans ce pays, il me faudrait des paires de chaussettes pour mon prochain film. » Si ça ne suffit pas, il fait rentrer Catherine Deneuve dans la conversation, il a eu du succès avec *Agent trouble*...

Dans le cinéma, les marques sont souvent partantes pour prêter des produits et, en échange, leur nom apparaît au générique. Mocky, ce n'est pas du tout pour le film, c'est pour avoir des chemises ou des chaussettes à l'œil.

Les entreprises automobiles font pareil. Peugeot ou Renault te prêtent des bagnoles pour qu'elles soient à l'écran. Alors Mocky envoie un assistant faire le siège des constructeurs pour qu'on lui en fournisse une *à l'année*. Aussitôt assuré d'avoir sa voiture gratuite, il commence à calculer comment obtenir de l'essence à l'œil. Et tout est comme ça.

À la brasserie, le midi, il faut qu'il boive son demi-litre de vin blanc, mais « on va prendre du gros-plant, c'est cinématographique et ça ne coûte pas cher ! »

Sur ce film, il n'y a pas de vedette, pas de star, pas de fête de début ou de fin de tournage. Le personnage féminin est interprété par la fiancée de Jean-Pierre.

Je regrette de ne pas avoir fait le making of du film.

Parce qu'avec Mocky, ça n'arrête jamais.

Les acteurs arrivent, ils vont se faire maquiller, soudain il est 8 h 31, on n'a toujours pas commencé à tourner et Jean-Pierre explose comme un orage dans le studio maquillage :

— Bon alors ! Qu'est-ce qu'il se passe ?

— Mais, monsieur Mocky, le maquillage n'est pas terminé…

— Mais si, il est terminé, elle est très bien. Allez ! Action ! On y va ! Ils me bouffent mon temps !

Il empoigne l'actrice par le scalp, la traîne dehors.

— Allez, viens ! Mais bien sûr qu'elle est maquillée ! Action !

Malgré son tempérament, Mocky a beaucoup de tendresse pour les acteurs, les seconds rôles.

Ce qu'il adore tout particulièrement, c'est les tronches, qu'il appelle ses « pensionnaires ». Les pensionnaires, chez lui, ce sont des figurants plus ou moins intelligents, qui font des apparitions et sont récurrents dans tous les films de Mocky.

On passe beaucoup de temps en voiture pour faire les repérages nous-mêmes, parce que Mocky ne veut pas payer quelqu'un pour faire ce boulot. On se fait ainsi toute la Belgique, les Pays-Bas, parce qu'on cherche des polders et, de temps en temps, il voit une nouvelle trogne et devient fou : « Mais descendez de la voiture, monsieur Ravard ! Prenez son téléphone ! Il me le faut, celui-là ! Regardez celle-là ! C'est une cul-de-jatte, il me la faut ! Ça va être une de mes pensionnaires, mais vous avez vu cette gueule ! On dirait Michel Simon en femme, allez la chercher ! »

Dès le début, Mocky m'explique que son rêve, c'est de faire l'ultime film, le film gratuit. « C'est très simple, monsieur Ravard, pour l'appareil, la caméra, on va chez Panavision, ils peuvent quand même bien me donner un appareil. Kodak, pareil, je les connais bien depuis le temps, je pense qu'on peut avoir 10 000 mètres de pellicule à l'œil. On prend quelques pensionnaires à moi, on les a gratuits. Le montage ? Les laboratoires LTC me doivent bien ça, après tous les films que j'ai faits chez eux… »

Et ces calculs doivent aboutir à un film sans aucuns frais.

Ensuite, il aura sa salle de cinéma pour projeter son film qui n'aura rien coûté, avec 100 % du prix des billets pour sa pomme.

Le problème, c'est qu'en tant qu'acteur ou technicien ça ne doit pas être très agréable de tourner pour Jean-Pierre.

Très coléreux, il pique souvent des crises terribles…

Un jour, en plein tournage, l'ingénieur du son s'écrie :

— Coupez, il y a un avion qui passe !

Mocky hurle :

— Mais je m'en fous de votre avion ! Foutez-vous-le dans le cul, votre avion ! On s'en fout du son ! Moteur !

Après, tu as le chef op qui dit :

— Mais non, il y a le soleil en contre-jour, là on ne voit rien.

— Mais on s'en fout du soleil ! Moteur ! J'ai dit : « Moteur » !

Heureusement, j'ai un allié. Le premier assistant, Richard Debuisne[1], m'aide à faire en sorte que tout se passe bien. Parce qu'avec Jean-Pierre tu ne sais jamais, mais vraiment jamais, si tu vas arriver au bout de la journée et du film.

C'est une inconnue de tous les jours, un stress de tous les instants, et c'est totalement usant. Dans le cinéma, tu as une garantie de bonne fin et il faut livrer le film terminé à tes différents partenaires, et si tu ne le livres pas à temps, tu perds tout, c'est-à-dire, dans le cas présent, le coproducteur Arte, le distributeur et tous les partenaires financiers.

Pour le film, on a fait un casting de dingue pour des petites filles. C'est là que tu découvres le monde pas si chouette des parents qui arrivent pour vendre leur enfant, ils te vendraient d'ailleurs n'importe quoi.

Le personnage de la petite fille avait un chien et v'là-t'y pas qu'il se fait écraser le deuxième jour pendant le tournage, sous les hurlements de Jean-Pierre Mocky.

Alors il faut trouver d'autres chiens, on va chez l'éleveur et je me retrouve chez moi avec trois chiots, pour que le chien du film ait toujours à peu près la même tête, malgré la progression du tournage.

Le montage est un peu plus tranquille, ça se passe relativement bien, pourtant je me rends compte que mon enthousiasme baisse, le film ne va pas être terrible.

1. Que j'avais rencontré sur *Soigne ta droite* de Jean-Luc Godard.

Mais c'est un bonheur de l'avoir terminé, mission accomplie.

J'ai trouvé le distributeur, Claude-Éric Poiroux. Je planche sur l'affiche, la distribution, je prends un attaché de presse, tout ça, je sais bien le faire, mais ça ne marche simplement pas.

Il y a des critiques, dont des bonnes, mais ça n'est pas un succès populaire en salle.

Le film en lui-même, à l'arrivée, n'a aucun intérêt, mais l'expérience a quelque chose de totalement magnifique.

Jean-Pierre est déjà prêt à faire le deuxième film et je me dis que je ne pourrai pas, je n'aurai pas la santé pour en faire un autre – vraiment, tous les Téléphone et autres Rita Mitsouko, à côté de Mocky, c'est rien.

Je suis tellement en loques qu'Anita me dit : « Ça ne va pas, ça ne va pas du tout, François. » Et pour la première fois de ma vie, je pars faire une thalassothérapie.

Arrivé à Quiberon, qui je vois débarquer en peignoir immaculé ? Johnny ! Johnny Hallyday !

Je connais bien son chauffeur, Rosko. J'ai croisé Johnny plein de fois mais comme dit Wolfsohn : « Johnny, c'est comme le personnage d'ivrogne créé par W.C. Fields, tu ne sais jamais s'il va te prendre dans les bras ou s'il ne va pas te reconnaître. »

Rosko dit à Johnny :

— Tiens, c'est François Ravard.

— Ah salut, c'est toi, ça fait plaisir, parce que qu'est-ce qu'on se fait chier ici ! Garçon ? Une bouteille de cognac !

— Non, Johnny, je suis venu ici pour me refaire une santé, là je suis…

— Non, non, non, écoute-moi ! Je pars dans deux jours, j'en ai ma claque d'être à l'eau. Bouteille de cognac !

Chapitre 26

Le grand Serge

Copain de Serge Gainsbourg, je sais qu'un de ses rêves serait de refaire un film mais que personne ne veut le financer, et il en souffre beaucoup.

Un soir, je lui dis :

— Serge, ça y est, je suis producteur de cinéma, j'ai monté une maison de production. J'ai déjà produit un long métrage avec Mocky, j'adorerais vraiment qu'on en fasse un ensemble.

— Ouais, je sais exactement ce que je veux faire, j'ai un projet, mais personne n'en veut. Tu es sûr ?

— Oui, bien sûr.

— Mais, gamin, mes films n'ont jamais marché, je ne veux pas te planter. Je ne veux pas que tu perdes de l'argent. Qui est derrière toi ? Ce n'est quand même pas toi qui payes ?

— Non, ce n'est pas moi, ma structure est épaulée par Polygram/Universal, et puis on ira chercher l'argent où il est.

J'officialise le propos auprès de l'agent de Serge, Bertrand de Labbey. « C'est formidable, ça ferait très plaisir à Serge, il serait ravi de travailler avec toi. »

Ça prend un cadre, hors amitié, très formel, d'affaires, de contrat de cinéma. Les gens de Polygram sont contents, Serge est un de leurs artistes discographiques, tout cela a le mérite de la cohérence.

Je suis avec Serge qui me pitche l'histoire. *Stan the Flasher*, c'est une métaphore de son métier : « Un écrivain raté se transforme en exhibitionniste, il aime bien montrer sa bite aux petites filles. »

J'aime bien son cinéma, j'ai trouvé *Équateur* et *Je t'aime moi non plus* très intéressants. Je suis conscient que ce ne sera pas un film dit « commercial », il faut que je me débrouille pour ne pas perdre d'argent, c'est tout ce qu'on demande à un producteur pour durer. La bonne nouvelle, c'est que le film ne devrait pas coûter trop cher.

— Comment on fait, Serge ?

— C'est simple, il me faut juste une fille qui vienne taper le scénario à la maison.

— Ça peut être au bureau…

— Non, non, non, il faut que le script soit tapé sur mon IBM électrique, j'adore la police de caractères, elle est unique, cette machine, il n'y en a qu'une en France et c'est moi qui l'ai, la secrétaire doit venir chez moi.

J'embauche Marie-Claire Auger, qui a travaillé aussi chez Wolfsohn. Elle connaît un peu Gainsbourg et va tous les jours rue de Verneuil taper le script sous la dictée de Serge puis me ramène des feuillets au bureau, le soir ou le lendemain.

Cette méthode de travail dure trois semaines environ, je vais voir Serge assez souvent, on déjeune, on dîne, on boit des coups, on boit plus qu'on ne mange, mais rien n'avance vraiment au niveau du script. Dans un premier temps, je n'ai que le titre, *Stan the Flasher*, « De » en deuxième page, « Serge Gainsbourg » en troisième page, « écrit » en quatrième, « par » en cinquième,

« Serge Gainsbourg » en sixième, mais la suite n'arrive pas. Pas mal de temps passe et, finalement, tombe un vague script d'une cinquantaine de pages, dont le générique prend 20 pages.

Ensuite, on cherche un acteur.

Serge ne connaît que les stars : Depardieu, Delon, Belmondo, Deneuve, Adjani.

Je lui parle de *casting directors*, il ne sait pas trop ce que c'est, il n'a pas envie de travailler avec l'un d'eux, et il me dit :

— De toute façon, je sais qui je veux. Claude Berri, il a la gueule d'un vicieux.

— Mais il n'a pas fait l'acteur depuis longtemps, aujourd'hui c'est un gros producteur[1].

J'apprends que Claude Berri est en train de préparer *L'Ours* de Jean-Jacques Annaud. C'est un film très cher, plus de 100 millions de budget au bas mot.

J'ai beau répéter à Serge qu'on pourrait essayer X, Y ou Z, c'est non : « Moi je veux Claude, il n'y a que lui qui peut jouer ce truc. »

Serge habite rue de Verneuil et Claude Berri juste à côté, rue de Lille.

Un beau jour, Serge me dit : « J'ai une idée, il y a mon coffret CD qui vient de sortir, ça vient d'arriver, je suis le premier à l'avoir. Ramène-toi gamin, on va aller chez Claude Berri, on va le lui donner. »

J'arrive chez Serge, il a ce qu'il appelle « sa pierre tombale », un beau coffret de gros carton massif avec son œuvre complet en format CD dedans avec des espaces libres pour les prochains albums, et nous voilà partis tous les deux chez Claude Berri.

1. Claude Berri est le plus gros producteur de cinéma des années 1980 et 1990.

Je connais très bien son ex, Anne-Marie Rassam, dont le frère, le grandissime Jean-Pierre Rassam, m'avait pris sous son aile à mes débuts dans le cinéma.

J'ai croisé Claude Berri une ou deux fois, mais il faut dire que c'est un bonhomme absolument horrible, totalement odieux.

Le mec ne me voit pas, ne me calcule pas. Chez lui, il y a tous ces tableaux de Ryman aux murs, c'est tout blanc, Claude ne fait que dire : « Celui-là, il coûte dix millions, celui-là cinq millions, celui-là deux millions », on se regarde avec Serge, il me donne un coup de coude et me glisse tout bas : « Tu ne trouves pas ça un peu vulgaire ? »

Et il lui offre son coffret. Claude lui fait :

— Merci beaucoup, c'est très gentil.

Puis Serge lui raconte :

— Je suis avec mon producteur, je vais refaire un film. C'est grâce à François, on a tout le financement et je voudrais vraiment que ce soit toi qui joues Stan. Je t'ai vu, j'ai eu une vision la nuit, je sais que c'est toi, tu as la tête pour ce personnage. François t'a amené le script.

Je lui donne le script :

— Voilà, monsieur Berri…

L'autre ne me regarde même pas, le jette sur son bureau.

Serge et Claude ont une histoire qui s'étale sur plusieurs décennies. Serge a écrit de très belles musiques pour des films de Claude Berri, dont « Dieu est un fumeur de havanes » pour Catherine Deneuve dans le film *Je vous aime*, entre autres.

Ils ont une vraie amitié professionnelle, et puis c'est Serge Gainsbourg, désormais plus connu que le président de la République. Quand tu sors avec lui dans la rue, c'est l'émeute à chaque fois…

La renommée et la notoriété de Serge à cette époque sont quelque chose d'hallucinant.

Claude est très touché que Serge se déplace, vienne chez lui, lui amène le coffret de son œuvre complet. On sent que Claude est pressé, on a l'impression de le déranger. Il marmonne :

— Oui, oui, bon, d'accord.

Et Serge est le plus poétique, le plus gentil possible avec lui.

— Mon film dépend de toi, il n'y a que toi pour interpréter ce rôle.

— Pas de problème, je me débrouillerai. Pour toi, je ferais n'importe quoi, bien sûr.

On repart tous les deux, très contents.

— Allez, on va se jeter deux trois canons !

Avec Serge, à cette époque, au niveau boisson, il y a tout un circuit rituel à respecter. Suivant l'heure ou l'envie, tu vas au Ritz ou tu vas au Raphael, ou à la Closerie, sans parler de la nuit, ce sera plutôt Pigalle. On va arroser tout ça dans un petit bar du coin, on se termine chez lui, puis je rentre à la maison en titubant.

Le temps passant, je me permets de rappeler le bureau de Claude Berri, où naturellement personne ne me prend au téléphone : « Oui, oui, on va laisser le message. »

Et Serge s'inquiète :

— C'est bizarre qu'il ne rappelle pas, quand même. Tiens, voilà son numéro privé, tu n'as qu'à l'appeler chez lui.

Un jour, je lui téléphone :

— Bonjour, Claude, c'est François Ravard, le producteur du film de Serge.

— Oui ? Qu'est-ce qu'il y a ?

— Vous avez lu le script ?

— Oui, oui. Enfin, c'est court, ce n'est pas un long, on est bien d'accord ? Il n'a qu'à faire le rôle lui-même, c'est écrit pour lui.

Puis il raccroche.

Il n'y a jamais de bonjour ni d'au revoir avec Claude Berri.

Relativement embêté par la tournure des événements, je demande conseil à Bertrand de Labbey : « Je vais essayer de voir de mon côté ce qu'en pense vraiment Claude. »

Finalement, j'ai un autre rendez-vous téléphonique avec Claude Berri : « Parlez à mon agent, Jean-Louis Livi, le patron d'Artmedia. »

Cool ! J'appelle Jean-Louis Livi.

— Je ne savais pas que j'étais l'agent de Claude Berri ! Tu me l'apprends. Je n'ai pas vu Claude depuis quelques années.

— C'est pourtant ce qu'il m'a dit.

— Bon, je vais voir.

Puis Livi revient vers moi.

— Claude m'a confirmé qu'il ferait le film. Voilà ses dates, il est disponible du tant au tant.

— Formidable, quelle bonne nouvelle !

Je préviens Serge, qui est ravi.

À ce stade de la préparation, j'essaye de parler d'argent. Combien va prendre M. Berri ?

Même si Serge fait le film pratiquement gratuitement et que le budget reste faible, c'est un projet très, très dur à monter. J'ai de gros problèmes pour trouver le financement.

Livi me rappelle : « Claude veut très peu d'argent, toutes ses chemises viennent de chez Charvet, il faut que la production voie avec le magasin pour lui livrer une quinzaine de chemises avant le tournage. »

À l'époque, je ne sais pas que Charvet est LE chemisier en face du Ritz, à 600 euros la chemise, cette quinzaine de chemises représente une coquette somme.

Je m'occuperai de ça plus tard.

Le tournage devait commencer le 20 septembre pour cinq semaines.

Avec tous les plans en studio.

Qui dit studio dit construction de décors, principalement un appartement.

J'ai fait toutes les places de Paris pour trouver un financement, toutes. Personne ne veut donner un centime pour Serge Gainsbourg. On me dit : « Qu'il reste dans la chanson, ses films n'intéressent personne, on ne veut pas courir le risque de le financer. Il est assez riche, il n'a qu'à s'autofinancer. »

À l'époque, tu produis tes films et tu es financé par Canal +, qui fait la pluie et le beau temps et est représentée par le Monsieur Cinéma René Bonnell.

C'est quasiment impossible de monter un film sans Canal.

Et René Bonnell dit non. J'appelle mon vieux pote Pierre Lescure qui est au-dessus de René Bonnell puisqu'il est directeur général de Canal, mais qui normalement n'empiète pas sur ses plates-bandes.

Je connais bien Pierre de l'époque rock and roll, il fut le fondateur des *Enfants du Rock*. Et bien avant ça, il était venu à New York faire un reportage sur Téléphone pour un magazine. Wolfsohn, ami toujours présent, organise un dîner où « par hasard » Pierre est invité.

Après cette rencontre, Pierre me rappelle : « J'ai trouvé, il y a eu une exception : *Le Rayon vert* d'Éric Rohmer avait été passé en clair. C'est sous ma gouverne, on pourrait faire pareil pour Serge, un événement, le nouveau film de Gainsbourg. Si ça passe en clair, si tu es d'accord, si les distributeurs sont d'accord, tu as le financement pour ton film. »

Hip hip hip hourra ! J'annonce la nouvelle à Serge, ça lui plaît moyennement parce que ça devient presque un téléfilm, ça passe sur Canal le mardi et ça sort en salle le mercredi.

J'ai mon financement, avec l'arrivée de Canal, d'autres partenaires répondent présents, mais je n'ai toujours pas de contrat pour Claude Berri, ce que je me garde bien de dire à Serge qui, de temps en temps, me demande : « Tu as vu Claude ? Tu as eu des nouvelles ? Ça serait bien de le voir », mais pas de nouvelles de Claude, aucune.

À chaque fois que j'appelle Jean-Louis, j'obtiens la même réponse : « Votre contrat est prêt mais on n'arrive pas à mettre la main sur Claude pour qu'il le signe. Il est au Japon, il ira ensuite en Amérique du Sud. »

... Toujours pas de Claude Berri.

Et puis c'est le fameux Festival de Cannes en mai, j'y vais avec Serge, qui participe à une émission de télévision.

Gainsbourg à Cannes ! En plein Festival...

Au petit bar préféré de Serge, le Majestic, on descend des Gibson's puis on doit aller au Palais. Heureusement qu'il y a la voiture qui nous attend, mais Serge s'exclame :

— Non, non, pas question d'y aller en voiture, j'y vais à pied.

— Mais avec la foule, on ne peut pas.

— Si, si, je veux y aller à pied, j'aime bien les bains de foule.

C'est l'émeute absolue avec une armée de gardes du corps pour faire les 500 mètres qui séparent le Majestic du Palais des Festivals.

Serge adore tout ça, la gloire, les cris, les vivats, les bousculades, il aime qu'on le reconnaisse. Il est resté tellement dans l'ombre, pendant si longtemps (c'est-à-dire connu, reconnu et idolâtré par le Métier, mais ignoré du grand public), que depuis qu'il a du succès, il en veut toujours plus, il s'en délecte.

Et le lendemain, je croise l'insaisissable Claude Berri. Comme dans un film de comédie, je cours après lui sur la Croisette.

— Claude ! Claude ! Ça va ? Là on est en train de monter les décors, est-ce qu'on pourrait signer le contrat ?

— Voyez Livi, il va sûrement falloir retarder tout ça d'une semaine.

Son bureau me confirme :

— Il faut décaler. Faites tous les plans sans Claude et il arrivera tel jour.

— Des plans sans Claude, il n'y en a pas beaucoup... On va se débrouiller.

Je retarde le début du tournage de dix jours.

Ça y est, le contrat est enfin signé, mais il faut encore que Claude Berri passe la traditionnelle visite médicale de pré-tournage... Je traverse l'enfer.

Je suis conscient d'être un tout petit producteur face à l'un des plus gros du monde et ça se reflète dans tous les détails du quotidien. Normalement, la production met au service de l'acteur une voiture et un chauffeur pour l'amener sur le plateau. Mais chez Renn Productions[1], ils ont 28 BMW nickel avec les 28 chauffeurs qui attendent, et moi j'ai mon pauvre stagiaire en R5. Quand je propose d'envoyer une voiture à Claude Berri à 9 heures, on me répond : « Mais non ! M. Berri a ses voitures, il n'a pas besoin de vous. »

1. C'est la société créée par Claude Berri.

J'ai encore engagé mon fameux premier assistant, Richard.

Le tournage est imminent, les décors sont terminés, tout sera tourné aux Studios d'Arpajon. Je nous déniche une espèce d'hôtel pas loin, un vague deux-étoiles.

Serge fait comme d'habitude, que ce soit dans les loges de salles de concert ou dans sa chambre d'hôpital, il installe ses photos, souvenirs, gris-gris. Il arrange son lieu de vie avec une précision maniaque.

Durant toute la préparation, il va surveiller la construction des décors, il veut être sûr et certain que tout se passera bien.

Serge commence à être bien fatigué.

Suite à son opération du foie, il ne doit plus boire. Un des rôles de Richard, c'est de vérifier que Serge reste sobre. Parce que je me rends compte que dès qu'il a deux demi-verres de vin blanc dans le nez, paf, il disjoncte complètement, il ne peut plus rien faire.

Et puis les médecins, Jane, tout le monde m'a dit et répété et confirmé : « Surtout, pas une goutte d'alcool. »

Il s'est mis au pastis sans alcool.

Le problème, c'est que ça ressemble drôlement à du vrai pastis.

Et en plus il ajoute du sirop d'orgeat, à l'œil et à l'odorat c'est très difficile de savoir s'il y a du pastis ou pas, Richard n'arrête pas de tremper les lèvres discrètement dans le verre de Serge pour être sûr qu'il n'y a pas d'alcool dedans.

Là-dessus, Serge a été impeccable. Il n'a jamais replongé ni picolé, il a été parfait.

Serge est très professionnel, il veut être au courant de tout, il connaît toute l'équipe. Il faut savoir que, dans le cinéma, en général, l'équipe décor ne rencontre pas l'équipe de tournage ni le réalisateur, parce que tout est fait avant. Le réalisateur discute du décor uniquement avec le chef déco, il ne sait pas qui sont les menuisiers, les peintres, les charpentiers.

Mais Serge y va, serre la main à tout le monde et distribue des Pascal (500 francs de l'époque !) : « Merci d'avoir fait ça. »

Sur le plateau, tout le monde est aux anges.

Et au moins une fois par jour, Serge me demande :

— Mais c'est sûr que ça va, gamin ? Tu ne perds pas d'argent au moins, hein ? Je ne voudrais pas que tu en perdes, tu me le dirais, hein ? Fais pas le con ! Dis-moi si tu as besoin de quelque chose…

— Mais non, ça va, Serge, ne t'en fais pas.

Les deux premiers jours de tournage sont bouclés, on tourne tous les plans sans Claude. C'est l'enfer, son bureau m'appelle : « Finalement il ne peut pas venir. »

Chaque jour passe, je m'inquiète de plus en plus et un soir Richard m'appelle : « On a fait tous les plans sans lui, je ne sais plus quoi faire, il faut vraiment qu'il vienne ! »

On prend un jour de repos et un des assistants de Claude Berri – ce n'est jamais le même – me dit : « Promis, M. Berri sera là demain matin. »

On est là avec Serge, on attend, et naturellement Claude Berri est en retard… Enfin, sur les coups de 10 heures du matin arrive une espèce de BMW supersonique avec chauffeur. Berri en sort, embrasse Serge et se rue sur moi tel un éléphant en rut, me bouscule sans me saluer et me dit :

— Toi, il faut que je te parle ! Je voudrais voir ma loge.

Je l'amène dans sa loge :

— Ça ira ?

— En fait, je n'en ai rien à foutre de ma loge ! Je voulais te dire en homme que je ne peux pas faire ce film. Là je tourne *L'Ours*.

Stan, c'est un personnage écrit pour Serge, il sera magnifique dans le rôle. Je ne suis pas un acteur, je ne peux pas faire ça. C'est lui, tu ne te rends pas compte de ce que c'est, c'est son rôle, ça aurait dix fois plus de force si c'est lui qui l'interprète. Désolé, ce n'est pas moi. Je m'en vais. Je voulais te le dire les yeux dans les yeux.

Tout mais pas ça !

Je fonce voir Serge qui est 30 mètres plus loin dans une autre loge.

— Ça va, gamin ?

— Non, il faut que je te parle, ça va vraiment mal. Berri dit qu'il ne veut pas faire le film.

— T'en fais pas. Appelle-le.

J'appelle Claude.

— J'ai parlé à Serge, tu peux venir.

Claude entre dans la loge, Serge me fait un gros clin d'œil, il regarde Claude et lui dit :

— Ravard m'a parlé, donc tu ne veux pas faire le film... Aaaaah !

Simulant une crise cardiaque, Serge tombe par terre et Claude se précipite :

— Qu'est-ce qu'il y a ?!

— Aaaaah... C'est pas grave, je n'aurais jamais pensé que tu me ferais un coup pareil... Après toute cette amitié...

Moi, je hurle :

— Appelez un médecin ! Claude, tu sais qu'il sort de l'hôpital, putain ! Il faut appeler un médecin ! Au secours...

Alors Claude repart dans sa loge, puis revient et me demande :

— Ça va mieux ?

— Le médecin arrive, on va voir.

— En tout cas, dis-lui que je fais cette journée. Je reste, je fais un jour de tournage. On verra ensuite.

Une heure se passe et on fait le premier jour de tournage, où M. Berri est absolument et totalement exécrable. Un exemple ?

Serge règle un plan, pose ses caméras. À ce moment, Claude Berri, au lieu de dire son texte, s'écrie :

— Mais non, l'appareil (parce qu'il ne dit pas « caméra » mais « appareil ») il ne faut pas le mettre là ! C'est pas un plan, ça !

Et Serge, rongeant son frein :

— Si, on met la caméra là où j'ai dit. Moteur !

Il sera très dur, ce premier jour de tournage.

Ça se termine, Claude Berri me dit : « Vous regarderez les rushs, vous verrez que ça ne va pas, le personnage ce n'est pas moi, vous continuerez sans moi. »

Naturellement, on l'appelle pour lui dire : « Vous êtes formidable, Claude », et il est revenu le deuxième jour, et le troisième jour.

L'obsession de Serge, c'était de voir des fillettes en uniforme avec des socquettes blanches qui passent devant le palais du Bardo, un bâtiment magnifique tout en bois au milieu du parc Montsouris[1]. Et là, derrière le palais, il y a le *flasher*, prêt à l'action.

Et finalement, par amour pour Serge, Claude Berri va même flasher, ouvrir son imperméable, et montrer tout son appareil génital devant les petites filles du parc Montsouris.

1. Il a été détruit par un incendie en 1991.

Chapitre 27

La classe

Serge Gainsbourg, c'est la classe.

Nos liens se resserrent pendant le tournage. On ne se quittera pas pendant un an, souvent 24 h/24.

C'est un bonheur absolu de travailler avec lui.

Serge, c'est un esthète, il me fait partager son univers et découvrir ou redécouvrir par son prisme des auteurs comme Edgar Poe, Daniel Defoe, Baudelaire. On parle beaucoup de Dostoïevski et de peinture.

Mais surtout, sa manière de travailler me convient parfaitement. Pour moi, mon métier marche toujours en tandem.

Il faut avoir un partenaire pour construire quelque chose.

Et avec Serge, c'est Byzance. On parle d'un mec qui sait exactement ce qu'il veut. Il écoute attentivement mes suggestions, il prend, il est réceptif, il écoute vraiment ce qu'on lui dit.

Et pour tout ce qu'il connaît mal ou maîtrise mal, le casting des petits rôles, les bruitages, le marketing du film, il laisse carte blanche.

Non seulement tu fais ce que tu veux, mais il t'appelle pour te féliciter. Il te donne confiance en toi, il te rend fier de ce que tu fais, c'est simplement exceptionnel de travailler avec Gainsbourg.

En plus, il est toujours très fiable. En général, les artistes ont peur, ils sont stressés, et ils ont des raisons de l'être. Le rôle d'un manager c'est aussi d'être là pour réconforter, épauler.

Mais avec Serge, c'est presque l'inverse, s'il y a de la promo à faire, s'il faut que j'aille le chercher à 7 heures, quand j'arrive rue de Verneuil… Serge attend avec sa mallette, prêt au combat dès 6 h 55 : « Ça va, gamin ? »

Le professionnel, toujours.

Quand le film sort, on va le présenter au Canada, dans un festival. Lors de ce voyage, très agréable, je vérifie de mes yeux une autre facette de Serge, le sex-symbol. Les filles se jettent sur lui, c'en est totalement incroyable.

Durant la promotion, il se remet à boire, mais plutôt sagement, jamais trop.

Il est très attentionné, toujours à l'écoute des autres, il fait en sorte que ça se passe bien pour les organisateurs du festival, dans les dîners ; il a un petit mot pour tout le monde, toujours.

Avec *Stan the Flasher*, on a découvert l'air de rien… une très grande actrice.

Pour dénicher l'héroïne de ce film, qui devait avoir quatorze, quinze ans, on a fait un casting de dingue dont Richard se charge. On a vu tout plein de filles, puis on en a retenu et présenté une dizaine à Serge qui a un œil aiguisé.

À la fin, on a tergiversé sur deux postulantes.

Une blonde aux yeux vert-gris et une brune aux yeux bleus. Jusqu'à dix jours du tournage, c'était la blonde, Serge la voyait assez souvent, elle avait commencé à apprendre son texte, à répéter, etc., mais on n'avait pas viré l'autre, parce que Serge hésitait vraiment entre les deux.

Une nuit, il m'appelle :

— Gamin, c'est Élodie.

— Vraiment ?

— J'en suis sûr, c'est elle. On ne peut pas prendre l'autre.

Élodie, c'est Élodie Bouchez.

— Elle est bien, c'est vraiment le rôle. Elle ira loin. Mais il faut qu'on lui trouve un nom, Bouchez ça ne va pas. Elle ne pourra pas faire carrière avec un nom comme ça.

Serge va quotidiennement au montage, assuré par sa monteuse habituelle, Babette, dite « la Petite Bête qui monte ». Le film presque terminé, il m'annonce : « Je ferai une chanson pour Élodie, comme ça, tu gagneras un peu d'argent. »

Il crée la musique du film, mais ne fera pas la chanson et ne trouvera pas de nom de famille à Élodie. Au générique, il n'y a que son prénom...

Il commence vraiment à fatiguer.

L'opération l'a amoindri, ça ne va plus avec Bambou, il est épuisé...

Je le vois assez régulièrement, sans l'alcool, mais il n'arrive pas à arrêter de fumer. Il fume peu, mais il persiste.

L'accueil du film est fluide mais glacial.

Stan the Flasher passe sur Canal + en clair la veille de sa sortie en salles.

J'appelle le mec de Canal, qui me dit : « Pour être honnête, les avis sont partagés, c'est vraiment 50-50, ou plutôt 45 favorables et 55 pas favorables. Et il n'y a pas eu un gros taux d'écoute. »

Le lendemain, sortie salle.

Il y a quelques bonnes critiques, je les amène à Serge, ça lui fait très plaisir, mais il pleure de tristesse parce que le public n'est pas venu voir son film.

Il est très content que je n'aie pas perdu d'argent, mais je n'en ai pas gagné non plus.

Pour moi, c'est pourtant fabuleux d'avoir passé du temps avec Serge Gainsbourg. On l'a fait, c'est bien, mais il garde toujours une blessure à l'idée que ses films ne marchent pas, ni *Lemon Incest* ni *Stan the Flasher*... J'aurais adoré changer la donne.

Durant la période qui suit la sortie du film, Serge est très déprimé. Souvent je l'appelle, je vais le voir. Au téléphone, je lui demande :

— Qu'est-ce que tu fais ?

— J'écoute le silence.

— OK... Je passe te voir.

— Demain. Rappelle et passe demain.

Quand je lui rends visite, il a très peu de choses à dire, il est très gentil mais il ne va pas bien. Il me parle d'un album blues qu'il a envie d'enregistrer à La Nouvelle-Orléans.

La dernière fois que je lui parle, je suis dans le bureau de Wolfsohn, on se dit : « On appelle Serge. » Je lui raconte deux ou trois trucs et il s'exclame : « Oh ! mais toi, qu'est-ce que t'es gentil, gamin ! »

Je crois que c'est le dernier mot qu'il me dit.

Il est mort deux jours plus tard, le 2 mars 1991.

Chapitre 28

Pascal Thomas

Je rencontre Pascal Thomas qui me dit qu'il a un script pratiquement terminé, ça s'appelle *La Pagaille*. Il a coécrit le scénario avec Age et Scarpelli, des scénaristes dont j'ai beaucoup aimé le cinéma au travers des films de Monicelli comme *Le Pigeon* et *Divorce à l'italienne*, de bonnes comédies bien ficelées.

Le pitch me plaît, Pascal Thomas nous construit une histoire à l'envers. Des parents divorcés décident de se remettre ensemble, ils recommencent à flirter, à faire l'amour, mais leurs deux enfants vont tout faire pour les en empêcher.

Pascal Thomas est très convaincant, c'est un cinéphile, il sait « vendre » son projet.

Il n'est pas friand du cinéma que j'apprécie, Godard, Truffaut, Bertolucci, mais je découvre ou redécouvre à travers lui Duvivier, Marcel L'Herbier et tout un cinéma d'avant-guerre.

On signe le contrat en nous disant que nous allons retravailler le scénario. Je dois également rencontrer Age et Scarpelli. Finalement, ça ne se fera pas et le scénario restera en l'état.

Nous passons à la distribution des rôles, cette fois, j'ai engagé un directeur de casting, Romain Brémond. Nous sommes convaincus que Miou-Miou serait parfaite. Elle dit non.

C'est un cas classique de production, le scénario n'a pas été retravaillé, il est toujours bancal, la distribution des rôles commence très mal et il y a déjà beaucoup d'argent dehors. Quand j'en discute avec la directrice de production, Nicole Firn, elle me dit : « Oh là là ! Moi, je serais vous, je n'irais pas. »

Je décide de continuer malgré tout.

Pascal Thomas s'est entiché de l'acteur Rémy Girard, qui sort d'un succès d'estime au Québec avec *Le Déclin de l'empire américain*.

Il veut cet acteur et personne d'autre.

Coralie Seyrig, sœur de Delphine, est retenue pour interpréter le personnage principal féminin. Le casting final est élégant mais sans locomotive.

À chaque séance de travail sur le scénario, Pascal Thomas ne cesse de me dire : « Ça, on s'arrangera au montage… On verra au montage… »

Il est très retors, ce Pascal Thomas…

Le tournage est très éprouvant.

Heureusement, j'ai Willy Holt au décor, un grand bonheur de travailler avec ce monsieur, et toute une équipe qui représente la crème de la crème du cinéma français.

Malgré eux, le tournage est laborieux, et on dépasse énormément.

Pour ne rien arranger, on rencontre un problème avec François Périer. Il joue un petit rôle et, comme tout le monde, j'ai une admiration sans bornes pour lui. Pour la première fois de sa vie, cet acteur immense, colossal, qui a joué des pièces de théâtre pendant des années tous les soirs sur les planches sans le moindre problème, jamais, va avoir la pire maladie possible pour un acteur, le fameux *trou de mémoire*.

Telle une éponge, je ressens avec lui cette tragédie.

François Périer a un tout petit texte à chaque scène, pas de grandes tirades, sa femme est là et lui fait répéter le texte, « Moteur ! », mais le grand acteur n'y arrive simplement pas.

Il ne se souvient plus de rien… pas un mot… sec !

On parle d'un homme remarquable, soixante-dix ans, dont toute la vie s'effondre. Cette légende, l'égal de Michel Simon, Louis Jouvet, Gérard Philipe, ne parvient plus à dire : « Bonjour monsieur, est-ce que vous pourriez s'il vous plaît me passer le sel ? »

Pas vraiment coopératif, Pascal Thomas veut à tout prix que François Périer respecte son texte au millimètre. L'affaire tourne au cercle vicieux.

Périer est d'une génération très ancienne, où les acteurs voulaient avant tout faire plaisir au producteur ou au réalisateur. Il arrive pétrifié dès le petit matin. « Monsieur Ravard, je sais que vous êtes un ami d'Anne-Marie et de Jean-Marie[1], c'est tellement fabuleux que vous fassiez ce film, je connais mon rôle par cœur. Je le connais, car mon rôle, je l'ai répété toute la nuit. »

Mais il n'y arrive pas, il n'y arrive plus.

Un blocage.

C'est son dernier film, François Périer ne jouera plus au théâtre ni au cinéma après ce tournage.

Le film sort en grand style, mais ça ne fonctionne simplement pas.

Pascal Thomas veut à tout prix en tourner un autre avec moi, mais c'est moi qui ne veux plus. Pascal Thomas me dit :

— Écoute, j'ai cette histoire étonnante, ça s'appelle *My Darling Clément*.

Avec un super pitch. Et il ajoute :

1. Fille et fils de François Périer.

— Sophie Marceau veut le faire, d'ailleurs, organise-lui une projection de *La Pagaille*.

— Écoute, si tu as Sophie Marceau et si on reste dans le budget, je le ferai peut-être.

J'organise une projection privée. Je suis assis à côté de Sophie Marceau, on est deux dans la salle... Au bout de 30 minutes, sans un mot, elle se lève et s'en va.

Mon histoire avec Pascal Thomas se termine comme ça.

Le film perd un peu d'argent, pas beaucoup, mais tout de même. Et moi, fatigué, je n'ai pas trop de projets... Enfin si, il y en a un qui se dessine au loin, sauf que les relations entre mon partenaire financier Universal et moi ne sont plus exactement au beau fixe.

Une agente que je connais, Annabel Karouby, me propose un film avec Patrick Bruel, mis en scène par Susan Seidelman (*Recherche Susan désespérément*). Sur le papier, il y a quelque chose de fort. Je rencontre donc Seidelman.

Le pitch : « Une actrice américaine qui a un cancer débarque à Paris et s'amourache d'un guide touristique qui lui fait visiter la capitale, le Sacré-Cœur, la tour Eiffel, etc. » Le guide devait être joué par Patrick Bruel (à l'époque, c'est « Patriiiiiiiick ») je le connais bien, j'ai été son agent chez Artmedia juste avant que je parte.

L'affaire se présente plutôt bien, mais je m'aperçois que mes partenaires financiers ont disparu, que leur boîte est un bordel sans nom. Je ne sais plus à qui parler et quand j'essaye d'appeler en ultime recours Alain Lévy, désormais numéro un mondial de la multinationale, il ne me prend pas au téléphone.

C'est le début de la fin.

En trois mois, l'affaire est réglée.

Je ne peux plus parler à personne, on me nomme un directeur financier. *Formidable*, me dis-je, *quelqu'un pour m'épauler sur le plan administratif.* Au lieu de m'aider, il ausculte les comptes de tout ce que je fais, du genre : « Ah, mais pourquoi le taxi vous a attendu une heure hier ? Pourquoi vous n'avez pas pris deux taxis, plutôt ? Le compteur tournait, vous savez combien ça coûte ? »

Dans un premier temps, je me demande ce qui se passe.

Et puis je comprends qu'il y a une restructuration globale chez PolyGram et que, en gros, je n'en fais pas partie, c'est aussi simple que ça.

Fidèle à ce que je suis, je leur dis : « C'est fini, je me barre, vous ne me reverrez plus. » Beaucoup de producteurs du groupe Universal dans ma situation attendront d'être virés. La comptabilité m'envoie pour solde de tout compte un chèque d'un franc.

Un franc pour trois films de Jean-Pierre Mocky, Serge Gainsbourg et Pascal Thomas, ce n'est vraiment pas cher payé.

Je vis une période très difficile. Du jour au lendemain, je n'ai plus de travail, et mon banquier me demande : « Bonjour, monsieur Ravard, alors, qu'est-ce que vous faites ? Qu'avez-vous prévu cette année ? »

Là-dessus, les impôts se rappellent à mon bon souvenir. J'avais acheté une maison pour m'installer avec Anita et Naïché aux Buttes-Chaumont, je suis obligé de la vendre pour payer les arriérés.

Je dois tout recommencer à zéro.

Et c'est sur ces entrefaites qu'arrive la grande Marianne.

Troisième Partie

MARIANNE FAITHFULL

Chapitre 29

Lady Marianne

Une fois de plus, l'histoire commence par mes amis proches, Philippe Constantin et Étienne Roda-Gil. Nous sommes comme les trois mousquetaires, avec Roger Waters nous sommes quatre.

Je suis dans mes bureaux de production de cinéma lorsque Constantin m'appelle. Nous sommes situés square Pétrarque, dans un superbe hôtel particulier, là où travaillent tous les maîtres du monde d'Universal. Ils ont mis Ravard d'un côté, Philippe Constantin quelques mois plus tard de l'autre.

Il arrivait de chez Barclay, qu'il dirigeait, il a fait un boulot énorme là-bas. Il a pérennisé Alain Bashung, signé Carte de Séjour, Stephan Eicher et Noir Désir – des artistes qui s'inscriront durablement et profondément dans l'histoire du rock français.

Il a eu des problèmes de drogue mais surtout des problèmes politiques à l'intérieur d'Universal, notamment avec Pascal Nègre qui commençait son irrésistible ascension. Bref, le destin nous fait nous retrouver. Nous partageons une fois de plus le même immeuble.

« François, viens dans mon bureau, j'ai le single qui tue ! Ismaël Lô a composé un super titre, Roger Waters a traduit le morceau en anglais, ça s'appelle "Without Blame". Et pour le chant, tu ne vas pas le croire, j'ai convaincu quelqu'un d'inouï… Marianne Faithfull ! »

Il a persuadé le directeur artistique de Marianne Faithfull – l'excellent Denny Cordell qui a fondé Shelter Records, découvert Dwight Twilley et Tom Petty and the Heartbreakers – de lui prêter sa chanteuse pour faire la voix du titre. Joli coup.

Quelques semaines plus tard, Constantin déboule dans mon bureau.

— Ça y est, c'est bon, on enregistre lundi à Dublin où vit Marianne, il faut absolument que tu viennes assister à ça.

— Philippe, qu'est-ce que tu me racontes ? Je bosse, j'ai mes films à préparer, je suis débordé. Je ne peux pas aller à Dublin...

— Si, si, je ne peux pas le faire tout seul.

Je me rends vite compte que Constantin est totalement fan, limite amoureux de Marianne, platoniquement. Il ne l'a jamais rencontrée, mais il adore son travail, il idolâtre littéralement la chanteuse.

— Je vais convaincre Étienne pour qu'il vienne aussi, je veux qu'on y aille tous les trois. Je ne peux pas faire ça tout seul... me retrouver en studio avec Lady Marianne. Allez, viens !

Mon copain insiste tellement que je finis par maugréer :

— Oui, bon, OK...

Je suis à vrai dire excité à la perspective de me retrouver *on the road again* avec mes deux vieux copains, on va reformer notre trio. On a eu tellement d'aventures ensemble, Londres, New York, Los Angeles...

On se rejoint tous le lendemain dans un studio à Dublin. On écoute le morceau, Ismaël Lô est là, et tout d'un coup, boum badaboum, déboule Marianne Faithfull, quarante-huit ans, incroyablement belle, avec un peps inouï. Elle arrive, nous regarde, écoute l'instrumental, se dirige vers le micro et « tue » la chanson, qu'elle cloue en deux prises.

Marianne, tous les ingénieurs du son anglais des années 1960 l'appelaient « Marianne *one take* Faithfull ». Une chanteuse qui termine ses morceaux en une seule prise, c'est très rare, et c'est elle. Avant d'enregistrer, tu as toujours l'impression qu'elle ne connaît pas le texte, elle parle de tout sauf de la chanson, « C'est formidable de vous voir », tout le monde se demande si elle va se décider à aller derrière le micro. « C'est quoi le morceau ? » demande-t-elle, tu te dis que ça va être très long, très pénible, et puis tout d'un coup, tu balances le play-back et ça y est, c'est fait, terminé, impeccable, dans la boîte, tout le monde se lève et applaudit. « *Shall we have a drink now?* » genre « on n'a pas que ça à faire ». C'est Marianne.

Assistant à ce petit miracle, je me dis : *Putain, quelle gonzesse !* Sur ce coup, elle me bluffe totalement. Et puis, il faut parler de la voix, voilée, sensuelle, écorchée. Le morceau est vraiment superbe. Elle endosse le personnage à la perfection.

Immédiatement après, elle conclut : « *Let's go and have some diner! I have invited a guest of mine.* »

Marianne a réservé une table et invité un copain. Et qui arrive dans le studio ? Van Morrison ! Van the Man, chanteur des bons vieux Them, est dans la place.

On est là, Constantin, Roda et moi, dans nos petits souliers, Marianne Faithfull nous décrète : « *Let's slip into the decadent Dublin!* »

Qu'auriez-vous fait ? On va tous dîner.

Dès 1984, Téléphone avait fait une grosse tournée des arènes françaises, Orange, Nîmes, Dax et, en première partie, je voulais qu'on ne prenne plus que des artistes étrangers ; on avait eu les Stray Cats, Kim Wilde et… Van Morrison.

Malheureusement, notre public ne connaissait pas bien le chanteur. Il n'avait pas eu la première partie facile, il s'était fait siffler, repousser, huer, les gens scandaient « Téléphone ! Téléphone ! » Je prie en mon for intérieur pour qu'on ne parle pas de cette histoire, surtout que le mec en face de moi est très bougon, *Grumpy Van*.

Marianne nous explique : « C'est simple avec Van, ou il boit et il est charmant, ou il ne boit pas et il est vraiment très grognon. »

Ce soir-là, il ne boit pas et il ne dit pas un mot, il ne parle qu'à Marianne, il nous ignore assez superbement.

Pour briser la glace, ce con de Constantin s'exclame :

— *Van! Do you remember your concert in France with Téléphone?*

Et Van Morrison, terrible, glacial, fulmine :

— Ah oui ! Ces espèces de morpions qui ne savent pas jouer ? Horrible concert ! Horrible groupe ! Horrible souvenir !

À cette évocation, je voudrais disparaître et arracher la moquette pour me planquer, à l'abri des yeux laser de Van Morrison. Mais très vite on descend quelques Guinness, la soirée bat son plein et Marianne est plus qu'hallucinante, totalement pétulante.

Le lendemain, je rentre à Paris, où je reprends mes affaires cinématographiques.

Quelques mois plus tard, John Giddings (le *booking agent* anglais que j'avais engagé pour Téléphone et qui représente entre tant d'autres Marianne) m'appelle :

— Marianne Faithfull m'a demandé ton numéro de téléphone, j'ai comme l'impression qu'elle voudrait travailler avec toi. Je lui ai dit que tu produisais des films, ça l'intéresse beaucoup. Elle est aussi comédienne, actrice, elle aurait vraiment besoin de quelqu'un.

— Qu'elle m'appelle.

Après cette conversation, je reçois un coup de fil quelque temps plus tard : « Allô, François ? *It's Marianne*, je suis à Paris avec deux filles splendides, il faudrait que tu viennes nous voir, et amène un peu de shit, s'il te plaît. »

C'est dit très naturellement, comme si on était cul et chemise.

Je m'exécute et je les rejoins avec mon pote Guy Stavridès au Balzar, et je me retrouve face à trois sublimes ladies. L'ambiance est gaie, nous passons un formidable moment. On les raccompagne à l'hôtel. Pendant la soirée, Marianne me glisse :

— C'est très simple, je reviens de Jamaïque, je suis allée voir Chris Blackwell pour lui dire qu'Island Records, c'était fini pour moi, et j'ai vu Art Collins[1] pour lui dire que c'était terminé. *Guess what?*

— *What?*

— *You're going to be my manager.*

— Ah bon ?! Il faudrait peut-être en parler…

— Oui, voyons-nous demain. J'ai tout un plan, je vais te dire ce qu'il faut faire.

Je la rencontre le lendemain au Regina, dans cet hôtel juste en face de la statue de Jeanne d'Arc, qu'apprécient perversement les visiteurs anglais. Elle m'invite à monter dans sa chambre.

Marianne n'a aucune pudeur, elle est à moitié à poil quand j'arrive. Elle vient de terminer son autobiographie, elle me dit que ça va être traduit en français. « Est-ce que tu connaîtrais quelqu'un pour traduire mon livre ? J'ai perdu mon français. »

Elle répète tout le temps qu'elle a perdu son français au moment exact où elle a fait son overdose en Australie, quand elle a pris 180 cachets de tranquillisants pour se suicider. « Une moitié de mon cerveau est partie. » Tout le monde connaît cette anecdote,

1. Manager d'Iggy Pop et Marianne Faithfull.

elle l'a racontée partout. C'était lors du tournage australien du film *Ned Kelly* de Tony Richardson, avec qui elle avait fait *Hamlet*[1] au théâtre. Elle y accompagnait Mick Jagger qui avait le premier rôle. Juste avant le tournage, ils ont appris la mort de Brian Jones. Marianne et Mick ne peuvent pas aller à l'enterrement, alors que la chanteuse était très proche de Brian. Elle a toujours reproché à Mick et Keith de l'avoir jeté trop sévèrement du groupe. Suite au décès de Brian, Marianne va très mal, elle rêve de lui, elle voudrait le rejoindre et… elle s'enfile je ne sais combien de cachets. Elle a manqué de mourir. Sa mère a quitté le fin fond de l'Angleterre pour la rejoindre en Australie, et elle s'en est sortie, notamment grâce à Mick qui s'est comporté en vrai gentleman… Pour pouvoir veiller sur Marianne, il a demandé un report du tournage. Quant à elle, elle ne jouera finalement pas dans le film. Elle dira toujours que c'est lors de cet épisode qu'elle a perdu son français.

Marianne me parle comme si j'étais déjà son manager :

— Je veux chanter Kurt Weill.

— Pardon ?

— Je veux chanter Kurt Weill.

— C'est bien, mais il y a énormément d'interprètes de Kurt Weill et je viens d'apprendre que Sting s'ajoute à la liste.

— De quoi tu me parles ? Tu me compares à des chanteurs de rien qui ne savent pas du tout ce qu'ils font ? Je ne pense pas que l'interprétation de Kurt Weill par Sting restera.

Je m'aperçois que, comme toute grande chanteuse, elle a une confiance absolument hallucinante en elle, je dis : « On en reparlera » et je rentre chez moi fort troublé, en pensant : « Mais qu'est-ce que c'est que cet ovni ? Qu'est-ce qui vient de me tomber dessus ? »

Je ne vais pas tarder à le découvrir.

1. Il existe un DVD de la pièce.

Chapitre 30

Décadence

Marianne est délicieuse. Elle a une manière de s'exprimer assez unique, elle est l'intelligence à l'état pur. Bien sûr, je suis charmé, mais je me dis que travailler avec elle doit être difficile…

Marianne a une réputation sulfureuse d'addict invétérée, or j'ai déjà donné dans les junkies. Et puis, pour appeler un chat un chat, c'est une artiste culte mais de niche, et qui vend peu.

À cette époque, je me retrouve complètement dans le creux de la vague professionnellement. Il n'y a plus grand-chose qui se passe. Pour m'occuper, je gère les éternelles compilations du groupe Téléphone, qui sortent une fois par an.

J'essaye de remonter des films mais je n'y parviens pas. À part le court-métrage de Xavier Giannoli, *Dialogue au sommet*, un petit bijou d'un futur grand metteur en scène. Il restera mon ami.

Je passe mes journées avec Étienne Roda-Gil qui, en bon parolier, a beaucoup de temps à consacrer à la vie.

Nous avons plusieurs jeux, un de nos préférés est le lancer de mégots qu'Étienne veut homologuer pour les Jeux olympiques. Sur le boulevard Montparnasse, nous essayons de jeter nos fins de cigarettes dans les bouches d'égout. C'est un sport très, très difficile et les entraînements sont interminables.

Nos journées de beuveries commencent invariablement à la Closerie des Lilas et se terminent au « bureau ». « On va aller au bureau classer des dossiers », dit-il.

Le bureau en question est un club branché qui s'appelle le Niel's, avenue Niel.

Entre deux beuveries, je dis à Étienne :

— Il y a Marianne Faithfull qui n'arrête pas de m'appeler, elle veut interpréter Kurt Weill/Bertolt Brecht.

Inconditionnel de Marianne, Roda me répond :

— Mais tu ne te rends pas compte, la Faithfull, c'est une déesse mon pote, Kurt Weill c'est une grande idée, c'est du bronze !

Et il en rajoute avec sa flamme catalane. Moi, je me souviens qu'une des œuvres préférées de mon père, c'était *L'Opéra de quat'sous*, on était allés le voir à la cinémathèque. Je connais l'histoire de Brecht et Weill par cœur. Étienne insiste : « Si tu ne le fais pas pour toi, fais-le pour ton père, en plus, c'est une femme formidable. Tu devrais te lancer là-dedans avec elle, pour elle. Tu peux y arriver. »

Petit à petit, je finis par me laisser convaincre par mon ami de toujours. Je découvre le personnage. En plus de son énergie et de son charisme, je me rends compte que Marianne n'évolue pas dans la même dimension que nous. Elle est vraiment impressionnante.

Elle me parle de Kurt Weill et de son projet. Ça s'intitule *An Evening in the Weimar Republic*. Elle veut plonger le public de son spectacle en 1924, dans la république de Weimar, dans la décadence absolue. Marianne a toujours adoré la décadence. Pour elle c'est la mise à sac systématique des valeurs bourgeoises, et la république de Weimar en est l'apothéose. Tous les artistes sont là : Max Reinhardt avec ses ballets, Bertolt Brecht, les peintres aussi, George Grosz ou Otto Dix, les réalisateurs de films Murnau, Fritz Lang,

Pabst. Marianne me décrit cette effervescence artistique. Nous allons vivre avec Kurt *and* Bert pendant un peu plus de deux ans.

Elle a déjà commencé de son côté à faire pas mal de concerts aux États-Unis, sa tournée arrive en Europe et passe à Paris au New Morning quatre soirs d'affilée.

Entre les chansons, elle raconte l'histoire de Kurt Weill et Bertolt Brecht avec beaucoup d'humour, comment ils se sont rencontrés, comment ils ont fui l'Allemagne nazie, comment ils sont arrivés en Amérique, comment ils ont continué à travailler ensemble aux États-Unis. Quand bien même les chansons sont toutes assez sombres et pas faciles, grâce aux anecdotes, ça devient un spectacle aussi drôle qu'excitant.

Elle parvient à glisser des récits personnels. Par exemple, elle évoque sa rencontre avec Harry Nilsson, comment ils se défonçaient la gueule ensemble, comment Nilsson avait décidé (contre l'avis de Marianne et de Lennon) d'arrêter de prendre de l'héro. Alors qu'ils lui avaient tous dit : « Il ne faut pas arrêter brutalement », c'est ce qu'il avait fait. *Cold turkey.* Sevré, il était allé chez le dentiste et était mort d'une crise cardiaque, car celui-ci lui avait administré de la novocaïne.

Marianne raconte avec moult détails sur scène l'enterrement de Nilsson : tous ses proches sont en Californie pour la cérémonie, ils mettent le cercueil en bière et, badaboum, il y a une espèce de minitremblement de terre, le cercueil tombe et disparaît dans une faille. Elle conclut : « Harry Nilsson était vraiment là jusqu'au bout, avec nous. » Le public rit à gorge déployée.

Je suis emballé par son spectacle. Je commence à tomber sous le charme de son travail, de sa personne et j'accepte de travailler avec elle. Pour elle, c'était évident que ça se ferait. Il n'y avait même pas à discuter. C'était tracé, écrit, acté.

BMG Autriche veut sortir l'enregistrement du concert sur son label classique.

J'appelle au secours Louis Bertignac, toujours à la pointe de la technologie. En 1995, Louis a fait l'acquisition de magnétos portables qui permettaient d'avoir un ministudio pour enregistrer n'importe où.

Avant cela, quand on voulait enregistrer des concerts live, il fallait faire venir un « mobile » – un des meilleurs étant celui des Rolling Stones, utilisé pour enregistrer certains disques en public de Téléphone. C'était une solution ultracoûteuse, puisqu'on parle d'un studio installé dans un semi-remorque et qui se câblait. Mais à partir des années 1990 surgissent de petites consoles et magnétos ultralégers et très performants.

Grâce au matériel de Louis et à son ingénieur du son, Myriam Eddaïra, on enregistre le concert du New Morning et on le vend à BMG.

À cette occasion, je découvre un autre côté de Marianne. Je lui dis :

— Tu es propriétaire de la bande, on va faire un deal de licence, tu vas pouvoir…

— Ah non, non, moi je veux de l'argent tout de suite.

— Mais c'est bien mieux, c'est la différence entre louer et acheter un appartement, là c'est à toi. Le disque, même si ça marche un petit peu, d'ici six mois, un an, tu toucheras 20 000 livres de rentrées.

— Non, non, non, pas question, tout ça c'est dans le futur, moi je préfère avoir l'argent maintenant, tout de suite. Quand je chante, j'aime bien avoir de l'argent.

— Mais on ne peut pas faire ça.

— Si, je veux mon argent maintenant !

Et puis elle appelle le mec de la maison de disques : « Jeune homme, je veux une avance tout de suite. »

On signe un contrat d'artiste pourri, elle empoche 5 000 livres, qu'elle claque immédiatement. Toute la vie de Marianne est contenue dans cet instant.

Quand je lui demande où elle en est dans les éditions – en plus d'être une interprète, elle écrit quelques textes –, Marianne m'explique :

— Oh ! je ne sais pas, ça dépend qui me donne de l'argent.

— Non, mais attends, ce n'est pas comme ça que ça que fonctionne, le *publishing*...

— Mais je m'en fiche du *publishing*... Tiens, par exemple, sache que l'autre jour, à New York, untel (elle me donne le nom d'un artiste très connu) m'a proposé 3 000 dollars pour un texte, j'ai pris le cash et je lui ai donné une chanson.

— Mais, Marianne, il ne faut jamais faire ça, une chanson que tu écris, c'est à toi pour la vie.

— 3 000 dollars ! Pour écrire un truc qui m'a pris dix minutes ! Cite-moi le nom de la plus grande pute de luxe, est-ce qu'elle se fait 3 000 dollars en dix minutes, cette dame ?

— Bon, si tu penses comme ça...

Puis on se retrouve à New York.

Marianne, qui ne sort jamais de sa chambre d'hôtel, me dit : « Je ne connais personne à New York. »

Elle vérifie qu'ils aient bien la sixième chaîne à l'hôtel, je lui demande pourquoi : « Parce que dès que j'arrive aux États-Unis, je regarde un feuilleton à 18 heures. Je fais ça depuis que j'ai dix-sept ans, depuis ma première tournée aux États-Unis, *I need my security net.* »

Elle ajoute : « Il faudrait appeler Allen Klein. »

Allen Klein, c'est l'homme qui a managé les Beatles ET les Rolling Stones. L'homme qui a réussi à garder les droits de tous les albums Decca des Stones pour lui et lui seul ! À cette époque prétéléphone portable, Marianne connaît tous les numéros par cœur, enfin, les plus utiles. Elle m'explique : « Allen Klein, c'était un de mes ex-managers, il est très gentil, d'ailleurs il faudra que tu le rencontres. Regarde, voilà ce que c'est, j'appelle. *Hi Allen! I'm in town, can I have 2 000 dollars in cash, please?* »

Effectivement, peu après, un coursier arrive avec une enveloppe contenant le liquide.

— J'adore Allen, vivement qu'on dîne ensemble avec lui, je suis sûr que tu l'apprécieras, Keith l'adore. Je sais bien que Mick a quelques réserves, mais, moi, depuis que j'ai dix-sept ans, il m'a toujours aidée, comme tu le vois, et il me donne du cash dès que j'en ai besoin.

— Marianne, ce sont des avances…

— Et alors ? Moi j'en ai rien à foutre, c'est en cash !

— Mais, Marianne, ça ne fonctionne pas comme ça, c'est ton argent à toi, ce n'est pas lui qui te le donne.

— *Oh! you're so boring!*

Quand elle me parle de ses années avec Island Records, c'est la même chanson :

— Chris Blackwell a toujours été merveilleux avec moi. À New York, il me prêtait un appartement, à Londres et en Jamaïque aussi.

Quand je regarde attentivement ses contrats, je m'aperçois que ce sont des avances.

— Mais, Marianne, il ne te l'a pas donné, cet argent, il te le loue ! Et tous les billets d'avion, il te les loue ! Dès que tu fais une interview, tous tes frais de transport, d'hôtel sont notés dans un gros livre de compte dans les comptabilités des maisons de disques. C'est pour ça que tu ne touches jamais de royalties, tu ne peux pas rembourser ton train de vie par tes ventes !

Marianne, toujours moqueuse :

— *You're so boring, François!*

L'album issu de l'enregistrement du spectacle *An Evening in the Weimar Republic* sort, et il devient officiel que je manage Marianne Faithfull.

Cet album-là, intitulé *20th Century Blues*, est important pour sa carrière artistique car c'est elle qui a écrit le spectacle et l'a réalisé à 100 %.

Pour la pochette, elle braque un cliché de Nick Knight, un des plus grands photographes de l'époque. Une séance photo avec lui revient très, très cher, bien plus qu'on ne pourrait se le permettre.

Pas pour Marianne.

— *Hello, darling François!* Tu n'as qu'à utiliser cette photo !

— Mais on n'a pas les droits.

— Qu'est-ce qu'on s'en fout d'avoir les droits ? Nick est mon ami !

Chapitre 31

Intermède stonien

Aux côtés de Marianne, je vais rencontrer le monde entier, tous ces héros rock dont j'admirais le travail quand j'étais môme. Certains deviendront mes amis.

À la grande époque de Téléphone, quand il fallait faire les listes d'invités, la grande blague de Louis, c'était : « Il n'y a qu'à mettre David Bowie, Keith Richards et George Harrison », sauf qu'avec Marianne, c'est vrai.

Paul McCartney est sur la liste. Et il vient !

Artiste depuis 1964, année de la sortie de son premier 45 tours *As Tears Go By*, Marianne connaît absolument tous les acteurs du monde artistique, c'est-à-dire naturellement du rock, mais aussi de la musique classique, les peintres, les metteurs en scène de théâtre, d'opéra, de cinéma, les écrivains, les dramaturges, les producteurs.

Elle les séduit tous par son intelligence rare et son sens de l'humour sarcastique.

Un soir, on se retrouve à Paris la veille d'un de ses concerts à Rennes, je l'invite dans un restaurant japonais que j'aime beaucoup, le Kinugawa, et on dîne tous les deux en tête à tête.

Elle sait que j'ai adoré son album *Broken English*, que je suis allé la voir à l'Olympia, que c'est un de mes albums préférés et que j'adore les Stones car ils m'ont vraiment changé, ils ont fait partie de ma vie. Pour elle qui les a bien connus, c'est un peu différent. Elle m'explique :

— Moi, les Stones, c'est terminé, fini. Je n'en pouvais plus, je suis partie. Et si je suis encore vivante aujourd'hui, c'est parce que j'ai pris cette bonne décision : partir. Ce n'est pas seulement que j'ai quitté Mick Jagger... Me retrouver entre Keith et Mick qui me font écouter chacun leur mix, je n'en pouvais plus, quoi ! Genre « On n'entend que sa voix ! », « On n'entend que sa guitare ! », « Qu'est-ce que tu en dis, Marianne ? » Moi, tout ce cirque stonien, à un moment, ras le bol... Et puis maintenant, comme dit Anita[1], ce n'est plus un groupe, c'est devenu une multinationale. Je les aime beaucoup, mais c'est terminé pour moi.

— OK, je ne te parlerai plus des Stones.

D'autre part, Marianne garde des blessures profondes des années 1960, époque où elle a été entièrement détruite. Notamment à cause de cette sinistre histoire de la *Mars Bar*... Ça remonte à 1967 mais ça la poursuit encore. C'est une affaire entièrement inventée par le tabloïd à sensation *News of the World* et la police anglaise qui voulait se payer les Rolling Stones. Un vrai coup monté, une pure embuscade...

La villa de Keith Richards était espionnée.

Après une fête nocturne, il y avait eu une descente de police à 7 heures du matin. Un dealer indicateur s'était infiltré dans le groupe... À l'époque, les Rolling Stones étaient des gens normaux, ils n'avaient aucun garde du corps, c'était juste une bande de jeunes qui s'amusaient chez eux.

Marianne devait alors avoir vingt et un ans, les autres vingt-trois, vingt-quatre ans, on parle là de gamins qui avaient décidé de

1. Anita, c'est Anita Pallenberg, qui deviendra une de mes grandes et fidèles amies jusqu'au dernier jour.

s'éclater en allant voir la maison surréaliste d'Edward James en prenant un trip d'acide. Puis ils étaient rentrés chez Keith pour boire du thé, fumer des joints, faire la descente de l'acide, et sur ces entrefaites ont déboulé 30 flics qui se sont engouffrés chez Keith. Ils ont perquisitionné, trouvé des miettes de shit et des tablettes de speed. Ils ont coffré Keith et Mick.

L'histoire est connue, Keith et Mick sont directement allés en prison. Très gentleman, Mick a dit que ce qui avait été trouvé dans le sac de Marianne était à lui.

C'était compter sans un plumitif sans vergogne qui s'est déchaîné et a inventé un grand délire : Mick Jagger aurait bouffé une barre Mars qui sortait de la chatte de Marianne.

On peut toujours faire confiance à nos amis journalistes, ils sont prêts à tout pour vendre du papier.

Marianne était en train de prendre un bain quand les flics sont arrivés. Ils lui ont demandé s'ils pouvaient la fouiller, elle a dit, provocatrice, « Allez-y ! » en laissant tomber sans aucune pudeur la peau de bête qu'elle portait, elle était nue, belle comme l'amour.

L'histoire de la barre chocolatée Mars a pris une ampleur infernale par la suite. Il ne faut pas oublier que Marianne était déjà très connue.

Les Stones et elle se sont rencontrés avec « As Tears Go By ». Alors qu'ils ne faisaient que des reprises, Andrew Loog Oldham, leur premier manager, leur a dit : « J'ai trouvé cette fille, écrivez-lui une chanson. » Puis il a enfermé Mick et Keith dans la cuisine du studio : « Vous ne sortirez pas de la cuisine tant que je n'ai pas le morceau. »

La chanson prête, Andrew avait convoqué Marianne, qui l'avait enregistrée. On connaît la suite… « As Tears Go By » est devenu un énorme succès. Ensuite, elle a sorti trois 45 tours qui ont très bien fonctionné. C'est uniquement après qu'elle est tombée amoureuse de Mick, qu'ils se sont mis ensemble et que l'histoire de la barre Mars est arrivée dans la presse à scandale.

Marianne était déjà une pop star, mais dans le panthéon du *swingin' London*, elle avait l'image publique de la vierge innocente, *the English rose*. Elle sortait d'un couvent catholique et sa mère, Eva von Sacher-Masoch[1], était une baronne autrichienne. À l'inverse, les Rolling Stones, eux, avaient l'image de voyous drogués, de démons de la jeunesse. Dans toute l'Angleterre de 1966, la réaction a été unanime : « Mais qu'est-ce que la gentille petite fiancée de l'Angleterre pop fabrique avec cet horrible chevelu de Mick Jagger ? »

Le scandale a été colossal.

Un éditorialiste du *Times* a écrit un fameux édito : « Qui s'amuse à crucifier les papillons en place de Grève ? » Grâce à cet article, Mick et Keith ont été libérés de prison. En clin d'œil musical à cette horreur, ils ont réalisé le clip « We Love You » avec Marianne.

Ils étaient rentrés en prison simples rockers anglais, ils en sont ressortis deux jours plus tard rock stars mondiales et icônes de la rébellion *sixties*.

Pour Marianne, c'est une autre histoire. Dans l'œil du public, elle est devenue la pire traînée, la putain des Stones, elle s'est mise à recevoir des tonnes de lettres, de menaces lui affirmant qu'elle ferait mieux de se suicider.

Toute sa vie, elle va garder les stigmates de cette affaire ignoble, de ce coup monté.

Mais revenons à Paris. Le dîner se poursuit dans la bonne humeur. Soudain, Marianne relève la tête et s'écrie :

— *Hey girls!*

1. Nièce de Leopold von Sacher-Masoch, qui a donné son nom au masochisme.

Et je vois qu'il y a Jerry Hall, la femme de Mick, Jo Wood, celle de Ronnie, et d'autres jeunes femmes qui viennent de s'installer à une table voisine. Embrassades. Émotion non feinte. Cris de joie. Tout le monde papote :

— Ça va, Marianne ? *Do you know the boys are in town?* (Sais-tu que les garçons sont en ville ?)

— Mais non ! J'ignorais…

— Ils jouent au stade demain et après-demain. Là, ils répètent, mais après minuit ils seront de retour à l'hôtel, au George-V. S'il te plaît, passe les voir, ça leur fera tellement plaisir…

C'est comme si elles ne s'étaient jamais quittées, elles ont une relation quasi familiale après toutes ces années.

Nous sortons du restaurant. Marianne voit ma tronche illuminée et me demande :

— Ça te ferait plaisir d'aller à l'hôtel voir les Stones ?

— Eh bien, euh, je ne sais pas, peut-être, ouais, si ça ne te dérange pas trop, on peut y passer, on reste un petit peu…

— Bon, d'accord, mais il ne faut pas qu'on se couche trop tard parce que demain, j'ai un concert à Rennes. Si ça te fait plaisir, on n'a qu'à y aller.

On part en taxi pour le George-V. En arrivant, je remarque que la sécurité n'est pas celle de l'hôtel, c'est la sécurité des Stones qui prend la direction des opérations… La porte du taxi s'ouvre, on sort et j'entends un mec de la sécu qui décrète dans son talkie : « *Marianne is here. Marianne is here.* » Il ne dit pas « Faithfull », juste Marianne, et ça suffit.

Tout le monde sait.

Marianne rentre dans le palace parisien telle la reine d'Angleterre, normal, et dit tout de suite à Jim, le chef de la sécu :

— *Hi Jim! Where is the Commander?*

— Je ne sais pas, on va voir.

Le « *Commander* » c'est Keith Richards, bien sûr.

On entre dans le bar du George-V où on tombe sur le saxophoniste Bobby Keys qui soulève Marianne jusqu'au plafond.

— *Hi!* On prend un verre ?

Après retrouvailles et multiples embrassades, Marianne retombe sur ses pattes puis lui dit :

— *I want to see the Commander!*

Bobby lui répond :

— Il faudrait appeler Roy.

Roy est l'assistant personnel de Keith Richards. Découvert par Marianne Faithfull, il avait aidé à faire *Broken English* et servait d'homme à tout faire. Au bout d'un moment, Marianne ne pouvait plus le payer, alors elle l'a refilé à Keith. Et il est toujours là. Parce qu'il faut savoir que, au sein de l'organisation Rolling Stones, l'équipe ne bouge pas, c'est assez loyal. Tous les gens présents dans la tournée sont là depuis longtemps, c'est-à-dire que le type qui est au bar, Alan Dunn, c'était le chauffeur de Marianne et Mick, qui est désormais chargé de la logistique transport des tournées des Stones. Les mecs sont dans la place.

Le barman appelle dans la chambre de Roy, qui descend immédiatement :

— Ah, Marianne ! Je ne savais pas que tu étais *in town*.

— *I want to see the Commander.*

— *Ah... you know... I don't know how to tell you that...* (Ah... tu sais... je ne sais pas comment te le dire...)

— Mais qu'est-ce qu'il se passe ?

— *What can I say?... I'm a bit embarrassed, I'm in the doghouse.* (Je sais pas comment te le dire... Ça me gêne, je suis puni.)

— Ah bon ? Qu'est-ce que t'as fait ?

— C'est dur à dire.

— Dis-nous ce que tu as fait ! On ne peut pas aller voir Keith ?

— Pas avec moi, il ne veut plus me voir. Il voulait la dernière Range Rover, il m'avait demandé d'aller en acheter une. J'y suis allé avant qu'il arrive à Paris, j'en ai trouvé une flambant neuve, superbe, et… J'étais un peu… En l'essayant, je l'ai foutue dans la Seine. Il a les boules, il n'a pas sa Range. Par contre, je peux t'emmener chez Ronnie.

Nous revoilà partis dans les couloirs à l'épaisse moquette, Marianne, Roy et moi, destination la suite de Ronnie Wood. Je suis au cinéma, j'hallucine, je me pince tout le temps, cette anecdote de Range Rover dans la Seine est bien dans la pure tradition du réjouissant chaos stonien.

Roy tape à la porte, Ronnie Wood ouvre et s'exclame quand il voit Marianne : « *Wow! Marianne! You're in town! Great! Come in!* »

On entre. La suite du guitariste est un appartement de 250 m^2 et il y a un maître d'hôtel qui, dès qu'on arrive, demande « *What do you wanna drink?* » Ronnie a son barman privé. Naturellement, à ce stade de la soirée, je ne dis pas grand-chose, je regarde tout. Je m'aperçois que Marianne embrasse et parle longuement avec un monsieur âgé. Il s'agit de Bert, le père de Keith, il est toujours là.

Marianne et Ronnie discutent des enfants, de la vie, « Et toi comment ça va ? », et puis tout de suite ça vient, « Tu aurais une ligne ? », Ronnie sort un petit paquet, il commence à tirer des lignes, « François ? » Puis Marianne en vient au fait et dit :

— Il faudrait appeler le *Commander*.

— Ouais, mais je ne sais pas sous quel nom il est.

— Quoi ?

— Bah oui ! On change de nom à chaque hôtel, c'est un nouveau truc de la sécu. Du coup je ne connais pas son nom de code du jour.

— Mais ce n'est pas vrai, vous êtes tous une bande de branques ! Mais putain ! Appelez le *Commander* ! Dites-lui que je suis là !

Finalement, Ronnie arrive à joindre Keith.

— Tu ne sais pas qui j'ai en face de moi ? Marianne ! Tu viens dans ma chambre ou on vient chez toi ?

Enfin Ronnie raccroche et explique :

— Keith te dit qu'il t'embrasse, *he loves you very much*, mais il ne peut pas te voir ce soir, parce qu'il s'est coupé les cheveux tout seul et il n'est vraiment pas présentable. Il a raté sa coupe, il ne veut pas que tu le voies comme ça.

L'heure passe. On continue à picoler, à sniffer un peu de coke. Et puis soudain, il n'y en a plus, ce qui est un peu emmerdant. Il doit bien être 1 h 30 du matin quand tout à coup, ça tambourine fort à la porte. Quelqu'un va ouvrir et une espèce de furie débarque, imaginez un mec qui déboule en pantalon de cuir noir, torse nu, avec une grande cape noire doublée de rouge.

— *Baby! I couldn't resist to see you!*

Keith Richards vient de faire sa grande entrée.

De joie, il ouvre sa cape devant Marianne.

Ils s'embrassent, s'étreignent.

— Tu es en tournée ? Nous aussi ! *Where are you playing?*

— *Rennes, tomorrow.*

— *We're playing at the Paris stadium.*

En les voyant, je me dis qu'il y a un truc bizarre. Marianne m'assure qu'elle ne veut plus voir les membres de cette multinationale, mais bon sang, quelles réjouissantes retrouvailles ! La vie continue, *time is on my side.*

On revient à la réalité.

— Keith, tu aurais un petit quelque chose ? dit Marianne.

— Bah oui ! Ce n'est pas comme ce pingre de Ronnie !

Keith Richards balance un gros sac de coke sur la table, et voilà, c'est parti. Je bois du petit-lait. Je ne comprends pas tout ce qu'ils racontent, il y a beaucoup de choses sur la famille, « Est-ce que tu as vu untel récemment ? » et puis très vite Keith empoigne une guitare, fout un gros coup de savate à Ronnie en disant « Prends la *slide* » et ils commencent à chanter les Everly Brothers, toute la nuit, avec Marianne qui les accompagne de temps en temps. « Mais tu ne connais pas le texte, Marianne ! Putain, mais t'as pas changé ! Apprends ton texte, quoi ! »

Le jour commence à poindre quand débarque Jo Wood qui s'écrie :

— Mais putain ! Les mecs ! Marianne ! Vous faites chier ! Il est 5 heures du matin, ils ont un concert ce soir, faut arrêter, là, au lit tout le monde, faut aller se coucher !

On fait nos adieux, quand Keith Richards me prend dans un coin et me dit :

— Alors comme ça, c'est toi qui vas t'occuper de Marianne ?

— Ouais, on peut dire ça…

Keith me tend une énorme boule de shit et me lâche :

— *So you carry it, because there's probably cops downstairs, and you know what happen to us. So she shouldn't carry it, you have to do it. OK? From now you're looking after her*[1].

« Tu dois t'occuper d'elle », ordre de Keith.

1. « Prends le shit, on ne sait jamais, il y a peut-être des flics en bas. Ils sont toujours après nous, il ne faut pas que ce soit sur Marianne. »

Chapitre 32

Les princes du metal

Quelque temps plus tard en 1996, alors que je suis à Paris et que Marianne habite à Dublin dans le Shell cottage, elle me téléphone.

— J'ai ces mecs qui veulent faire un truc avec moi, mais je ne sais pas trop qui c'est. Metallica, je crois…

— Mais, Marianne, c'est énorme, absolument énorme !

Je prends contact avec Lars Ulrich, batteur et porte-parole de Metallica.

D'entrée, il me dit : « On a entendu la reprise d'"Alabama Song" par Marianne, pour nous, c'est la meilleure version, c'est encore mieux que les Doors. On voudrait faire un duo avec elle. Metallica n'en a jamais fait, ce sera notre premier. Marianne sera peut-être la seule invitée de toute l'histoire sur un de nos albums. »

Il a cette phrase qu'il nous répétera ensuite en studio : « On est un peu pareils, on est des artistes qui ne passent jamais en radio. On sent ce point commun avec Marianne. *Fuck the radio!* On fait tout en direct avec le public. »

Nous sommes comme d'habitude en tournée, Marianne ne peut pas se déplacer. Les Metallica décrètent : « OK, pas de problème, si Marianne ne peut venir à nous, nous viendrons à Dublin. »

On se rejoint tous dans le studio que James Hetfield et Lars ont réservé dans la capitale irlandaise.

Marianne arrive avec deux amies à elle : Poppy Lloyd, sa filleule, et la sœur de cette dernière, Zita. On parle de deux bombinettes de seize, dix-sept ans que Marianne a fait habiller en short, mini-jupe et bas résille, maquillées et cheveux en pétard. Clin d'œil de Marianne et des filles à la nation metal qu'elle connaît bien au travers de son vieux copain Lemmy de Motörhead. Lars et James ont les yeux qui sortent des orbites, on se croirait dans le dessin animé Tex Avery, ils s'écrient : « *What the fuck!* » Marianne et les filles rigolent en silence, elles se réjouissent de leur provocation.

Ils lui font écouter la bande…

La partie qu'elle doit chanter est presque du sur-mesure pour Marianne. Comme d'habitude, ça se passe très vite, puis « *OK! it's done, let's have fun now!* » Mais les Metallica sont du genre à vouloir retravailler la prise et Marianne, rigolarde, n'arrête pas de s'esclaffer : « Mais putain, vous avez tout ce que vous voulez, je l'ai déjà fait deux fois, je vais quand même pas y retourner une troisième fois ! »

N'empêche, le courant passe, les Metallica sont très sympathiques. Ce sont des stars absolues, pas du tout chieurs, vraiment adorables dans le boulot. Le morceau avec Marianne, c'est « The Memory Remains ». C'est le premier single de leur album *Reload*, sorti en 1997. Un tube en Angleterre, n° 13. En Amérique, n° 28.

Il faut aussi dire qu'ils sont très généreux, ces Metallica. Le cachet est conséquent et comme Marianne l'aime, de la main à la main, en cash.

Quelques mois plus tard, je reçois un nouveau coup de fil de Lars en personne. Il n'y a aucun intermédiaire entre nous. « Salut,

François, on fait une vidéo pour le single à Los Angeles, est-ce que vous pouvez venir ? »

Et ça recommence, vol en première classe, logement au Château Marmont où Marianne a eu sa chambre au début des années 1970. Beaucoup d'artistes – chanteurs, acteurs, photographes – avaient leurs habitudes dans cet endroit mythique. Et ça continue, d'ailleurs, U2 est sur place et donne une *party* ce soir.

On tourne la vidéo, très bien payée aussi. On gardera toujours de très bons rapports avec Metallica. Ils viendront tous voir Marianne au théâtre lorsqu'elle jouera à San Franscisco *The Black Rider* mis en scène par Bob Wilson, livré par William Burroughs, sur une musique de Tom Waits !

Quand leur film, *Some Kind of Monster*, sort en 2004, on est en tournée aux États-Unis. Lars m'appelle : « Il faut à tout prix que vous voyiez ce documentaire », et il nous *booke* un cinéma rien que pour nous. On se retrouve avec Marianne et un pote, comme si on avait l'UGC des Champs-Élysées pour nous trois.

Un excellent film.

Quelques années plus tard, pour leur 30e anniversaire de carrière, Lars m'annonce : « On fait une semaine au Fillmore de San Francisco uniquement pour les fans. » C'est une de nos salles préférées et Marianne se produit toujours là quand nous jouons à San Francisco.

Ils jouent tous leurs albums en invitant chaque soir des groupes de metal qu'ils aiment bien, la seule exception étant Marianne, qui vient chanter avec eux.

Toujours fidèles à eux-mêmes, ils nous font venir en première classe pour que Marianne chante une unique chanson.

Lou Reed aussi est là, en compagnie de notre vieux pote Hal Willner. Ils sont déjà tous en train de préparer l'album *Lulu*. Lou est invité par le groupe, et c'est la dernière fois que je le rencontre. On partage la loge avec lui, Marianne et Lou se connaissent depuis les années 1960.

Plus récemment, à New York, je les ai souvent accompagnés aux Alcooliques anonymes ou aux Narcotiques anonymes. Il y avait une réunion qu'ils affectionnaient beaucoup car il n'y avait que des transsexuels.

Lou Reed, ce n'est pas qu'il ne pouvait pas m'encadrer, mais il ne débordait pas exactement de tendresse à l'égard de la confrérie des managers.

J'ai dû le rencontrer une quarantaine de fois, jamais, mais alors jamais il ne m'a reconnu.

Une rencontre typique avec lui commence par les mots : « *Nice to see you, Lou* », et le mec te regarde avec des yeux de poisson mort, comme s'il ne t'avait jamais vu. Puis il détourne les yeux et voilà, c'est fini, il ne m'adressera plus la parole de la soirée. Je n'ai donc jamais passé de bonnes soirées avec Lou Reed. Alors que c'est un de mes chanteurs préférés, un des plus grands auteurs-compositeurs à mes yeux, un immense guitariste et l'éternel fondateur du Velvet Underground…

Chapitre 33

Tournées mondiales

Après la sortie de *20th Century Blues*, les critiques sont unanimement bonnes et le spectacle va connaître un grand succès. Marianne fait partie de ces très rares artistes connus mondialement. France, Europe, Japon, Australie, États-Unis, Amérique du Sud, elle remplit les salles. Et nous voilà partis pour la tournée internationale, de ville en ville.

Marianne joue dix jours à Londres à l'Almeida Theatre. On est sur place avec notre *tour manager* vétéran des tournées d'Iggy Pop, Henry McGrogan, que je connais bien depuis les premières parties de Téléphone, et surprise : Jim des Stones est là. « Bonjour, je suis venu faire la sécurité. » Je me dis que je n'arriverai jamais à le payer, mais pour Marianne c'est tout naturel, voire normal : « Ça doit être une idée de Keith. *He is looking after me, you know.* » (Il veille sur moi, tu sais.)

Et le mec reste aux concerts en me disant : « Je m'inquiète, tu as vu comment elle marche ? J'ai toujours peur qu'elle se casse la figure, je serai là si besoin. »

Jim a raison, Marianne n'a aucun sens de l'équilibre. Son père avait bien essayé de lui apprendre à faire du vélo, mais il y avait renoncé. Marianne tombera trois ou quatre fois pendant cette tournée.

Pour son spectacle, Marianne a demandé un décor à Martin Sharp, l'illustrateur australien, l'homme qui a réalisé la sublime pochette de *Disraeli Gears* de Cream. Elle lui a commandé un décor pratique car on a une centaine de dates prévues.

Martin Sharp nous livre un objet d'art, une vieille valise, très belle, avec des décalcomanies collées dessus et dans laquelle il y a une guirlande avec des ampoules de toutes les couleurs. On la met chaque soir derrière Marianne et ça fait vraiment république de Weimar. Voilà notre décor de scène.

L'autre élément indispensable de cette énorme production, c'est la poursuite lumineuse pour « Moon over Alabama », son entrée sur scène. Le pianiste commence à jouer, un projecteur se focalise sur Marianne et la suit lorsqu'elle arrive en chantant « Alabama ». Mais un soir, aveuglée par la poursuite, elle se casse la figure. Ce soir-là, Jim n'est pas là pour la rattraper. Marianne se retrouve à l'hôpital, elle réclame des médocs très puissants, elle souffre terriblement.

Très vite, je me rends compte que c'est une embrouilleuse de première. Tu ne sais jamais ce qui est vrai, ce qui ne l'est pas, dès que le médecin arrive, elle veut être en tête à tête avec lui.

Elle sait mener en bateau les médecins mieux que personne. Elle leur fait réciter une litanie de médicaments, jusqu'au moment où elle entend celui qu'elle cherche et là, elle dit : « Ah ! oui… Celui-là, on m'en avait donné une fois, ça m'avait fait du bien… Oui, c'est ça, très bien. »

Arrivés en Australie, ça recommence, on se promène, elle tombe. Je ne sais pas si c'est exprès ou pas, elle dit qu'elle a très mal au genou, qu'il faut appeler un médecin, et elle insiste pour être seule avec lui. Henry et moi allons au bar. Elle sait qu'en Australie la morphine est légale, elle se débrouille pour en obtenir.

Marianne a une histoire compliquée avec les drogues. Junkie confirmée, elle a arrêté de se shooter en 1984. Désintoxiquée, elle n'est jamais retombée dans l'héroïne mais elle a trouvé plein de médicaments vendus en pharmacie qui faisaient exactement le même effet. Elle a, comme on dit, « une personnalité addictive ».

Cette longue tournée *An Evening in the Weimar Republic with Marianne Faithfull* se termine pour nous à Sydney. Comble du destin, les Rolling Stones *et* Bob Dylan sont là aussi.

Les Stones donnent un concert surprise au Enmore Theatre, un petit théâtre, genre l'Olympia de Paris, où Marianne a joué quelques jours avant.

On se retrouve dans leurs loges, une jam sublime éclate avec la bande de Keith (Ronnie Wood, Bobby Keys, Blondie Chaplin, etc.), et ça chante et ça fume et ça gratte.

Déboule dans les coulisses un mec tout petit, collé aux basques de Keith. Ce dernier me dit : « Oh ! regarde, *French Franc*[1], il est encore plus petit que Marianne ! »

Et je m'aperçois que ce petit bonhomme, c'est Angus Young, le guitariste soliste d'AC/DC.

Hilare et de très bonne humeur, Keith me tend son joint. Et j'oublie la règle qui est de ne jamais prendre quoi que ce soit venant de Marianne Faithfull ou Keith Richards. C'est la règle numéro un, tous les musiciens, tous les *roadies*, tout le personnel de la tournée ou des studios la connaissent, savent tous qu'il ne faut jamais toucher à ces trucs.

Je tire deux lattes. *Badaboum*. 30 minutes plus tard, je me retrouve scotché au plafond de la salle. Le concert des Stones commence et force m'est de constater que je suis dans un état

1. Dès notre première rencontre, Keith me dira : « François, c'est trop compliqué pour moi » et me baptise « *French Franc* ».

psychédélique… Tous les éléphants roses de la planète se sont donné rencard dans la salle ; toutes les hallucinations imaginables m'explosent le cortex…

Marianne est formelle : « Quoi ? Tu as tiré sur le joint de Keith ? T'étonne pas… »

J'apprendrai plus tard qu'à cette époque Keith enfonçait dans un pétard à peu près tout ce qui existait. Il pilait soigneusement ensemble du Mandrax, des amphétamines et autres drogues et les mettait ensuite dans un joint avec du tabac, du shit et un peu de coke, et ça faisait… ça faisait purement et simplement exploser le cerveau.

Pendant ce séjour, Dylan est là aussi.

Marianne et Bob ont eu une grande romance, qui, d'après ce que je sais, n'a jamais été consommée, on peut en voir les prémices dans le documentaire *Don't Look Back*[1], quand Dylan arrive en Angleterre et joue électrique pour la première fois. Ce qui créa le scandale que l'on connaît[2]. Toute la communauté artistique du *swinging London* était présente à ce concert – les Stones, Donovan, Lennon et Marianne – et après la représentation, Bob aurait dit à Marianne : « Viens dans mon bus… Pars en tournée avec moi… »

Mais elle a refusé, elle était enceinte à l'époque. Elle n'avait pas encore dix-huit ans.

En Australie, on habite chez des amis. Marianne passe un coup de fil et laisse un message : « Puis-je voir Bob ? » Bientôt, quelqu'un rappelle pour lui dire : « Bob veut déjeuner avec toi. » Un peu plus tard, cette personne nous recontacte pour indiquer à Marianne l'endroit et le nom du restaurant.

1. D. A. Pennebaker, 1967.

2. « *Traitor* » (traître), voir le documentaire de Martin Scorsese, *No Direction Home*.

À 13 h 30, troisième coup de fil, je décroche, c'est Dylan lui-même.

— Je voudrais parler à Marianne.

Je la lui passe.

— Je ne me sens pas bien, je viens d'arriver, je suis *jet-lagged*. Est-ce qu'on pourrait plutôt dîner ?

Marianne dit oui. Je pense : « On dirait deux *teenagers.* »

Dylan rappelle 20 minutes plus tard.

— Je préfère ne pas sortir, ça ne te dérangerait pas de venir dîner à mon hôtel ? J'ai une suite avec terrasse et c'est la pleine lune.

Je me rends compte que dans chaque ville Marianne connaît les gens qu'il faut.

Dès qu'il y a un dîner après le concert, le peintre ou l'écrivain du moment est toujours présent, que ce soit à Vienne ou à Tokyo. Ce n'est jamais de la frime pour Marianne, c'est son univers.

Un soir à New York, elle me prend de court quand elle me dit après un concert :

— François, viens avec moi *downtown*, on va dîner chez Allen.

— Allen ?

— Ginsberg ! On va chez Ginsberg ! Ginzy !

Une autre fois, elle me laisse carrément sur le cul. À la mort de Linda McCartney, on organise un concert puis une *after party*. Alors que je parle avec un pote, du coin de l'œil, je vois Marianne qui rapplique, tout sourires :

— François, *have you met Pauly?*

Je me retourne, Pauly, c'est Paul McCartney, bien sûr.

— *Nice to meet you.*

Je suis sidéré ! Serrer la main d'un Beatles, c'est vivre ce grand moment pour de vrai.

Après le succès de *20th Century Blues*, Marianne me dit que le rêve de sa vie, c'est les *Sept Péchés capitaux* de Brecht et Weill, mais elle n'a jamais pu le faire parce qu'elle chante une octave en dessous. Mais bon, elle ajoute : « Lotte Lenya chantait pareil. »

Lotte Lenya, faut-il le rappeler, était l'amour de Kurt Weill et sa plus grande interprète.

Cette fois, Marianne a besoin de l'accord de la fondation Kurt Weill pour chanter cet opéra. Contrairement à *Quat'sous*, impossible d'isoler deux ou trois chansons pour un spectacle, tu es obligé de le chanter dans son intégralité – il n'est pas long, il dure 50 minutes.

Après moult efforts, j'arrive à obtenir l'autorisation pour qu'elle l'interprète. Ce sera notre deuxième disque ensemble. Comme c'est un opéra, on a besoin d'un chef d'orchestre et de ses musiciens. On choisit de travailler avec l'orchestre symphonique de Vienne.

Je découvre alors le monde de la musique classique qui fonctionne très différemment de celui du rock et de la pop. Il y a beaucoup d'argent, mais presque tout est subventionné. On ne juge plus par rapport au box-office, « Combien vous faites d'entrées ? », non, on est *employé* par le théâtre, l'opéra.

Le chef d'orchestre perçoit son cachet, ainsi que l'orchestre.

Quant à moi, je négocie pour Marianne. Elle en est ravie ; cerise sur le gâteau, elle n'a que 50 minutes de scène par spectacle.

Je trouve ce monde aussi nouveau qu'excitant. Je suis vraiment aux anges… C'est tout beau… tout neuf…

Naturellement, on sillonnera l'Autriche, on ira au Festival de Salzbourg et à Vienne régulièrement.

Un soir, dans la capitale, Marianne doit donner un concert très important. Toutes les filiales de BMG seront présentes.

Le matin du concert, il y a ce coup de fil terrible.

C'est le fils de Marianne qui m'appelle : « Le père de Marianne est mort, je dois vraiment lui parler. »

Mes réflexes de manager se mettent en route, je me dis que ça va la mettre dans un sale état quelques heures avant le spectacle le plus important de la tournée, j'explique à son fils que je préférerais lui annoncer la nouvelle *après* le concert. « Non mais attends, ça ne va pas ? Je veux lui parler. C'est ma mère, laisse-moi lui parler ! »

Je vais voir Marianne dans sa chambre, son fils lui annonce la terrible nouvelle et très bizarrement… rien.

Je la laisse une demi-heure et quand je reviens, voilà qu'elle se comporte soudain comme une petite fille de sept ans.

Elle prend une voix tout à fait différente, juvénile : « Mon papa n'est plus là. »

J'ai très peur de son état de santé mentale, parce que cette régression va durer toute la journée. Elle enchaîne :

— Tu veux me lire une histoire, s'il te plaît ? Je vais m'endormir, j'aimerais bien que tu me lises une histoire.

— Marianne, on a un concert ce soir, tu veux que je l'annule ?

Elle ne répond pas vraiment :

— Lis-moi une histoire et puis on ira faire dodo.

Je ne sais plus quoi faire.

18 heures. La maquilleuse et les habilleurs arrivent. La chanteuse reprend un peu ses esprits, mais elle est vraiment perchée. Quand on arrive à l'opéra, c'est dans les loges qu'elle revient à la réalité et me dit :

— François, pardon, mais je n'ai pas trop envie de chanter. Papa est mort, je n'ai vraiment pas envie de chanter.

— Pourquoi on est venus ? Pourquoi tu ne me l'as pas dit plus tôt ?

— Je vais chanter, mais quand je sors, je voudrais avoir un gros shoot de morphine.

— Mais, Marianne, on est à Vienne, je ne saurai pas où te trouver ça…

— Démerde-toi, je suis sûre qu'il y aura au moins un docteur dans le public… Si tu ne trouves pas, très bien, je ferai ma demande à voix haute à la fin de la représentation !

Elle monte sur scène et elle chante. Bouleversante. Habitée.

Pendant tout le concert, j'essaye désespérément de dénicher un médecin compréhensif. Je le trouve enfin. Le concert se termine. Toutes les huiles sont là, robes de soirée et queues-de-pie. Tous attendent impatiemment devant la porte de sa loge, tous veulent féliciter la diva. Marianne est à poil dans la pièce : « *Where is my fucking shoot?* »

Elle s'en fait un, ou deux, ou trois, dans la fesse bien sûr, « si ce n'est pas en intraveineuse comme les junkies, ça ne compte pas ».

Elle se rhabille et décide de donner audience à tous ces gens qui patientaient dans le couloir, devant la porte de sa loge.

Elle rencontre ces admirateurs en glissant d'un groupe à l'autre.

Elle agit en parfaite professionnelle. Souvent elle me dit cette phrase : « L'*after show*, je sais faire. *I know how to work a room.* »

Chapitre 34

Love story

Comme l'imprévisible ne manque jamais de se manifester, Marianne et moi tombons amoureux. Notre histoire d'amour durera huit ans. Huit années que nous passerons ensemble sur la route, dans les studios ou à faire des films, des pièces, des livres.

Marianne est une artiste complète.

En plus, tout l'excite.

Elle est toujours très enthousiaste, comme une môme.

Quand je lui dis : « Je t'ai réservé l'Olympia », elle saute de joie : « *Yeah!* »

C'est comme si c'était la première fois qu'elle allait faire l'Olympia, alors qu'elle y a joué toute sa vie. Elle raconte encore comment Bruno Coquatrix venait la chercher avec « la voiture qui monte », la fameuse Citroën DS, parce qu'elle venait d'avoir son enfant et qu'elle ne pouvait pas se déplacer autrement.

Au fond d'elle, elle a su conserver cette qualité si précieuse.

Mais comme les enfants, dès qu'elle l'a fait, ça l'ennuie. Très vite elle veut passer à autre chose.

Quand je vois cette femme qui a tant de talent, qui est, comme disait Roda-Gil, « une espèce de génie », je trouve ça vraiment dommage qu'elle ne gagne pas plus d'argent. Elle n'en a pas beaucoup et elle le gère mal. Marianne Faithfull, ce n'est pas les Stones ou Téléphone, elle vend peu d'albums, ses revenus proviennent de ses concerts.

Marianne n'a pas d'argent, elle ne sait pas ce que c'est, elle n'a d'ailleurs jamais eu de carnet de chèques, ni de carte de crédit, ni rien de tout ça, par contre elle va dans les magasins et elle a cette manière très aristocratique de demander, qui fait toute la différence : « *Darling, I need absolutely this ring because I'm going to this really grand party tonight. Here is 1 000 dollars* (la bague en vaut 10 000), *call my office, they'll send you the rest*[1]. »

Et elle part avec la bague, mais aussi des chaussures, une robe, un sac… La totale.

Un jour, notre brave *booking agent* m'appelle et m'avertit que Marianne lui a emprunté sa carte de crédit en lui disant : « J'aurais besoin de m'acheter deux ou trois choses pour partir en tournée, il faut que je fasse un peu de shopping. Pouvez-vous me prêter votre carte de crédit ? »

Je jette un œil sur ses dépenses, je me rends compte qu'il y a des factures qui arrivent en nombre dans mon bureau, pour un meuble, des bagues, etc.

À chaque fois que j'essaye de lui donner des nouvelles de la réalité, de l'argent, des loyers, des impôts, j'ai l'impression de parler dans le désert.

— François, tu pourrais m'obtenir un peu de cash ? Est-ce que tu peux en sortir pour moi du trou dans le mur, s'il te plaît ?

— *What?* Qu'est-ce que tu veux dire ?

— Tu sais, le trou dans le mur, celui qui te donne de l'argent…

— Ah oui ! Le distributeur de la banque, le trou dans le mur !

1. « J'ai vraiment besoin de cette bague parce qu'il y a une grande fête ce soir. Voici 1 000 dollars, appellez mon bureau, ils vous vireront le reste. »

Je me souviens qu'en 1995, les Stones avaient repris « Sister Morphine » dans leur album acoustique *Stripped*. J'étais allé voir Keith Richards.

— Merci d'avoir mis « Sister Morphine » sur votre album, ça va rapporter de l'argent à Marianne !

Il m'avait pris à part et m'avait dit :

— Attends, François, *Marianne will never have a penny. Never. You can make her millions, billions, she will never have a penny.* (Marianne ne va pas garder un penny, peu importe l'argent que tu lui feras gagner, elle n'aura jamais un sou.).

Malheureusement, comme toujours, Keith avait raison. Marianne n'aura jamais l'idée de s'acheter un appartement, de penser à sa retraite. Sa situation est quelque peu effrayante. Irresponsable...

Marianne, c'est ça : vivre dans l'instant, mais alors vraiment dans l'instant.

— Allons au Ritz ! Buvons du champagne !

Et quand j'essaye de lui dire :

— Tu devrais faire gaffe... Le disque n'est pas enregistré et tu as déjà claqué l'avance !

Sa seule réponse, c'est :

— *Don't worry, something will turn up.* (T'inquiète, quelque chose se présentera.)

Et c'est vrai qu'il y a toujours une publicité pour Virgin Airlines, un petit rôle dans un film, un truc qui fait qu'elle a soudain du fric pour rebondir. Et puis, dans le monde artistique, aucun problème : tout le monde la respecte et la vénère.

Chapitre 35

Elton John et Roger Waters

Après *The Seven Deadly Sins* édité en 1998, il faut travailler à un nouvel album. Un beau matin, j'ai un coup de fil de Mark Howard, l'ingénieur du son du célèbre producteur Daniel Lanois :

— On vient de terminer l'album de Bob Dylan dans le nouveau studio de Daniel et notre rêve serait de travailler avec Marianne.

— Hum… C'est peut-être possible, on va voir.

Je raconte ça à Marianne qui reste dubitative. « Je vais téléphoner à Bob… »

Elle appelle Bob Dylan au débotté, ce qui a l'air complètement naturel pour elle, et après une longue conversation, elle m'annonce : « Bob m'a dit qu'il vaudrait mieux travailler avec ce Mark Howard. Il est vraiment fabuleux, selon lui. »

Nous voilà partis à Oxnard, Californie, où Mark Howard a réuni un groupe formidable, avec notamment Brian Blade à la batterie. Sur ces entrefaites, Daniel Lanois débarque sur sa Harley. Producteur, il essaye de séduire Marianne avec des ficelles un peu grosses. En bon Américain, une de ses premières phrases, c'est : « Marianne, je n'ai jamais fumé une cigarette de ma vie, mais quand je vous vois fumer, j'ai envie de me mettre au tabac ! »

C'est tout Daniel Lanois.

Lui qui n'a jamais coécrit un morceau, il accepte d'en signer deux avec Marianne, sublimes d'ailleurs. « Marathon Kiss » avec Emmylou Harris aux chœurs est un petit chef-d'œuvre.

Alors qu'il faut écrire d'autres morceaux pour remplir l'album, je constate que Marianne est définitivement de la vieille école. Elle écrit quelques chansons, mais pas beaucoup, parce qu'elle est un peu flemmarde. Elle se fait envoyer des chansons par les éditeurs et elle décide de ce qu'elle va chanter.

— Marianne, il faudrait de nouveaux morceaux.

— Je sais, je vais demander à Elton.

— Ah bon ?! Tu connais Elton ? Tu ne m'en avais jamais parlé.

— Mais oui, bien sûr, Elton. Et Bernie[1].

Devant moi, elle appelle séance tenante Bernie Taupin : « Je voudrais une chanson. J'ai eu une idée, on pourrait développer le thème de l'amour sado-maso. Ça ne se fait pas beaucoup, est-ce que tu crois que tu pourrais écrire ça ? On l'enverra à Elton pour qu'il fasse la musique. »

À peine trois semaines plus tard, je reçois un CD d'Elton John : « Chère Marianne, j'espère que ça vous plaira », commence-t-il avant de jouer la chanson piano-voix. « For Wanting You » est un grand morceau, du fait sur-mesure pour Marianne

Merci, Sir Elton !

Marianne et moi continuons de travailler sur le nouvel album quand Roger Waters de Pink Floyd nous propose de venir dîner chez lui pour que je rencontre sa nouvelle compagne. Roger Waters est devenu un de mes meilleurs amis grâce à Constantin qui me l'avait présenté à l'époque de Téléphone. Étienne Roda-Gil, qui était aussi un de mes grands copains, avait écrit l'opéra *Ça ira*

1. Bernie Taupin est le parolier attitré d'Elton John, il a écrit pratiquement toutes les paroles de ses morceaux.

– dont les décors avaient été imaginés par sa femme Nadine – que Roger Waters avait mis en musique. Ils l'avaient monté ensemble pour célébrer le bicentenaire de la Révolution française, mais ça ne s'est finalement jamais fait pour cette occasion[1].

Roger avait croisé Marianne, brièvement, quand il avait enregistré l'album *The Wall – Live in Berlin* en solo, en 1990, après la séparation de Pink Floyd. Ce concert rassemblait de nombreux invités comme Cyndi Lauper, Van Morrison, Bryan Adams, Scorpions et Marianne, qui jouait la mère du héros, Pink.

Marianne est tout excitée, très enthousiaste, comme une gamine. Alors qu'on se rend chez Roger en limousine – il nous en a envoyé une, grand seigneur –, Marianne me demande :

— Oh ! je suis tellement contente de voir Roger. Est-ce que tu crois que je peux lui demander une chanson ?

— Marianne, on ne fait pas comme ça dans la vie… Dînons, voyons comment ça se passe et éventuellement, à la fin, ou toi ou moi, on lui demandera s'il n'a pas une chanson…

On arrive chez les Waters. Embrassades. Roger nous demande ce qu'on veut en apéritif, et pendant qu'il prépare les dry martini, Marianne lâche :

— *May I have a song?*

Roger peut être assez coupant, voire violent. Il la regarde vraiment estomaqué et lui répond :

— Je ne crois pas que j'aie ça dans mes tiroirs.

Puis on dîne, dans une ambiance très sympa, et pendant le digestif, Roger déclare : « Tu m'as parlé d'une chanson, il y en a une que ce putain de groupe a refusée, qui s'appelle "Incarceration of a Flower Child", je l'avais écrite en 1969. Elle t'irait à merveille. La voilà ! »

1. Roger sortira cet opéra en français et en anglais en 2005.

Et il me tend une cassette que personne n'a écoutée depuis 1969. C'est une simple *demo*, à ce détail près : les *demo* de Roger Waters, tu pourrais les sortir directement dans le commerce, personne ne s'apercevrait de rien tellement elles sont parfaites, terminées, peaufinées.

Incidemment, il est vrai que la chanson va à merveille à Marianne.

On signe cet album, *Vagabond Ways*, avec le label It Records, détenu par le roi du pétrole, l'homme qui a composé toutes les comédies musicales à succès des 30 dernières années, Andrew Lloyd Webber (*Cats*, *Jesus Christ Superstar*, *The Phantom of the Opera*). Il a embauché un directeur général, Tris Penna, pour développer son label. It Records est distribué par Universal. Juste avant que notre disque sorte, il y a une grosse fâcherie entre Universal et Andrew Lloyd Webber, et on n'a plus de distributeur pour le disque !

Je trouve Virgin UK au dernier moment. La sortie ne se passe pas dans les meilleures conditions. Il y a de fabuleuses critiques, l'album est très bien accueilli, c'est vraiment un beau disque, pourtant il ne marche pas.

Chapitre 36

Kissin' time

En 1999, Hong Kong quitte pour de bon l'Empire britannique. Beaucoup de gens et de capitaux reviennent à Londres qui trouve un nouveau souffle et devient la capitale mondiale enviée de tous.

Le rock bénéficie de cette ambiance festive et joyeuse. J'aime cette atmosphère créative, j'aime arriver à Londres et me poser dans un pub ou dans la boîte où tout le milieu artistique rock se retrouve. Les Anglais vivent, fonctionnent en tribu. Tu rencontres une personne qui te présente sa tribu. Cinq personnes de cinq tribus différentes, à la fin ça fait du monde.

Londres swingue à nouveau, je rencontre aussi le milieu très imaginatif de la mode, que je ne connaissais pas. Tous les créateurs – McQueen, Marc Jacobs, John Galliano, etc., sans compter les mannequins – se mélangent au monde de la musique, du rock, de la peinture et de la littérature. C'est la *Cool Britannia*, le *Girl Power*. C'est Byzance !

Pour le nouvel album de Marianne, je veux changer de méthode. Je lui demande de travailler avec des compositeurs directement, les yeux dans les yeux, dans la même pièce. Ensuite, j'appelle tous les artistes qu'on aime bien, qu'on côtoie souvent, Damon Albarn, Jarvis Cocker, Dave Stewart, mais aussi les Américains Beck et Billy Corgan. Étienne Daho se joindra aussi à ce casting. Je leur explique mon concept : « J'ai besoin de vous pour le prochain album de Marianne. Elle écrit les textes, vous faites la musique, et on enregistre ensemble. »

Tout le monde aime tellement Marianne qu'ils répondent tous présents. Sans minimiser mon rôle dans ce projet, je dois avouer que c'est assez facile, car tous disent non seulement oui, mais en plus ils le font gratuitement et prêtent leur studio personnel d'enregistrement. Ils savent bien que Marianne ne roule pas sur l'or. On enregistre *Kissin' Time* à LA avec Beck, à Chicago et à Salt Lake City, Utah, le pays des mormons avec Billy Corgan, à Londres avec Dave Stewart, Blur et Pulp, et à Paris au Studio Plus Trente avec Étienne.

C'est lors de la création de notre album que le Blur originel enregistre ensemble pour la dernière fois. Ils viennent dans le studio à Londres, tout Blur est là. Damon, le chanteur, aimerait bien que Marianne l'aide à résoudre le problème entre lui et le guitariste Graham Coxon. Il se dit que c'est un peu comme les Stones avec Brian Jones. Marianne, elle, s'entend très bien avec tout le monde. Elle n'arrivera pas à recoller les morceaux, Graham partira juste après…

Au niveau du disque, ça continue dans le rêve le plus total. Je retrouve Étienne Daho, qui fait partie de ce casting impérial, en Grande-Bretagne où il vit le plus clair de son temps. C'est un des très grands fans de Marianne. Un jour, en pleine tournée Kurt Weill, Étienne Daho avait passé une tête : « François, est-ce que tu crois que je pourrais aller lui dire bonjour ? Je ne rate aucun de ses concerts depuis déjà dix ans, j'adorerais la rencontrer. »

Je connais Étienne Daho depuis toujours.

Très vite, une amitié s'est développée entre Daho et Marianne. Et pour *Kissin' Time*, il compose la chanson « The Pleasure Song ».

Étienne veut travailler à sa manière. Marianne n'a jamais fait ça ni avant ni après : il découpe la voix presque phrase par phrase, si ce n'est mot par mot. Il est maniaque, il veut le mieux du mieux alors chaque mot nécessite une prise…

Perfectionnisme.

Cela rend Marianne hystérique, elle qui fait une, deux, maximum trois prises pour un morceau.

C'est intéressant, mais en fait ce n'est pas vraiment mieux si on écoute attentivement.

« The Pleasure Song » a pas mal de succès, parce qu'elle est incluse dans la BO de la série américaine *Killing Eve.* Quant au titre de Blur, « Kissin' Time », il est devenu une publicité de voiture en Italie.

Durant toute cette période, on est tout le temps en tournée.

Sur la route, Marianne voyage avec beaucoup de bagages.

Les *tour managers*, notamment Henry McGrogan, deviennent fous avec ce monceau de valises, de malles, de sacs.

Dans sa tête, Marianne vit toujours au XVIIIe siècle. Pour elle, cet excédent de bagages, ce n'est pas une difficulté, il y a des porteurs qui se chargent des valises.

Mais au XXIe siècle, ça engendre quelques problèmes.

Parce que Marianne charrie du lourd !

Elle lit énormément, elle dévore quasiment un livre par jour. Elle fait partie des lecteurs qui aiment bien avoir quatre ou cinq livres commencés en même temps.

Que lit-elle ? Des bouquins sur des sujets pointus, mais aussi des romans à l'eau de rose, du *easy-reading*, beaucoup de *fantasy*, des biographies. Elle lit, elle lit dans les avions, dans sa loge, à l'hôtel et, au bout d'une semaine, tu te retrouves avec 30 bouquins, au bout d'un mois, tu as plus d'une centaine de livres à trimballer, ça prend une place folle. À un moment, Henry dit : « Je sais ! On va utiliser FedEx. »

Et il renvoie tous les bouquins déjà lus chez Marianne, à Dublin.

Au final, on arrive à terminer rapidement l'album, qui plaît énormément à Virgin Records. Ils nous signent sur le label branché du moment Hut (Smashing Pumpkins, The Verve).

Marianne voulait que le disque soit un jeu de mots à la Bowie, façon *Aladdin Sane*. Ce sera *Kissin' Time*.

C'est le 22e album de sa discographie. C'est un beau disque, une production 100 % Ravard dont je suis très fier, mais il ne se vend pas beaucoup, comme les précédents, notamment parce que le label est dissous.

Comment expliquer cette poursuite incessante d'un succès qui ne viendra jamais ? La personne, la personnalité, l'image de Marianne ne collent pas avec les médias, pour commencer. Souvent ça la fait chier de donner trop d'interviews, de faire de la promotion. Quand tu es une artiste internationale, c'est un travail à la chaîne, on parle de 60 ou 80 entretiens, on te met dans une chambre d'hôtel à partir de 10 heures du matin et jusqu'à 19 heures le soir, c'est le défilé, et tu répètes la même chose, encore et encore. Marianne le fait mal, ou trop bien.

Une fois, elle a une interview sur MTV New York, dans une émission importante, le genre d'opportunité qui peut faire basculer les choses, car ça t'expose à un public beaucoup plus large. Marianne accepte l'invitation sans trop rechigner. Elle parle, je la trouve formidable, mais pendant un écran publicitaire, le journaliste vient me voir en courant : « Vous ne pourriez pas lui demander de s'exprimer dans un langage plus basique, plus clair ? Parce qu'on ne comprend rien à ce qu'elle raconte, c'est trop sophistiqué, trop intellectuel. »

Marianne est devenue pendant les années 1990 une artiste vraiment sulfureuse, un peu maudite. Malgré tout le potentiel médiatique qu'elle avait, ça n'éclatait pas comme ça aurait dû.

Je ne sais pas comment expliquer ce phénomène. Est-ce un goût de l'échec ? La peur du succès ? Ou selon l'expression de Marianne : « Ma musique, elle plaît énormément aux bébés, aux oiseaux et à mes pairs mais, manque de bol, ces trois-là n'achètent pas d'albums » ?

Clairement, il y a la pop et les pop stars, le rock et les rock stars.

Marianne est dans une autre dimension.

Marianne est une pure artiste.

Chapitre 37

La traversée

Olive passait de temps en temps nous voir, Marianne et moi. Les deux s'étaient reniflés et aimés tout de suite.

Il m'avait dit qu'il reformait un groupe et prévoyait de faire un concert. Il était très excité par tout ça. Très content du son, de cette nouvelle aventure qui prenait forme. J'en étais très heureux mais je me faisais du souci pour sa santé. Il me semblait frêle et fragile depuis quelque temps.

Le concert eut lieu au Point Éphémère le 15 juin 2005. Tout le monde, notre Tout-Paris à nous était là. Naïché dit toujours que c'est le plus grand concert qu'il ait jamais vu, du niveau de Prince. Jean-Louis et Richard étaient émerveillés. Moi, je n'y suis pas allé, j'étais cloué au lit, malade. Je crois que mon inconscient savait qu'Olive faisait son chant du cygne. C'était trop pour ma personne. Quelques semaines plus tard, Anita récupéra Olive dans un piteux état, il était très faible. Les deux virus meurtriers de notre génération, hépatite C et sida, l'avaient détruit.

Anita l'amena à l'hosto. Elle allait le sauver ! Elle monta la garde 24 heures sur 24 pendant plus d'un mois. J'étais, comme d'habitude, en tournée européenne, mais heureusement avec quelques dates en France. Je passais le voir. Je lui tenais la main, on arrivait à rire. Je luttais pour ne pas m'effondrer devant lui et pleurais toutes les larmes de mon corps, à peine sorti de sa chambre.

À Marseille, où on se produisait pendant une semaine dans un petit théâtre, je retrouvai un vieux pote, José Hayot, qui m'annonça qu'il allait retourner chez lui en Martinique en voilier. Son 13 mètres était mouillé au port de Marseille, pas loin du théâtre. Il allait traverser l'Atlantique avec deux amis à lui, départ dans deux semaines. Le rendez-vous fut pris : j'allais réaliser un de mes rêves, traverser l'Atlantique à la voile, fuir la mort.

J'avais pris ma décision et je devais en faire part à Olive. J'allai le voir, me penchai sur son lit et lui dis à l'oreille que j'avais l'occasion de fuir. Il m'embrassa. Il savait. On savait. Il me dit les larmes aux yeux : « Fais-le ! Barre-toi ! »

Chapitre 38

Before the poison

Marianne est la reine des bons mots, parfois je me demande si elle ne vit pas uniquement pour ça : faire des bons mots.

Un jour, alors qu'on choisit des photos pour la presse, on repère un cliché où elle est très bien, en noir et blanc. On peut apercevoir quelques légères cicatrices sur son bras. L'attaché de presse de la maison de disques dit :

— Il faudra qu'on corrige ça. Vous êtes abîmée, là. *Is it from falling down?* (Est-ce que vous êtes tombée par terre ?)

Marianne lui répond du tac au tac :

— *No, darling, it's from shooting up.* (Mais non, chéri, je me suis piquée.)

À chaque fois qu'elle part pour une tournée mondiale, Marianne aime bien se glisser dans la peau d'un personnage, il lui faut tel costume, tel coiffeur, tel maquilleur, pour qu'elle soit vraiment bien dans son rôle.

Pendant la tournée Kurt Weill, elle avait décidé, on ne sait pourquoi, d'avoir de faux ongles très longs, elle trouvait que ça collait avec la république de Weimar. L'une des missions de Henry, c'était de dénicher dans toutes les villes, à Sydney, au Japon, n'importe où, une personne qui vienne coller ces ongles très longs sur les doigts de l'artiste avant le spectacle.

Un soir, le tourneur, John Giddings, est là et, en bon agent, il la complimente :

— C'est formidable d'avoir des ongles si longs.

— *Yeah, it's lovely but it's not easy to masturbate with.*

(Oui, c'est sympa, mais pour la masturbation, par contre, c'est moins facile.)

Le principal, pour Marianne, c'est de donner un bon concert.

Le lendemain, dans sa suite, elle adore qu'on lui amène la presse. Et elle lit goulûment chaque critique, telle une actrice du XIXe siècle. C'est le moment qu'elle préfère. Lire les critiques à voix haute, en rire. Elle est toujours très déçue en France parce que les critiques de concert, ça ne se fait pas beaucoup dans la presse parisienne. « *Where are the reviews?* » *Le Monde* le fait, mais peu, alors qu'en Angleterre tu as les comptes rendus du spectacle chroniqué dans six ou sept quotidiens.

Marianne est très pote avec le manager de U2, Paul McGuiness, Irlandais à poil dur. Je l'avais moi-même rencontré à l'époque de Téléphone. Marianne et Paul se connaissent depuis toujours : ils se sont fait braquer ensemble à NYC, Marianne avait sauvé la situation, Paul lui en sera toujours redevable. Bref, on se retrouve tous avec plaisir de temps à autre.

Alors, quand j'apprends que Paul manage la chanteuse Polly Jean Harvey, dont j'aime beaucoup la musique, je me dis que ce serait génial que Marianne la rencontre. Je la lui fais écouter, elle adore. J'organise un rendez-vous entre les deux chanteuses à Los Angeles, et nous décidons autour d'un succulent guacamole de travailler ensemble.

Polly vient à Paris, elle habite chez nous. Marianne et elle se mettent à écrire ensemble quelques chansons. Leur travail se poursuit à Londres.

Polly composera cinq chansons pour l'album *Before the Poison.*

Marianne et Polly, c'est le jour et la nuit, c'est l'inné et l'acquis.

Marianne, c'est plutôt : « OK, on y va ! » alors que Polly est du genre à dire : « Euh… il faudrait répéter, peut-être ? » Or Marianne déteste répéter. Répéter ? Pour quoi faire ?

Le studio, Marianne y va peu, elle débarque, elle chante et elle repart. Ou alors il faut que le studio soit conçu façon Rolling Stones, comme un endroit où tu schmoozes, tu invites les potes et tu bois des coups.

Polly Jean, elle, elle répète, répète et quand elle est satisfaite des répétitions, elle se dirige vers le studio où elle enregistre.

Comme on a réalisé *Kissin' Time* à Londres juste avant, on a toute une bande de copains, dont Kate Moss, qui est aussi une de mes amies proches (je peux dire que j'ai rencontré la grâce). Le problème, aux yeux de PJ, c'est que la mannequin est une dame un peu dangereuse, infréquentable, de surcroît traquée par les paparazzis. Lorsque Marianne dit :

— Chouette, il y a Kate qui va passer au studio.

Polly est formelle :

— Ah non ! Interdiction d'avoir des amis en studio. Et surtout pas Kate !

Le régime Polly, c'est eau plate et thé vert. Dans cette ambiance monacale, Marianne essaye de faire au mieux et ça donne des titres pas mal, mais elle les jouera très peu en live.

En parallèle de Polly Jean Harvey, j'avais repéré Nick Cave and the Bad Seeds – je les adorais depuis très longtemps – avec qui je voulais faire quelque chose. Notre rencontre a lieu grâce à un ami commun, le fameux Hal Willner. Hal Willner est un type à connaître.

Ses détracteurs l'appellent le Rolodex, parce qu'il a le téléphone de tout le monde. Son job[1], c'est de faire le son pour *Saturday Night Live*, le bruitage dans tous les sketchs, depuis 30 ans. Il a commencé au début des années 1980, date à laquelle il a rencontré Marianne.

Tous les samedis de l'année, il est à *SNL*, où je vais très souvent le visiter, dans ces studios télé où les *parties* sont absolument mémorables.

Hal Willner est vraiment un grand mélomane, tous ses amis sont des musiciens, des artistes. Et il connaît bien Nick Cave… À l'époque, je n'ai jamais rencontré l'homme, mais je connais sa musique.

Ça se passe en direct entre nous, il n'y a pas de manager.

— Nick, est-ce que tu ferais une chanson pour Marianne ?

— Ouais. Qui d'autre en fait ?

— Polly Harvey.

— Ah bon ? Alors ça sera sans moi.

Nick Cave et PJ Harvey ont eu une aventure ensemble, et leur histoire s'est très très mal terminée.

Petit à petit, à force d'insister, je finis par séduire Nick Cave.

— Qu'est-ce que tu veux que je fasse ?

— Viens juste jouer du piano.

Nick Cave vient finalement avec le groupe au complet. Je fais en sorte que Hal Willner réalise les trois titres des Bad Seeds et de Marianne. Victoire ! Il y a notamment « Desperento », un titre génial qui a été écrit par Marianne et mis en musique par les Bad Seeds.

1. Il l'appelle son « *rent job* » : le travail qu'il fait pour payer son loyer.

Dans cet album, on enregistre également « Crazy Love », qui sera le tube de l'album. Et c'est le début d'une immense amitié entre Nick, Marianne et Warren Ellis, le violoniste. Ce dernier va devenir un de mes meilleurs amis, à la vie à la mort, on travaillera régulièrement ensemble.

Comme à chaque fois, la sortie de l'album est prétexte à une nouvelle tournée mondiale. C'est le rythme : album, tournée mondiale, album… En 2005, la sortie d'un *tribute* de Gainsbourg, *Monsieur Gainsbourg revisited*, est prévue.

Normalement, Marianne n'en fait pas.

Je lui en parle quand même et elle me répond : « Je le ferai uniquement si je peux revoir mes vieux potes Sly et Robbie. »

Sly et Robbie acceptent tout de suite, ils connaissent Marianne depuis la Jamaïque, ils s'adorent, je crois qu'ils ont déjà joué ensemble. Nous allons vivre un très grand moment en studio. Voir Sly et Robbie jouer live, totalement ensemble, soudés dans l'effort musical, pour moi, c'est du jamais-vu, c'est quelque chose d'assez incroyable, un vrai séisme. On enregistre dans le studio de Blanc-Francard et à un moment, bouche bée, Dominique me dit : « Je ne comprends pas… Même en le voyant, je ne comprends pas comment il fait sur sa caisse claire… »

Ce qui est fascinant avec Marianne, c'est qu'il y a pratiquement tous les jours, sans exagérer, une demande pour faire quelque apparition au théâtre, dans la musique, que ce soit d'amis de longue date ou de musiciens plus jeunes. Un jour, c'est Ronnie Wood qui fait ceci, un autre, c'est Charlie Watts qui fait cela, ou le guitariste des Wings, ou Yoko Ono, ça n'arrête jamais. Marianne accepte souvent de participer, si elle en a le temps.

Il y a aussi les personnes qui font une proposition, mais ce qu'ils veulent, en réalité, c'est prendre une ligne avec Marianne pour pouvoir dire dans les dîners : « Putain ! Hier soir j'ai pris une ligne avec Marianne », comme on pourrait dire : « J'ai pris une ligne avec Keith Richards. » Ce genre de déclaration fait tout de suite de toi un affranchi.

J'essaye de barrer la route à tous ces gens-là.

Easy Come, Easy Go avec Hal Willner sort en 2008. C'est un album de *covers* sélectionnées par Willner et par Marianne elle-même, je collabore peu à ce disque en tant que directeur artistique, cette fois je les laisse faire tous les deux. Je ne pense pas que ce projet restera dans l'histoire mais il offre des collaborations intéressantes, notamment avec un chanteur qui est alors en train de changer de sexe, Antony and the Johnsons, un super duo. Lou Reed vient faire des guitares, c'est l'époque où Marianne et Lou se voient beaucoup.

Chapitre 39

Why did we have to part

En 2009, très officiellement, Marianne annonce à la presse qu'on se sépare et elle écrit une chanson là-dessus.

Je tombe des nues.

Ça fait déjà quatre ans qu'on n'est plus ensemble, je ne comprends rien à cette déclaration. Qu'est-ce qui lui prend d'un coup ?

Elle dramatise la situation et déclare à des journalistes : « Désormais, je me sens trahie et abandonnée », ce qui me plaît moyennement.

Elle pratique la vieille manière des Rolling Stones, en m'envoyant ses conclusions personnelles par voie de presse…

Notre histoire s'était imposée à nous comme une évidence. À force d'être ensemble, tout le temps.

Au début, tout était beau, on parcourait le vaste monde, on enregistrait, on jouait…

En plus des tournées, il y avait cette vie, étourdissante et vraiment caricaturale de la jet-set. S'il y avait une *party*, on y allait, peu importe que la *party* soit à NY, à Berlin ou à Kingston…

« Ah ! c'est l'anniversaire de… (Marianne lançait le nom de telle ou telle célébrité) ! » Ou encore : « Chris Blackwell fait une *party* en Jamaïque ! C'est parfait, on ira faire le concert à New York juste après. Champagne ! »

Et hop, on prenait l'avion et on y allait.

Je me suis retrouvé dans ce circuit des « bohémiens », comme disent les Anglais, de *party* en *party* et de tournée en tournée. S'il y a une chose pour laquelle les Anglais sont toujours très forts, ce sont les *parties*. Il y a bien sûr les interminables *Christmas parties*, les *spring parties*, les *summer parties*, les *A list parties*, comme ils disent aux États-Unis, etc., etc. Beaucoup de choses se font et se défont lors de ces raouts, comme Kate dit : « *Party to plan, diamond to sell.* »

Nous avons vécu une très belle histoire, Marianne et moi.

Mais petit à petit… Je n'en pouvais plus. Je me sentais comme un colis FedEx, ces 15 ans de tournées mondiales, c'était trop de fuites en avant, trop d'alcool, trop de tout.

Alors notre histoire s'étiole, je reprends ma vie privée, j'ai d'autres aventures, dont une qui ne plaît pas du tout à Marianne, ce qui coïncide avec ses déclarations aux journaux. Je comprends qu'elle se sente « trahie et abandonnée », j'en souffre, moi je suis fatigué.

Malgré notre rupture, on continue à travailler ensemble, et donc à se voir tout le temps. C'est évidemment compliqué d'avoir une vie privée, d'autant plus que la fameuse dame avec qui je suis supporte mal la relation fusionnelle que j'ai avec Marianne.

Marianne, en tant qu'addict, est très dépendante, elle est en constante demande de preuves d'amour et d'affection.

Un jour, Marianne rentre de l'hôtel Costes où elle passe sa vie quand elle est à Paris : « Il y a un mec qui ne me lâche pas la grappe. À chaque fois que je passe au Costes, ça fait la troisième fois cette semaine, il me dit qu'il est musicien et qu'il veut travailler avec moi. Il m'a donné sa carte, tiens. Dis-lui d'arrêter ! »

Je jette un coup d'œil à la carte de visite et je découvre que le musicien qui voudrait tellement travailler avec Marianne, c'est Laurent Voulzy.

— Marianne, tu sais, il est assez connu. C'est un poids lourd du disque en France…

— Ah bon ?

J'appelle Laurent Voulzy, qui me dit : « Comme beaucoup de gens, Marianne est une de mes idoles, je rêverais de travailler avec elle. »

Marianne se laisse tenter par l'aventure : « Pourquoi pas, qu'il vienne à l'appartement ! J'ai un texte, j'ai besoin d'une musique. »

Voulzy débarque un peu plus tard et lui demande : « Alors, qu'est-ce que tu as ? » La séance de travail démarre : ils sont assis à une table avec une guitare et se regardent les yeux dans les yeux.

Voulzy joue le morceau et, comme d'habitude, au bout d'une demi-heure, j'enregistre le résultat sur mon iPhone. Pour Marianne, c'est dans la boîte.

— On a quelque chose. *Let's have lunch!*

Voulzy est un peu déçu.

— Ah bon ? On ne continue pas ?

— Bah non, là je vois clair, elle y est, la chanson. Couplet, refrain, on va retravailler ça, pas de problème.

Voulzy nous rappelle le lendemain :

— Si tu veux travailler, j'ai mon studio, j'ai tout préparé…

— Non, Laurent, ça y est, pour moi c'est fait, la chanson est terminée. On va la faire avec mon groupe.

Il y a un vrai décalage entre « comment on écrit » et « comment on fait une chanson ». Pour Marianne, du moment qu'elle a les accords, qu'elle sait à peu près où elle va, ça y est, c'est bon, c'est fini, terminé.

Ensuite, en studio, le groupe se l'approprie, la joue deux, trois fois.

Alors que Laurent Voulzy prévoyait environ six mois de studio, tout se retrouve en boîte en 20 minutes chrono.

« Why Did We Have to Part ? », qui est sur l'album *Horses and High Heels*, est une belle chanson qui a vraiment bien fonctionné.

Pour ma part, ce titre sur notre relation perdue me laisse perplexe. Et ça me fait encore plus bizarre d'entendre cette chanson tous les soirs en tournée.

Chapitre 40

Sister cortisone

Après la sortie de *Horses and High Heels* en 2011, une autre tournée mondiale s'achève enfin, à New York, et comme d'habitude on est épuisés.

Crevé, exsangue, je n'en peux plus. J'ai prévu de partir me reposer chez des potes en Inde et Marianne en Jamaïque.

Avant notre départ, Marianne se débrouille pour avoir un entretien avec le médecin de l'hôtel à New York et elle part en Jamaïque avec un énorme pot d'oxycodone, le tristement célèbre médicament opioïde qui va tuer Prince et Tom Petty.

Alors que j'essaye de me reposer en Inde, je suis abreuvé de coups de fil en provenance de Jamaïque : Marianne a fait une overdose.

Plus tard, quand je retrouve Marianne à Paris, elle est devenue très bizarre.

Comme si de rien n'était, on repart en tournée, sauf que Marianne m'explique qu'elle marche de plus en plus difficilement. Elle exige une chaise roulante dans les aéroports, elle refuse d'arpenter les longs couloirs. Je la secoue un peu.

— Mais putain, Marianne, fais un effort.

— Non, non, non, tu n'y connais rien, de toute façon c'est mieux d'être en chaise roulante, comme ça, on passe les douanes en un clin d'œil, on embarque direct. *Elizabeth Taylor used to do it.* (Elizabeth Taylor faisait toujours ça.)

Bizarre, bizarre. Avec Marianne, même après toutes ces années, il m'est toujours très difficile de distinguer le vrai du faux. Son docteur parisien qui la suit depuis des années vient plusieurs fois nous rejoindre sur la tournée, il me confirme : « Ça a l'air d'aller, ne vous inquiétez pas. »

Un jour, elle revient d'un concert et l'assistante me dit : « Elle est devenue toute blanche, elle est tombée dans les pommes, je l'ai amenée chez le médecin. »

Un peu plus tard, je reçois un coup de fil du thérapeute : « Il faut l'hospitaliser immédiatement, son pronostic vital est engagé… »

On découvre alors le pot aux roses : ça fait six mois que Marianne marche à la cortisone. Elle a réussi à trouver une filière pour en obtenir et, en bonne addict, elle en prend des tonnes, quotidiennement. Personne ne s'en est rendu compte, ni moi ni son toubib.

C'est à ce moment-là que tout commence à dérailler, que l'organisation Faithfull s'éparpille en miettes.

Quelque temps après, à Los Angeles, alors que Marianne habite chez notre vieille pote Carrie Fisher, elle se lève dans la nuit pour aller aux toilettes. Pas de chance, elle glisse, tombe et se fracture le sacrum.

On l'amène d'urgence à l'hôpital, elle y reste presque deux mois. Comme elle ne peut pas bouger de son lit, c'est mission impossible pour la rapatrier.

Hospitalisée en Amérique, Marianne découvre de nouvelles drogues absolument fascinantes : « *Wow! I have never had such good drugs in my entire life*[1]. »

J'avais prévu à cette période-là une tournée, que j'annule : nous traversons une crise financière des plus sèches.

1. « Wahou ! Je n'ai jamais pris de drogues aussi bonnes de ma vie. »

Après son opération du bas du dos, Marianne décide de partir avec des amis en Grèce pour prendre le soleil et se retaper. Mais elle tombe à nouveau et se casse la hanche…

Durant un an, Marianne va endurer opération sur opération – des hanches, puis des épaules, puis du coude… Cette période est interminable et douloureuse. En tant que manager et ami, j'essaye d'être le plus présent possible pour la soutenir.

On arrive tout de même à enregistrer l'album *Give My Love to London*, et elle fera malgré tout une tournée pour présenter ce disque en public. C'est très dur pour moi à organiser, je dois trouver une nouvelle équipe, parce que ce ne sont plus vraiment des *tour managers* qu'il faut, mais des infirmiers.

Je me demande comment elle y arrive, mais elle a cette espèce de truc, ce « quoi qu'il m'arrive, je continue ». Ça fait partie de son personnage. Quand je pense : *Là c'est fini, elle n'y arrivera pas*, tel le phénix, elle y parvient, souvent de manière triomphale.

Son dernier concert à ce jour s'est déroulé au Bataclan. Comme beaucoup d'artistes dans le rock, les événements de 2015 l'ont vraiment traumatisée.

Dans la nuit du 13 au 14 novembre, juste après l'attaque terroriste qui a coûté la vie à 130 personnes, elle a écrit le morceau « They Come at Night », qui figure sur son dernier album, *Negative Capability* et dont le grand Mark Lanegan a composé la musique.

Cette chanson, Marianne voulait absolument la chanter pour la première fois, avant de l'enregistrer, dans cette salle.

Le Bataclan est complet. J'ai réuni le groupe habituel, plus Warren Ellis au violon. Juste avant le concert, on se réunit en catimini dans une loge, et on se dit : « Si elle tient 20 minutes, ce sera le maximum. »

Marianne semblait au bout du rouleau. L'après-midi du concert, il avait fallu la porter à sa loge, elle n'arrivait plus à marcher… Et pourtant l'heure venue, les spots illuminent la scène, le groupe joue et elle surgit dans la lumière pour donner un magnifique concert de pratiquement deux heures.

Elle parvient toujours à nous surprendre.

Même si sa santé continue de se détériorer sérieusement, Marianne ne lâche rien. Elle écrit des chansons et veut à tout prix faire un autre album. Tout le monde lui dit, moi compris :

— Mais, Marianne, peut-être qu'il faudrait songer à arrêter… Regarde, tu as du mal à marcher, tu as mal tout le temps.

— Non, non, je veux le faire.

Une fois encore, tous les *usual suspects* répondent oui, c'est-à-dire principalement Nick Cave et Warren Ellis.

Une fois encore, j'organise tout de A à Z.

On s'installe aux studios La Frette, pas loin de Paris. C'est une grande maison, on y habite et on y mange, on est tous ensemble, ce qui fait énormément de bien à Marianne.

Tous les participants sont éberlués par son état, et on est tous à se poser la grande question… Mission impossible ?

Une fois que tous les *basic tracks* sont terminés, tous les tapis instrumentaux tressés, il faut poser la voix… C'est le moment de vérité. Marianne arrive avec… son infirmière. Problème : le studio est au sous-sol et, pour descendre le minuscule escalier, c'est comme faire le tour du monde, il faut trouver un moyen de descendre l'artiste.

L'angoisse est à son paroxysme. Je peux lire la peur sur les visages des musiciens.

Enfin installée face au micro, Marianne chante la première chanson, « No Moon in Paris ».

Comme d'habitude, elle ne fait qu'une prise.

Et comme d'habitude, la vieille magie est là, intacte.

Tout le monde a les larmes aux yeux, musiciens, assistant, infirmière, ingénieurs, tout le monde applaudit. Marianne a réalisé tout l'album, c'est un magnifique bijou. *Negative Capability*, notre neuvième album studio ensemble, sort en 2018, mais c'est la première fois qu'on ne part pas en tournée mondiale. Contrairement à l'image véhiculée par les médias d'une mondaine superficielle, Marianne n'a qu'un moteur : la création. Rien, absolument rien, ne l'arrête. Une artiste.

Marianne, c'est 26 ans de ma vie sur un *roller coaster*... Un soir, tu sabres le champagne avec Cherie et Tony Blair, le lendemain, tu es dans la rue ; un jour tu es dans les Hamptons dans la maison de Paul Morrissey et Andy Warhol, le lendemain, tu as l'électricité coupée ; un jour tu es au Festival de Salzbourg avec l'orchestre symphonique de Vienne et le lendemain avec Metallica.

C'est la vie de bohème, la vie rock and roll !

Merci, Marianne.

I love you.

Quatrième Partie

LES INSUS

Chapitre 41

Le sale virus

Pour renaître, il faut d'abord mourir.

Un matin de check-up, fin 2010, mon médecin me dit : « Vous avez le virus de l'hépatite C. »

Je tombe des nues. Je ne pensais pas vraiment l'avoir, je connais bien le monstre, je suis entouré de gens qui l'ont eu. C'est un sale virus qui a traîné au même moment que le sida.

Presque tout le groupe Téléphone a eu l'hépatite C, mais aussi Marianne, Anita Pallenberg et Olive.

« Votre foie n'est pas encore très atteint, mais il faudrait le traiter », continue le médecin. Le traitement existant, l'interféron, est très dur. Je l'ai vu agir sur mon entourage proche, je pense à Louis et à plein d'autres. C'est comme si tu avais la grippe avec 40 de fièvre pendant six mois, voire un an, tu ne bouges pas du lit, tu es un légume. J'ai trop de boulot, alors je repousse tout en me faisant ausculter régulièrement pour savoir si le virus n'est pas en train de me bouffer le foie.

Paradoxalement, je suis plutôt en bonne forme : je nage, je prends bien soin de moi, je fais attention, mais sur le plan personnel j'ai une histoire d'amour qui se passe très mal, j'en prends plein la gueule, je pars complètement dans le décor…

Sur le plan professionnel, ce n'est pas terrible non plus. Marianne commence à être vraiment malade, mes autres projets ne décollent pas et j'ai beaucoup de mal à joindre les deux bouts.

En novembre 2012, rendez-vous à l'hôpital Cochin. Je vais enfin avoir accès au nouveau traitement, beaucoup moins violent que l'interféron. J'ai pour cela rendez-vous avec un grand médecin qui peut me faire bénéficier de ce protocole, mais il préfère faire la conversation : « François Ravard ? Mais c'est vous, le producteur du film de Gainsbourg, de Marianne Faithfull, de Téléphone. Putain ! J'ai affaire à un gros poisson, là ! »

Je lui raconte quelques anecdotes sur Serge. Il en veut plus, notamment sur Marianne. Puis il me rassure, je n'aurai aucun problème pour accéder au nouveau traitement. Il reprend :

— Ah, mais avec tout ça, je n'ai même pas regardé vos radios.

Il met le DVD des scanners et différentes radios dans l'ordinateur pendant que je vais aux toilettes. À mon retour, il me dit :

— Je peux être brutal ?

— Ouais. Qu'est-ce qu'il y a ?

— À mon avis, vous en avez pour six mois.

— De quoi… Qu'est-ce que vous dites ?

— Vous avez une tumeur cancéreuse de six centimètres… Dans six mois, c'est fini.

À ce stade de la conversation, j'ai l'impression d'atterrir dans un mauvais feuilleton hospitalier.

— Mais vous ne vous êtes pas trompé de DVD, docteur ? Je suis en pleine forme, tout va bien…

— Il faut que vous compreniez : vous seriez en Californie, une tumeur cancéreuse sur le foie, au-delà de cinq centimètres, on ne vous opère plus, c'est trop tard, or vous en avez une de six centimètres. Mais vous avez de la chance, en France, il y a un médecin qui tente ces opérations, le Pr Belghiti.

— Belghiti ? Ce n'est pas lui qui a opéré Gainsbourg ?

— Oui, c'est lui. Il est à l'hôpital Beaujon, il confirmera sûrement mon diagnostic ; voilà son adresse mail.

Je déambule dans ce 14e que je connais par cœur pour me retrouver rue Campagne-Première, une rue que j'affectionne particulièrement. Je vais manger un excellent poisson au Duc arrosé d'un délicieux vin blanc, je suis seul au bar, abasourdi, à l'arrêt. Je ne comprends pas, j'ai du mal à digérer ce qui m'arrive.

Cet après-midi-là, le hasard fait que mon premier amour, Corinne Fontanarosa, m'appelle, puis Marianne, et enfin Anita Caudron.

Ça se passe comme ça, je ne sais pas pourquoi. Elles n'étaient pas au courant mais voilà que toutes mes anciennes fiancées dont je suis resté si proche veulent me parler. C'est très bizarre.

J'envoie un mail, et instantanément le Pr Belghiti me répond.

Trois jours plus tard, je le retrouve à l'hôpital Beaujon. On se reconnaît vaguement... On avait dîné ensemble avec Gainsbourg. On évoque Serge et sa maladie qui n'avait rien à voir avec la mienne, et il confirme le diagnostic : « Quand l'incendie est déclaré, il ne faut pas chercher la boîte d'allumettes, il faut éteindre le feu. On va vous opérer d'urgence, mais avant, il faudra faire une chimio-embolisation. »

Puis il me parle des conséquences, il n'est pas sûr que ça réussisse, le ciel de mon avenir s'obscurcit encore. Complètement anéanti, je n'arrive plus à cogiter.

Une semaine après, je me retrouve à l'hôpital. Je suis vraiment très mal. Je flippe. J'ai une espèce de crise d'angoisse, alors que les mecs m'ont rasé et préparé pour l'opération, je me dis que je vais y rester, c'est trop con… Je m'évade de l'hôpital.

Vous avez bien lu.

Je vais me bourrer la caisse et je suis rejoint par quelques amis, Brigitte, Anita, Jean-Louis et sa compagne Barbara. Ils me retrouvent dans un bistrot, je leur dis que je ne veux simplement pas aller me faire charcuter.

Si je dois partir, je dois partir.

Je me souviens d'une interview de John Cassavetes à la fin de sa vie. Alors qu'il était déjà très malade, les médecins lui avaient demandé de changer radicalement de mode de vie, d'arrêter de boire, de fumer, de travailler à un rythme effréné. Il répondait : « Je n'arrêterai rien, j'en suis incapable », il est effectivement mort quelques mois plus tard.

Après cette grosse biture, Brigitte me recueille chez elle où je dessoûle pendant plus d'une semaine. Elle prend bien soin de moi et je décide alors de retourner à l'hôpital.

En guise de hors-d'œuvre, ils me font la chimio-embolisation.

L'opération se passe, je me réveille dans un couloir et je me mets à frétiller comme un poisson qu'on vient de pêcher. De plus, j'ai les dents qui claquent, on dirait un personnage de dessin animé, et j'entends les infirmières : « On est en train de le perdre ! On est en train de le perdre ! »

Finalement je me réveille dans une chambre blanche, le chirurgien arrive : « Vous allez bien, on est très contents, tout s'est très bien passé. J'ai appris que vous aviez eu un problème, vous avez fait une allergie au produit, ça arrive très, très rarement, c'est vraiment pas de chance. Mais vous vous en êtes bien sorti, ça ira… »

C'est à ce moment de son discours explicatif que je tombe dans les pommes.

Je ne peux plus marcher, je suis très faible, à l'époque j'habite au 5e étage sans ascenseur. Je pars en convalescence chez un ami,

Jean Coulon. Je récupère. Au bout de 15 jours, ça commence à aller un peu mieux.

La deuxième opération arrive très vite, début 2013, cette fois il faut enlever la tumeur.

C'est une opération lourde, et je reste deux bonnes semaines à l'hosto. C'est extrêmement douloureux, je me dis souvent : « Putain, j'aurais peut-être mieux fait de faire comme ce bon vieux Cassavetes », cette idée me hante.

Heureusement, ma très chère amie Carla Bruni, que je connais depuis les années Téléphone, m'envoie chez elle au cap Nègre, un endroit magnifique sur la Côte d'Azur. Carla est l'amie rêvée, fidèle, bienveillante, gentille. L'élégance.

Je récupère au soleil, mais je souffre énormément. Parfois je me réveille dans la nuit, seul dans l'immense demeure, avec de nouvelles douleurs. Dans ces instants foudroyants, tu crois que tu vas crever de cette saloperie.

Petit à petit, ça s'estompe.

Trois mois plus tard, comme les médecins l'avaient prévu, je commence à aller vraiment mieux. « L'opération s'est très bien déroulée, malheureusement le virus de l'hépatite C est toujours là et il attaque ce qu'il reste du foie. Il est très virulent, très violent, il est de plus en plus puissant. »

Et ils me donnent le fameux traitement, le nouveau médicament que j'attendais.

Cette année de ma vie, pour résumer, je la passe dans le monde hospitalier.

J'ai toujours mon bon vieux foie, plus de tumeur cancéreuse, mais le virus est toujours là.

Naturellement, il faut essayer de ne plus boire du tout, avoir une vie saine. Je suis scrupuleusement à sec, les médecins m'ont prévenu : ce type de cancer connaît beaucoup de récidives.

Quelles sont mes chances de survie ?

Selon eux, il y a entre six et huit possibilités sur dix que ça revienne. Je fais tout pour empêcher ça, vraiment toutes les choses possibles et imaginables. Yoga, eau minérale, légumes bios, acupuncture, naturopathie, curcuma, thé vert et j'en oublie.

De semaine en semaine, de mois en mois, de trimestre en trimestre, les tests et les examens sont négatifs, je n'ai rien, tout va bien.

Fin 2014, on m'annonce que le cancer est revenu et que la greffe est désormais la seule solution.

Quand je parle de la greffe du foie à mes amis, Roger Waters m'annonce la mort de son copain Nick Griffiths quelques semaines après le transplant. Hal Willner me raconte les derniers jours de Lou Reed, lui aussi victime d'un rejet.

Comme je me sens vraiment en pleine forme, j'hésite. Peut-être parce que l'opération dure 14 heures, parce que tu restes en soins intensifs pendant trois semaines et que tu as deux mois d'hospitalisation. Entrer et sortir de ces putains d'hôpitaux, c'est devenu ma hantise. Donc j'hésite.

Jean-Louis est alors très proche de moi.

Il a toujours été là dans les moments difficiles. Un beau jour, il me dit : « Je te connais, tu es vraiment fort, tu n'as qu'à y aller en te disant "Je vais chez le dentiste", serre les dents et ça ira. »

Un truc clique dans mon esprit. *Il a raison.*

Belghiti a pris sa retraite. Sur la route de la grande décision, j'ai un rendez-vous important avec une nouvelle chirurgienne, Federica Dondero.

— Vous m'êtes vraiment très sympathique, vous êtes en bonne santé.

Ça me fait éclater de rire.

— S'il vous plaît, docteur, arrêtez de dire d'un côté que je suis en bonne santé et de l'autre côté que je vais mourir. Faudrait vous mettre d'accord, non ?

— Ce qu'on veut tous dire, c'est que tout votre *organisme* est en très bonne santé. Vous seriez mon frère, je vous obligerais à faire cette greffe. Je comprends vos hésitations, mais je suis sûre de mon coup…

Second déclic.

Je décide d'y aller.

Je paraphe tous les papiers qu'il faut signer.

Ce qui est horrible, c'est que soudain on se retrouve comme dans un thriller au suspense oppressant car, pour faire une greffe du foie, il faut avoir un foie.

99 % de ces organes viennent d'accidents mortels de la route.

Ils ont lieu en général le week-end et la nuit. La plupart du temps, on te tire du lit en t'appelant : « Venez immédiatement à l'hôpital, monsieur ! »

En janvier 2015, je meurs. Tout une partie de moi, de ma manière de penser, de rire est blessée à jamais par les meurtres perpétrés chez *Charlie Hebdo*. L'adolescent que j'étais n'aurait jamais pu imaginer cette ignominie. Putain, il faut rester aux aguets comme dit Deleuze.

D'un autre côté, on me dit : « Il faut être en tête de liste, vous êtes bien placé, votre tour devrait arriver d'ici trois mois. »

Quelques semaines plus tard, je suis dans un taxi quand je reçois un coup de fil de l'hôpital Beaujon.

— Nous avons un foie pour vous. Venez tout de suite.

— Je repasse chez moi et j'arrive…

— Non, monsieur Ravard, ce n'est pas la peine d'amener quoi que ce soit, vous n'avez besoin de rien. Venez maintenant. Tout de suite.

Ce trajet vers l'hôpital, je m'en imprègne. Je regarde les rues de Paris, les gens de cette ville que j'aime. Puis je regarde la nuque du chauffeur. Je suis seul et je pense à la mort.

Détail complètement irréel, je découvre qu'il y a une entrée secrète à l'hôpital Beaujon : c'est leur entrée des artistes, la porte des greffes.

J'arrive là-bas à 21 heures, même pas besoin de sortir mes papiers, ils savent : « Ah, c'est vous ! On va vous préparer », et c'est aussitôt l'enfer de la préparation, douche antiseptique, rasage, etc.

Parallèlement à ça, le foie, que la chirurgienne appelle le « greffon », arrive par hélicoptère.

Le greffon, il faut encore savoir s'il correspond à ton corps. On peut très bien te préparer jusqu'à 5 heures du matin pour finalement te dire : « Rentrez chez vous, ce n'est pas pour aujourd'hui. »

Inutile de préciser que tout ça est très anxiogène, mais je me fais une raison, je me dis que si ça se trouve, c'est fini. J'écris quelques SMS à des potes, je préviens Jean-Louis, Anita, Brigitte, Warren et quelques proches.

Ah, et j'annule aussi des rendez-vous de boulot, genre : « J'ai un empêchement de dernière minute. »

Cette maladie, j'ai fait en sorte que ça ne se sache pas trop, dans le Métier. Dans ce monde de requins, s'ils savent que tu as le cancer, c'est : « Ah, chouette ! Ravard est à l'hosto ! » ou encore « Ravard ? J'ai un scoop, il va mal. On se connaît bien, je peux te dire qu'il n'en a plus pour longtemps », avec tout le monde qui tronche : « Ah, d'accord. » À partir de là, plus personne ne t'appelle, *nada*, c'est fini, « *terminado* porte Maillot » comme disait Gainsbourg, tu es malade donc un mort en attente, quasiment foutu.

Durant toute cette période de deux années, je n'ai parlé de cette maladie à pratiquement personne.

Les infirmiers me descendent au bloc.

La dernière chose dont je me souviens, c'est de l'apparition de l'anesthésiste, une espèce de Freak Brother.

Les anesthésistes connaissent très bien les drogues, aussi bien que Marianne Faithfull et Keith Richards. Ils ont tous des tronches hilares… parce qu'ils flirtent avec tout ça, et je vois cette tête très sympathique, genre hippie, qui déboule dans mon champ de vision et me précise : « T'en fais pas, j't'ai concocté un de ces trucs, ça va être formidable. »

Ce sont les derniers mots que j'entends…

Chapitre 42

Renaissance

L'opération dure 14 heures.

Je me réveille le 2 mars, écrasé de douleur. C'est au-delà de tout ce qu'on peut imaginer ou raconter comme souffrance. Je réclame tout le temps qu'on me colle sous une machine à morphine.

La chirurgienne m'avait dit : « Si le patient se lève très, très vite, ça veut dire que ça se passe bien. »

Peut-être était-ce inconscient mais, trois jours plus tard, une infirmière me retrouve debout à côté du lit, avec tous les fils arrachés. Je l'entends hurler :

— Mais qu'est-ce qu'il fait debout celui-là ?! Recouchez-moi ça !

Je n'ai qu'une idée fixe en tête, leur montrer que je peux me lever.

— Laissez-moi debout ! Je veux marcher !

Je reste en soins intensifs pendant deux semaines, un truc que je ne souhaiterais pas à mon pire ennemi si j'en avais un. Puis la chirurgienne me rassure : « Je sais que vous souffrez, c'est dur, mais nous, on est très contents, on pense que ça va aller. »

La greffe du foie, c'est une mathématique.

La période critique est de 21 jours, très exactement. Si tu ne meurs pas avant, il y a une chance que ça aille mieux ensuite.

Après les trois semaines fatidiques, tu sors des soins intensifs pour aller dans une aile d'hôpital où tu restes quatre semaines. Et si tu passes ces quatre semaines, tu as 40 % de chances de survie.

Plus les semaines passent à partir de la huitième semaine, plus tu gagnes des points de vie…

Et à partir de la neuvième semaine… C'est bon. Tu peux sortir, mais obligation de rester pas trop loin de l'hosto, en cas d'urgence.

Jean-Louis a une maison de campagne à une heure de Paris, c'est l'idéal. Il me propose : « Viens à la maison pour ta convalescence. »

J'arrive chez Jean-Louis à la mi-avril. Il s'occupe vraiment bien de moi avec Barbara. Au début, je suis un peu un légume, mais jour après jour, ça va mieux.

C'est comme une seconde naissance. Sans faire de mysticisme, surtout pas, je me vois renaître dans ma chair, comme la nature à l'extérieur…

C'est le printemps, un très beau printemps. Il y a un jardin magnifique, je vois les bourgeons, les arbres en train de fleurir, tous les matins ça change, c'est ma résurrection. Je reprends du poil de la bête, je commence à me dire que c'est peut-être gagné.

Je vais une fois ou deux à l'hôpital, tous les tests sont bons, et je me sens revenir à la vie.

Plus je récupère, plus je vois à la tête de Jean-Louis qu'il a envie de me dire quelque chose, je le connais par cœur, mais il garde le silence et se concentre sur ma santé.

Avant l'opération, Richard Kolinka m'avait dit : « Si tu ne crèves pas, j'espère qu'on va refaire ce putain de groupe. »

Louis Bertignac aussi m'avait appelé : « Je le sens, tu vas t'en sortir et, ce coup-là, je suis sûr qu'on pourra reformer le groupe. L'idée de la greffe, c'est un coup de maître ! Bravo, Ravedu, on ne pouvait pas faire mieux ! »

Humour Bertignac tout craché.

Finalement, Jean-Louis finit par vider son sac : « Tu vois, la Terre est une chouette planète, je suis content que tu aies décidé de rester dessus… »

On parle philosophie, on parle de la vie, de l'aventure de la vie. « Regarde, j'ai dessiné un truc. »

C'est ce que Jean-Louis faisait avant, quand on habitait avenue Frémiet, il dessinait et me faisait voir ensuite ses idées. Il me tend le dessin d'un point d'interrogation avec marqué dessous « les Insus » et ajoute : « Je pense que ça serait bien qu'on refasse le groupe, j'ai même trouvé un nom : les Insupportables. »

Même si sur le coup je ne trouve pas le nom terrible, je le laisse parler car en vérité je suis aux anges. Jean-Louis devient très excité à mesure qu'il explique :

— J'en ai vraiment envie, on pourrait le faire. Comme on a commencé par un point d'exclamation pour logo, là, ce serait un point d'interrogation. On pourrait faire quelques concerts surprises. On n'a qu'à faire un trio. J'ai une guitare qui fait de la basse, je pourrais faire un peu des parties guitare et un peu des parties basse.

— C'est la meilleure idée que j'ai entendue depuis… Ça fait tellement longtemps que j'attends ça.

— Mais tu crois que les autres seront d'accord ?

— Oui, ils me l'ont dit avant l'opération, bien sûr qu'ils seront d'accord.

— Je vais les appeler et leur dire que tu es sorti d'affaire.

Richard et Louis se pointent chez Jean-Louis en croyant qu'ils sont là pour mon anniversaire. Ils pensent arriver à une *party* avec tous mes fidèles et mes intimes, plein de monde, mais il n'y a que Jean-Louis et moi.

Embrassades, tapes dans le dos, rires, et tout de suite Louis demande :

— Qu'est-ce que vous mijotez tous les deux ?

Jean-Louis, avec son air de petit garçon, répond :

— François et moi, on a discuté, on pense que ça serait bien, si vous êtes d'accord, de remonter le groupe, d'organiser des concerts surprises, voir ce qui se passe. Au moins faire deux ou trois concerts surprises pour fêter la renaissance de François, qu'en dites-vous ?

Richard et Louis sont tout de suite partants. Ils foncent dans le studio de répétition. Un quart d'heure chrono après leur arrivée, ils défouraillent les guitares.

Les trois garçons commencent à jouer, et moi, dans mon coin, je pleure, je pleure d'émotion, je pleure de joie.

À un moment, Jean-Louis pose sa basse et se met à jouer de la guitare avec Louis, Richard est déchaîné derrière ses fûts, et soudain c'est le bon vieux son, le formidable son de Téléphone qui nous saute aux oreilles.

Je le leur dis : « Mais, putain, c'est dingue ! Vous êtes là ! C'est ça ! Il faut le faire ! »

On ne sait pas trop quoi encore mais on a décidé de le faire. « Croix de bois, croix de fer. »

On se retrouve tous les quatre. On se regarde. On sait que ça va arriver. On savoure cet instant si précieux, si unique, tout à la joie d'être là, ensemble. Comme dit Alain : « Il y a de merveilleuses joies dans l'amitié. On le comprend sans peine si l'on remarque que la joie est contagieuse. Il suffit que ma présence procure à mon ami un peu de vraie joie pour que le spectacle de cette joie me fasse éprouver à mon tour une joie ; ainsi la joie que chacun donne lui est rendue ; en même temps des trésors de joie sont mis en liberté, et tous deux se disent : “J’avais en moi du bonheur dont je ne faisais rien[1]”. »

On se dit tout de suite qu’on partagera l’argent comme on l’a toujours fait, à parts égales. « Un pour tous, tous pour un. » La répartition des droits d’auteur a été actée à l’époque de *Crache ton venin* entre les quatre musiciens, et c’est définitif. Quant à moi, je n’ai pas de part sur les droits d’auteur ou d’éditions musicales.

Je me sens comme dans un film de Frank Capra. La vie est belle, le ciel est bleu, les fleurs bourgeonnent de partout, il y a des canards sur la rivière. C’est reparti comme en 1976, quoi !

1. Alain, *Propos*, Paris, Gallimard, coll. « La Pléiade », 1956, vol. 1.

Chapitre 43

Le Point Éphémère

Quand organiser ce concert surprise ?

Je suis quand même toujours un tantinet fatigué, et on se dit qu'on va le faire en septembre 2015.

Il faut trouver l'endroit et un acolyte qui gardera le secret. On pense tous assez vite au Point Éphémère, c'est un vieux pote à nous, Christophe, qui tient la boîte. Je vais le voir et je lui balance la came.

Naturellement, il est d'accord et on a totalement confiance, il ne va pas raconter ça à tort et à travers.

Au départ, mon idée, c'est que, grâce aux téléphones portables, tous les gens qui vont assister à ce concert vont relayer infos et photos immédiatement sur Internet, et le lendemain, ce sera le scoop. Je suis heureux, j'ai mon plan.

Je m'arrange avec Christophe pour qu'ils mettent le concert en prévente sur leur site… La seule date libre, manque de bol, c'est le 11 septembre. Je me dis : « Non, mais pas le 11 septembre, n'importe quelle date mais pas le 11 septembre », sauf qu'il n'y a pas d'autre dispo. Demander à d'autres clubs, ce serait ouvrir la porte aux rumeurs.

Tant pis, ce sera le 11 septembre au Point Éphémère.

Sur leur site, ils annoncent juste : « Concert rock surprise ». Quelques billets commencent à se vendre timidement, à des gens qui vont régulièrement au Point Éphémère et qui ont envie de voir un concert de rock.

Je déjeune avec Richard. Un peu inquiet, il me demande :

— Mais comment tu vas faire pour qu'il y ait du monde ?

— Oh ! tu sais, le Point Éphémère, c'est 300 personnes, juste en appelant les copains, ça va se savoir. Mais surtout, ferme ta gueule. On ne le dit même pas à nos femmes, il ne faut pas que ça se sache.

On a tous tenu parole, personne n'a jamais été au courant de ce projet.

Parallèlement à ça, le patron de choc de Warner Music France, Thierry Chassagne, m'appelle. Il veut faire un *tribute*, c'est la grande mode, mais aussi un coffret Téléphone, et une énième compilation dont je m'occuperais, comme d'habitude.

Les gens de Warner ne savent rien de notre projet. Lors d'une réunion chez eux, on me pose la question :

— Il va y avoir des interviews ? Les anciens Téléphone parleront-ils ?

— Non, il n'y aura pas d'interview, mais ça ira.

Je rigole en mon for intérieur.

Je sais très bien qu'ils auront tout ce qu'il faut comme publicité, bien plus qu'ils ne peuvent en rêver.

Le temps passe, on vendouille encore quelques malheureux billets, mais je ne me fais aucun souci, je sais très bien qu'il suffit de prévenir la veille dix potes pour qu'il y ait 200 personnes qui soient là le jour du concert secret.

La grande nouveauté depuis l'ère Téléphone, c'est que les garçons sont tous sur Internet.

Jean-Louis a 400 000 abonnés Facebook, Louis pareil, et Richard, qui vient de s'y mettre, en a environ 1 000.

Et voilà que ce bêta de Richard met sur sa page Facebook : « Oh ! il y a un concert rock au Point Éphémère le 11 septembre prochain, j'irai. »

Tout de suite, pas mal de fans se disent : « Quoi ?! Il y a Richard ? Mais c'est Téléphone ! » et ça arrive aux oreilles de Francis Zégut quelques heures plus tard, qui, sur la radio RTL2, annonce : « Oh là là ! Dites, les fans de Téléphone, il y a un truc énorme qui se prépare, là ! »

Des journalistes d'investigation foncent enquêter au dépôt des marques, l'INPI, et remarquent qu'un point d'interrogation a été déposé par Aubert. L'enfer médiatique se déclenche.

La France est sens dessus dessous.

Au début, je suis fou de rage. Honnêtement, j'aurais pu tuer Richard de mes propres mains, parce que mon plan de grand retour secret est totalement éventé, effondré, fichu, il n'y a plus vraiment de surprise.

Zégut a balancé l'information le 2 septembre, neuf jours avant le concert.

Par conséquent, tout le monde – le journal de TF1, France 2, BFM TV, RTL, Europe, Inter, *Télérama*, *Libération* – tous s'exclament : « On veut des places » « On arrive ! Comptez sur nous ! »

Mais non ! Il n'y aura pas de places pour vous ! Que nenni !

Rien, pas d'invités presse, personne !

Évidemment, tout est complet en 30 secondes chrono.

Le Point Éphémère étant près du canal de l'Ourcq, on est obligés d'envisager le scénario catastrophe : s'il y a 10 000 personnes qui se pointent, ça va se terminer avec des noyés dans le canal… Et voilà que les pompiers de l'arrondissement mettent leur grain de sel au nom du principe de précaution : « Annulez ce concert ! »

Discussions, négociations. Il se trouve que les pompiers sont super sympas et qu'ils nous aident, finalement. L'après-midi du 11 septembre, il y a un remue-ménage assez fou devant la porte du club. Médias, fans, curieux… C'est le grand chahut. Comme si le pape allait débarquer au Point Éphémère avec sainte Bernadette. Tous les médias possibles et imaginables de France sont là, tout le monde est massé dehors, devant la porte, la bave aux commissures… Ils savent qu'ils ne rentreront pas, mais ils veulent essayer…

Comme le groupe ne donne pas d'interview, ils font des micros-trottoirs. Philippe Manœuvre réalise une impeccable interview sur une radio et moi je dis aux garçons : « C'est ce que je vous disais, les mecs, pourquoi parler ? Regardez, c'est tellement mieux quand ce sont les autres qui parlent pour vous… »

C'est décidé, ce sera ma stratégie.

Ce jour-là, les Insus font une petite balance sur la minuscule scène avec Alex, le formidable bassiste que nous avons déniché pour la reformation du groupe. Tout se passe bien, et on se retrouve dans les loges qui sont chez les pompiers, à côté. On essaye difficilement d'ingérer quelques aliments. Deux heures avant le show, on commence tous à avoir le plus grand trac qu'on ait jamais eu de notre vie. Un trac dément, qui t'empoigne et te malaxe tripes et boyaux. Dans la loge, personne n'a trop envie de plastronner. La question, c'est : « Est-ce qu'on va y arriver ? »

Il faut les comprendre. OK, c'est un tout petit club. Mais les fauves sont à la porte. OK, ils vont jouer pour à peine 200 personnes. Mais tout le monde a son téléphone et tout le monde va balancer des images pirates. Des bouts de films qui se retrouveront sur BFM, LCI, France Info… Et puis c'est la première fois qu'ils refont un concert ensemble… La tension est immense.

Vers 21 heures, je les amène sur la scène du Point Éphémère…

Le riff de « Crache ton venin » est égrainé par Louis et Jean-Louis. Richard fracasse ses fûts.

Les Insus jouent.

Et c'est fabuleux.

Les gens crient dans la salle, ils réclament tous « Flipper », les garçons rigolent et la jouent alors qu'ils ne l'avaient même pas répétée, tout le concert est de ce niveau, l'ambiance est cordiale, marrante, il y a une vraie proximité.

On sent que le groupe est surpris de l'accueil torride, très heureux de cette incroyable embellie.

On a vraiment l'impression que le concert dure cinq petites minutes, parce qu'à chaque morceau la salle réagit en hurlant son bonheur, sa joie, c'est des : « Oh ! ah ! oui ! Aahhh ! », une impression de chair de poule permanente.

Le concert se termine. J'entre dans la minuscule loge où on tient à peine à quatre, moi Ravard, le cinquième. On reprend comme avant, comme si ça ne s'était jamais arrêté, sauf que je vois Richard rouge comme un crabe qu'on vient d'ébouillanter, et Jean-Louis exsangue par terre.

« François, plus jamais on pourra refaire ça ! Il fait trop chaud ! Trop chaud ! »

Il devait faire 45 degrés minimum dans la salle, des gens ont fait des malaises, certains se sont évanouis tellement il faisait chaud, notamment le fameux reporter Alain Wais[1] qui est parti à l'hôpital direct. Sur scène, c'était vraiment la fournaise, dix degrés de plus que dans la salle et comme c'est un show très rock, ils se sont donnés à fond la caisse tous les quatre, ils sont au bord de l'apoplexie.

1. Auteur de l'article sur Téléphone qui se trouvait en première page du *Monde* en 1982.

Avant le rappel, ils me demandent ce qu'ils vont jouer, comme ils l'ont toujours fait pendant les dix ans de vie du groupe :

— Qu'est-ce qu'on fait, François ?

— Il n'y a qu'à faire « Le Vaudou ».

— Oh non, c'est trop rapide… Bon, allez, on fait « Le Vaudou » !

Oublieux de la chaleur, ils remontent sur scène pour faire deux rappels. On se retrouve au septième ciel dans les loges, comme en 1976.

— Qu'est-ce que c'était bon ! Qu'est-ce que c'était génial ! C'est quand le prochain ?

— Attendez, les gars ! Je n'ai rien booké, moi…

On se promet tous qu'on va en refaire un autre.

La bourde de Richard avait créé une frustration, un sentiment d'injustice dans le public parce que le concert du Point Ephémère n'était pas « un concert surprise ». Quand on organise les concerts suivants, à Lille et à Lyon, on ne lâche l'information que le matin même. Les premiers arrivés sur le site de vente de billets sont les premiers servis.

Partout, c'est le plaisir de se retrouver sur scène, face à un public de vieux fans burnés désormais accompagnés de leurs rejetons.

Les garçons s'éclatent, ça s'entend et ça se voit.

C'est le bonheur absolu, aucune mauvaise vibration. C'est de la joie pure et simple.

Sur scène, Louis peut dire : « L'auteur-compositeur de Téléphone, Jean-Louis Aubert » et Jean-Louis peut dire : « Et je remercie mon pote qui m'a tout appris dans sa 4L, Louis Bertignac. »

Ils s'avouent soudain ce qu'ils s'étaient caché, par pudeur parfois…

J'écrase une larme.

Chapitre 44

En tournée

Nous savons depuis toujours que le nom Téléphone appartient à nous cinq, c'est ce qu'on appelle en termes juridiques une indivision. Il faut l'accord des cinq membres fondateurs pour pouvoir l'utiliser. Nous décidons de garder le nom des Insus pour la tournée.

À ce stade, tous les tourneurs nous font des offres mirobolantes : « Si vous vous appelez Téléphone, on vous donnera tant (c'est énorme !), si vous vous appelez les Insus ou je ne sais quoi, ce n'est pas pareil. »

Une chose est sûre, on ne cherche pas d'avance, on veut produire la tournée seuls avec un tourneur pour nous seconder.

Gérard Drouot Productions est un tourneur français qui organise essentiellement des concerts de groupes internationaux. J'aime la manière moderne dont il fonctionne, c'est très rationnel. *I put the show on the road* et eux le font tourner.

C'est une grande première dans l'histoire.

Dans le monde du rock, toutes les grandes batailles judiciaires se sont déroulées autour d'un nom, d'une marque : Pink Floyd, Supertramp, etc.

Keith Richards seul, Mick Jagger seul ne font que des Zénith. Sous la marque des Rolling Stones, ils remplissent des stades.

Je monte toute mon équipe de production. Dans un premier temps, je pense me faire seconder par mon *tour manager* de toujours, Henry, mais un Écossais dans cette aventure franco-française, ça ne fonctionnera pas. J'engage alors Laurent Poirier et Pascal Meley *a.k.a* Georges qui vont abattre un boulot remarquable.

Dès novembre 2015, on annonce les concerts qui commenceront en avril 2016.

À l'époque de Téléphone, les tournées étaient quelque chose d'incertain. Quand elles commençaient, on ne savait jamais combien de billets on allait vendre. On faisait l'essentiel des entrées à la porte. Le public de rock décidait de venir ou pas au dernier moment.

30 ans plus tard, tout a changé, les mentalités ont « évolué ». Les gens achètent leur billet un an à l'avance pour être sûrs de ne pas rater un spectacle à Bercy, pour être sûrs de participer à l'événement.

On continue avec la même politique que le colonel Parker, pas d'interview, mystère total. Le bouche-à-oreille fonctionne à merveille, et même sans aucune interview des principaux protagonistes, il y a une grosse couverture médiatique depuis les concerts surprises.

Pour la mise en vente, il nous faut créer un événement. On est chez Louis en train de répéter et un scénario se dessine : j'amène un gâteau de Noël, on met des guirlandes partout, on filme et on balance ça sur les réseaux sociaux, en disant : « Ça y est ! On part en tournée ! »

Et ça prend ! Il y a on ne sait combien de millions de vues, on ne pensait pas que ce serait aussi énorme.

La date de mise en vente des premiers Zénith arrive, je suis au bureau avec toute l'équipe de billetterie. Le premier jour, c'est une hystérie comme on n'en a jamais vécu, je ne sais pas comment je ne meurs pas d'une crise cardiaque. Tous les Zénith sont complets en quelques heures, personne n'en revient. Contrairement à tout ce qu'on martèle dans les cours de marketing, ces théories selon lesquelles il n'y a que le nom du groupe qui compte, il n'y a que la publicité – bonne ou mauvaise – qui compte, nous prouvons par A+B le contraire. Toute la tournée des Insus affiche complet immédiatement. À la fin de cette extraordinaire journée de mise en vente, on fait les comptes, nous avons vendu 450 000 billets. Un record absolu !

Chapitre 45

Le temps retrouvé

La tournée commence dans cette euphorie qui nous porte tous, nous vivons un moment absolument magique. Quand on est tous ensemble, le temps n'existe pas, comme si les années passées loin les uns des autres avaient été annulées, effacées, nous vivons notre temps retrouvé, nous redevenons des gamins de vingt ans, alors qu'on frôle tous les soixante balais.

Et c'est pareil quand les garçons jouent. Ils ne reprennent que le répertoire de Téléphone, il n'y a aucune chanson solo d'Aubert ou de Bertignac.

Tout se passe sereinement.

Premier concert, deuxième concert, troisième Zénith… Il y a une communion absolument dingue avec le public qui chante tous les morceaux par cœur, avec une grande ferveur. Le groupe et le public sont aussi bons qu'à leur meilleure époque. En guise de rappel, le public hurle : « Merci, merci, merci ! »

Les chansons de Téléphone n'ont pas vieilli. Il y a non seulement la dizaine de gros tubes, mais aussi des chansons comme « Prends ce que tu veux », « Dans ton lit », « Métro (c'est trop) » qui fonctionnent. C'est vraiment du très bon rock, de la très bonne musique qui n'a pas pris une ride.

Pour le public, c'est un peu comme *Retour vers le futur* : rien n'a changé. Comme quand tu vas voir les Stones, les Who, c'est trop bon parce que tu as écouté ça toute ta vie. Cette musique c'est nos cellules, nos chromosomes, notre ADN. Et puis toute une nouvelle génération est là, des gens qui connaissent les chansons mais qui n'avaient jamais vu le groupe sur scène et qui veulent enfin découvrir ce que c'est.

On vit une expérience fabuleuse.

Comme tous les concerts prévus pour 2016 se vendent en une ou deux heures, on rajoute des festivals. Chacun a pris ses habitudes. Jean-Louis est un vrai pro de la route qui a tourné en solo pendant 20 ans, il a l'habitude de son équipe, de certains modes de vie. Jean-Louis préfère tourner en bus, Louis aimerait mieux voyager en voiture, l'un adore traîner dans la salle après le concert, l'autre aime mieux rentrer tout de suite à l'hôtel, mais l'harmonie et la gentillesse prévalent.

Ça se passe bien parce qu'avec l'âge tu prends de la bouteille et tu deviens un peu plus philosophe, dans le sens productif du terme, c'est-à-dire que tu fais des compromis. Au lieu de se foutre un poing dans la gueule, tu dis : « Bon, si ça te fait plaisir de voyager en bus, voyageons en bus, et puis la prochaine fois, qui sait, on prendra la voiture. »

J'arrive à faire en sorte que règne une ambiance de camaraderie chaleureuse, fraternelle…

Pendant la tournée, on a un son absolument fabuleux grâce au remarquable ingénieur Bob Coke, qui d'habitude travaille pour les Black Keys et Jean-Louis en solo.

On a un concept de lumières, créé par Dimitri Vassiliu : trois gros cercles lumineux qui représentent les Insus, c'est notre signature, on l'amènera cet été-là dans tous les gros festivals.

On se croirait revenus avenue Frémiet : Jean-Louis et moi redevenons « le bon couple ». Pour ce qui est de la sono, de l'éclairage, du décor, on imagine tout ensemble et ensuite on soumet à Louis et Richard qui, en général, tombent d'accord, même si chacun peut amener sa touche, améliorer. C'est un vrai travail d'équipe, de groupe.

N'oublions pas le montage financier… Au début, Jean-Louis vient avec moi, ça l'intéresse, on a quelques rendez-vous ensemble. Puis il lâche petit à petit tout ça, il préfère se concentrer sur son rôle de chanteur-guitariste du groupe, et c'est moi qui me retrouve un peu tout seul pour mener cet énorme paquebot.

Je prends un plaisir fou à avoir une telle équipe, qu'elle soit administrative ou artistique. Très vite arrivent les gros festivals d'été où les Insus sont la tête d'affiche, ce qui est très rare en France, d'ordinaire cette position est occupée par des artistes anglo-saxons.

Les festivals se succèdent, deux ou trois par week-end, et comme les distances s'allongent, on utilise pour la première fois un avion privé.

On vit un peu le rêve qu'on avait eu au tout début.

Avec Téléphone, on n'était pas allés au bout de notre rêve, ça s'était vraiment terminé trop tôt, trop vite et on n'avait pas pu conclure ce qu'on avait bâti en dix ans. Il y avait encore l'étape d'après, le sommet de la pyramide, qu'on n'avait jamais atteint, mais là, on peut enfin vivre le grand truc à fond.

Et on réalise que les Insus, c'est un vrai groupe de festival, du niveau des Stooges, le public en veut et en redemande, toutes générations confondues.

Tout est donc prévu et acté, on doit s'arrêter pour les 40 ans du groupe le 12 novembre 2016 au Zénith de Paris, mais comme tout est complet, bourré, rempli, à partir de septembre, je change de refrain : « Dites, les gars, il y a tellement de demandes, tellement de gens qui n'ont pas pu nous voir. 2017 arrive, on ne va pas lâcher l'affaire... »

Je me dis qu'on pourrait faire le Stade de France ou la Paris La Défense Arena qui est en construction.

Je suis invité pour voir les travaux : « Vous êtes sûrs que ce sera terminé, les mecs ? »

Parce que là, il n'y a pas de toit, juste une grosse poutre de béton.

De l'autre côté, il y a le Stade de France, très alléchant.

Après maintes tergiversations, on réserve le Stade de France les 16 et 17 septembre 2017. Les dés sont jetés, plus question de revenir en arrière.

Suit une période de creux de six mois.

Jean-Louis me dit :

— Je suis crevé.

Je lui réponds :

— Repose-toi, tu as six mois.

Les Insus donnent des concerts très fatigants. Jean-Louis bouge beaucoup, Louis aussi, Richard se donne totalement. Les garçons veulent faire du rock sauvage, ils aiment que les spectateurs s'agitent dans les salles.

Avant le concert au Stade qui, comme dans nos rêves les plus fous, serait l'apothéose de notre tournée, on fait une quinzaine de concerts – l'Arena à Montpellier, deux Bercy, quatre Zénith et pas mal de festivals.

Les groupes de stade, il y en a très peu au monde, une dizaine au maximum. Quand tu joues dans un stade, l'infrastructure coûte incroyablement cher, parce que la sécurité est multipliée par 100, parce que tu accueilles 80 000 personnes. D'habitude, que ce soit pour un club ou pour un Zénith, une fois que l'infrastructure[1] est là, tu te chauffes, tu répètes une fois, deux fois, et ensuite tu pars faire les premiers concerts. Ces premiers shows, on les appelle « concerts de chauffe ». Le show est généralement rodé au bout de six, sept concerts.

Ça a été le cas avec les Insus. Ils ont atteint leur vitesse de croisière des Zénith dès le cinquième. Ils ont maîtrisé la production, l'espace scénique, les enchaînements.

On vend les places de la première date du Stade de France en une petite journée. On met en vente la seconde, 50 % des billets partent et on attendra un an pour vraiment remplir la salle.

On organise des répétitions avant, et c'est une entreprise démesurée. Heureusement, j'ai une équipe fabuleuse qui a déjà fait des stades, notamment pour Mylène Farmer. Avec l'équipe des lumières, du son et des caméras, on mobilise 200 personnes, au lieu de 50 en temps ordinaire.

En 2017 a eu lieu le festival Oldchella, le Coachella des artistes rock mythiques (Dylan, Rolling Stones, Neil Young, McCartney, Who et Roger Waters).

Roger m'envoie des films tournés là-bas, je vois la scène immense, dépouillée et je me dis « bingo », c'est ça que je veux. C'est quelque chose d'assez simple, mais comme on fait juste deux dates au Stade de France, on ne peut pas non plus reconstruire Babylone. Si on voit trop grand, on ne pourra pas amortir les décors, qui seront détruits le lendemain du second concert.

1. C'est ce qu'on appelle la *production* en anglais, c'est-à-dire la scène, les lumières.

On se décide pour deux écrans qui font partie des plus grands jamais amenés au Stade de France. Il faut ensuite réfléchir aux images qu'on va projeter dessus. C'est là qu'interviennent des équipes de cinéma, d'animation, qui bossent jour et nuit pour créer le contenu qui sera balancé sur les écrans géants le soir du spectacle.

Il faut que le contenu ait de la classe, car les gens qui vont au Stade attendent un spectacle exceptionnel. Cette année-là, U2 tourne, c'est une compétition au plus haut niveau.

Quand il y a les réunions créatives où je fais voir au groupe l'avancée des décors, des films, personne n'est vraiment enthousiaste, les Insus me regardent tous bizarrement et pensent : « Bon, c'est Ravard, OK, mais… il est sûr de son coup ? »

Pour ne rien arranger, il est très difficile de répéter avec une structure aussi gigantesque, il n'existe pas de hangar assez grand pour installer une scène aussi large, en fin de compte… On finit par louer le plus grand Zénith français, celui de Strasbourg, pour répéter avec le décor du Stade mais, même dans cette salle, on ne peut pas monter la scène. Le groupe jouera à même le sol.

À Strasbourg, on a trois jours de répétition. L'idée, c'est que les musiciens prennent leurs marques et qu'on balance les films sur les deux écrans géants pour enfin voir ce que cette préparation, ces maquettes, ce story-board donnent en vrai… Première répète.

Ça ne marche pas du tout, l'entrée sur scène est ratée.

À cause de la tournée, tout le monde est crevé. Au début, je n'en mène pas large et je balbutie sans arrêt des excuses… Il y a toujours un truc qui déconne, soit les lumières ne fonctionnent pas, soit le film part trop tard, ou si le film part à temps, c'est en pleine lumière. Et ça, c'est juste la répétition de l'entrée sur scène sur « Crache ton venin ».

Les graphistes ont imaginé un serpent très heavy metal qui arrive du fin fond des coulisses et ouvre sa gueule béante au moment du premier accord (comme Naïché l'avait ébauché lors de ses réalisations de nos *teasers*). Clairement, ça ne s'improvise pas. Il faut que les musiciens, les personnes qui gèrent les lumières et le film soient parfaitement raccord…

On arrive de Strasbourg au Stade de France avec tout le matériel, en ayant conscience que le show n'est pas rodé et qu'on risque d'en essuyer les plâtres.

À peine au Stade, ce qu'on redoutait tous arrive, la météo est déplorable : il pleut, il vente, il tonne et un orage éclate.

Pour le Stade de France, on a accordé un soin tout particulier au son. Non seulement on a mis d'énormes moyens sur les écrans et les contenus, mais on veut surtout que le son soit le meilleur possible, on a placé des colonnes de sono un peu partout dans le Stade, y compris derrière, avec des rappels d'écran. Mais la direction du Stade nous dit : « Non, vous ne pouvez pas mettre ces écrans, c'est trop dangereux, il y a beaucoup de vent. S'il y a des rafales, l'écran pourrait tomber sur le public. Ou vous ne jouez pas ou vous enlevez l'écran. »

Je passe ma vie au Stade, la première fois que j'entre tout seul à l'intérieur, je suis dans mes petits souliers. Je vais embrasser la pelouse et j'arrache un peu de ce gazon avant de le ranger dans une boîte qui ne quittera plus ma poche. *My lucky charm*, mon porte-bonheur.

Le jour J, le 16 septembre 2017, arrive enfin, et les dieux du rock sont avec nous. Si la météo a prévu pluies diluviennes, orages et rafales de vent, à 19 heures, au Stade, il ne fait pas très beau mais il ne pleut pas non plus. Ça va.

Je suis à la console avec tous les techniciens. J'ai l'impression que je n'ai pas dormi depuis je ne sais combien de mois.

Le spectacle commence, et vous savez quoi ? Cette putain d'entrée de scène fonctionne impeccablement bien. Comme par magie, tout se met en place, le serpent arrive pile-poil des coulisses et ouvre sa gueule au bon moment, sur le putain de premier riff !

Puis tout se succède !... Et les plans prévus, les effets spéciaux marchent à la perfection. Il fait nuit noire et tous les effets sont au rendez-vous dans ce merveilleux endroit qu'est le Stade de France, où la magie opère.

Cerise sur le proverbial gâteau : le son est parfait, nickel. Parfois Jean-Louis et Louis jouent de la guitare sèche et transforment le Stade en petit théâtre.

Les Insus donnent un concert sublimissime.

— On l'a fait !

À la fin du concert, avant le rappel, je ne les ai jamais vus aussi heureux, c'est un moment extraordinaire.

— On y est arrivés !

Ensemble.

Épilogue

> « Impose ta chance, serre ton bonheur et va vers ton risque, à te regarder, ils s'habitueront. »
>
> René Char

Après nos deux dates au Stade de France en 2017, Jean-Louis, Richard, Louis, Alex et moi sommes allés tirer le rideau final pour deux ultimes concerts sur l'île de La Réunion à l'automne. On ne pouvait pas faire mieux pour conclure nos retrouvailles : La Réunion.

Chacun a ensuite repris sa route, mais cette splendide aventure a encore resserré nos liens. Jean-Louis a sorti un disque avec plein de nouvelles chansons qu'il avait accumulées dans son sac ; Louis a réalisé un album de *covers* chères à son adolescence ; et Richard continue de jouer et de découvrir d'autres paysages musicaux.

Après cette fin de tournée triomphale, j'ai rejoint peu de temps après Marianne pour enregistrer *Negative Capability* qui est sorti en 2018.

Puis mon vieux pote Bob Geldof m'a annoncé qu'il venait de reformer les Boomtown Rats pour sortir un nouvel album très rock[1], *Citizen of Boomtown*. Il voulait que j'organise la tournée européenne mais le virus – la désormais célèbre Covid – est arrivé (à pied par la Chine !). Fini les concerts, fini les réunions, tout le monde à la maison : bonjour le confinement, *hello lockdown* !

Naturellement, il a fallu que Marianne le chope... Ça a été horrible : les mesures de sécurité, l'interdiction d'aller la voir et l'impossibilité d'avoir de ses nouvelles ont rendu son hospitalisation encore plus dramatique. Son fils a finalement pu joindre un médecin qui nous annonça brutalement : « Elle est arrivée déjà très faible, le virus est maintenant dans ses poumons. Il faut vous préparer : vous ne la reverrez plus. »

Trois semaines plus tard, Marianne sortait de l'hôpital. On a repris l'enregistrement qu'elle avait commencé avant sa maladie. À l'heure où j'écris ces lignes, l'album est terminé et je travaille sur son lancement. Pour ce nouveau disque, intitulé *She Walks in Beauty*, elle lit des poèmes de romantiques anglais du XIXe siècle – Lord Byron, Shelley, Wordsworth, Keats. Warren Ellis a mis le tout en musique, ça se marie divinement bien avec la voix de Marianne, c'est magnifique, c'est du jamais-vu dans le monde du *spoken word*. Nick Cave joue du piano et Brian Eno est même venu faire un tour. Head, qui nous a accompagnés sur *Before the Poison* et *Negative Capability*, a enregistré et mixé l'album. Quel bonheur pour moi de travailler avec de tels cadors, de si grands *gentlemen*. À cause de la Covid, on a fait le plus gros du travail à distance, on ne s'est pas touchés ni embrassés... Quelle drôle de manière d'enregistrer un disque ! Mais on est tous si contents d'avoir réussi à le boucler !

1. Il avait la rage, autant que moi, contre ces nouvelles multinationales monstrueuses qu'on nomme Gafa, et le rock allait les prendre d'assaut !

Lors de passionnantes discussions avec Jacques Cheneau, psychanalyste lacanien, il me fit remarquer que j'avais non seulement réalisé la plupart de mes rêves mais aussi, dans la foulée, ceux de mon père. Papa n'avait pas pu aller au bout de ses ambitions et de ses désirs dans les domaines du théâtre et du cinéma. Je l'avais fait pour lui. En revanche, je lui avais laissé la paternité, je m'étais interdit ce terrain.

L'improbable, voire l'impossible, est arrivé en la personne de Lola Peploe.

En 2015, elle venait de terminer son premier court-métrage, *N° 27*. En le voyant, je fus conquis, emballé et je lui envoyai un mail : « André Breton aurait approuvé. » À partir de ce moment-là, Lola et moi avons commencé à nous voir régulièrement et nous sommes devenus amis. J'ai très vite succombé aux charmes discrets de cette Anglaise, à sa grande beauté, à son talent, à sa gentillesse et à son inégalable douceur.

On se faisait la cour comme au XIXe siècle, c'était une période délicieuse mais qui durait trop longtemps à mon goût. Peut-être que cette relation n'allait mener nulle part et qu'il fallait que je me fasse une raison.

Mais la magie a finalement opéré, nous sommes tombés passionnément amoureux.

Nous nous sommes vite rendu compte que c'était du sérieux, fait pour durer. On désirait tous les deux un enfant. Les médecins m'avaient prévenu lors de ma greffe : avec tous les médicaments antirejets que j'allais ingurgiter, ma fertilité serait sacrément amoindrie. Cette information n'avait fait que m'effleurer à l'époque. Lorsque je le dis à Lola, elle me répondit gentiment : « Ce n'est pas grave, on vivra sans enfants, juste tous les deux. »

À peine un mois plus tard, le jour de mon 61e anniversaire (*Highway 61* !), Lola m'annonça, à la fin d'une merveilleuse journée qu'elle seule sait concocter : « Je sens que je suis enceinte. »

Hector est né le 1er janvier 2019. Merci de nous avoir choisis, fiston.

Je connaissais déjà la chanson : mes proches m'avaient dit qu'il n'y avait rien de plus beau pour un couple que d'avoir un enfant et que c'était ce qu'il pouvait arriver de mieux à un homme dans la vie. Je trouvais alors ces phrases souvent exagérées, voire ringardes. Force m'est de constater que c'est vrai. Mon nouveau moteur, ma raison de vivre, c'est nous trois. Il n'y a rien de plus à ajouter à ce bonheur infini.

Ce livre touche à sa fin, j'ai adoré l'écrire, exercice que je recommande. Mais je n'aurais jamais pu le faire sans Philippe, merci, mon pote ! Le premier long métrage de Lola est maintenant en postproduction, je vais partir à la recherche d'un distributeur. De nouvelles envies et de nouveaux projets se bousculent à ma porte, mais jeune papa que je suis, « je ne vais pas quand même chier en courant », comme écrivait l'ami Montaigne. Alors, je me souviens du précepte de mon père : « L'important dans la vie, c'est de savoir s'amuser. »

Tu viens, fiston ?

Table des Matières

Composé et édité par HarperCollins France.

Achevé d'imprimer en décembre 2020.

FIRMIN-DIDOT

à Mesnil-sur-l'Estrée (Eure)

Dépôt légal : janvier 2021.

Pour limiter l'empreinte environnementale de ses livres, HarperCollins France s'engage à n'utiliser que du papier fabriqué à partir de bois provenant de forêts gérées durablement et de manière responsable.

Imprimé en France